Un Diagnostico para la Eternidad.

Asegúrese de revisar el sitio web del Dr. Viehman para obtener información adicional, la guía de estudio que acompaña la obra, actualizaciones sobre su próximo libro, programación de su participación en charlas y eventos para la firma de libros, realizar pedidos de copias personalizadas firmadas por el autor e información de contacto:
www.goddiagnosis.com

Esto es lo que respetados críticos opinan sobre el libro.

"El Diagnóstico: Dios" es una mirada fascinante a un periplo personal para descubrir el significado de la vida. El Dr. Viehman comparte la historia de cómo una vida que tenía todo lo que el Sueño Americano puede ofrecer - la educación, el dinero, la posición , la popularidad , y una amorosa esposa y familia - lo dejó profundamente vacío y enojado. Con una gran aversión por la religión vacía y sus defensores hipócritas, él comparte lo que resultaría ser su más grande descubrimiento médico. Los análisis son minuciosos, las pruebas complejas, y el diagnóstico inequívoco - estaba muerto. Al leer estas páginas, usted no sólo encontrará la prueba concreta de su diagnóstico, sino que también descubrirá la cura. Este libro es una lectura obligada para todo aquel que realmente quiere encontrar un sentido a la vida.
Alan T. E. Benson, Lic. en Humanidades, Master en Música, Master en Divinidad

Este es el más profundo y convincente testimonio de un hombre en busca de respuestas para la eternidad que he leído. El Dr. Viehman expresa, de manera vívida, su paso a través de todas las etapas de este viaje con tal claridad y realismo que el lector lo revive con él. La narración combinada de sus reflexiones y relatos personales, su escrutinio de las Escrituras a favor y en contra, y la información histórica fascina y a la vez convence en profundidad de la veracidad de su diagnóstico definitivo. Esta es la extraordinaria aventura de un doctor en medicina que, a la mitad de su tercera década de vida, hace un descubrimiento que cambia su vida y eternidad de forma permanente, y el diagnóstico del Dr. Viehman puede cambiar la suya también.
Mike Hockett, Coronel Retirado de la Fuerza Aérea de EE.UU.

¡Una lectura indispensable! Abróchese el cinturón para embarcarse en un viaje hacia lo desconocido. Vea a través de los ojos de un observador perspicaz y a través de la mente de un doctor en medicina capacitado que va tras las evidencias dondequiera que éstas le lleven. Lleve consigo tanto su cabeza como su corazón para ver la recopilación de indicios como sucede en la investigación de la escena de un crimen. Pero no es la escena de un crimen lo que estamos investigando . . .
Bill Dunn, MSAE

En su búsqueda de la *verdad* y *de pruebas*, el planteamiento meticuloso y científico del Dr. Viehman para encontrar respuestas a las preguntas del corazón tendrá su eco en todo hombre y mujer . . . "El Diagnóstico: Dios" llevará a los lectores a examinar las evidencias y a aceptar una conclusión que impactará en su corazón y en su alma para la eternidad.
Lynne Fortunis, Administrador

Un viaje cautivador de un cirujano exitoso y amante de la familia, el cual, según los estándares del mundo, lo tenía todo para ser feliz, y, sin embargo, pronto descubrió que la fama y la fortuna sólo le dejaron con una vida vacía, sin paz y sin significado. En "El Diagnóstico: Dios" el Dr. Viehman utiliza su formación como investigador y médico para hacer el diagnóstico más importante de su vida.
S. Duane Tester, Lic. en Farmacia, MBA

¿Diagnóstico? ¿Dios? ¿En serio? Un diagnóstico requiere evidencia real que se puede analizar ¿No es la fe la creencia en algo que no se puede demostrar? El doctor es Greg Viehman, y su diagnóstico pondrá a prueba lo que usted cree, le hará reflexionar en por qué lo cree, y le motivará a vivir lo que usted cree.
Rick E. Graves, Doctor en Derecho

El Dr. Viehman es un médico con su bata de laboratorio, su estetoscopio alrededor del cuello y los resultados de un examen completo en sus manos, que nos informa del diagnóstico de la raza humana. Él llega a la conclusión de que no estamos saludables espiritualmente, ni simplemente enfermos, ni siquiera estamos en estado terminal. Ya estamos muertos – mostramos una línea plana. El diagnóstico determinó que no nos puede ir mejor por nuestra cuenta, sin importar nuestra bondad ni nuestros recursos. El diagnóstico y el tratamiento proceden de un médico notable que tuvo que reconocer la

paradoja de la miseria ocasionada por el éxito. ¡Es una lectura obligatoria para todos los que se han embarcado en una búsqueda!
Thomas C. Womble Jr, Master en Divinidad, DD

Este es el relato de un hombre en busca de la verdad en un mundo lleno de apariencias. Como pastor, a través de diversas fuentes, recibo muchos libros para leer y revisar. Honestamente, la mayoría de ellos ameritan un capítulo o dos, y luego terminan en mi estantería. El libro de Greg fue distinto en ese aspecto, fue honesto, sencillo, humorístico, refrescante y estuvo bien redactado. La historia de Greg, sus experiencias, las emociones que él sintió y la evaluación honesta de su vida me cautivaron. Recomendaría este libro a cualquier persona.
Clay Ritter, Pastor Titular de la capilla Calvary Chapel de Wilmington

Inquieto por los misterios del propósito de la vida y el destino, el Dr. Viehman transporta al lector en un viaje emocionalmente palpable y transformador a través del cinismo, el escepticismo y el descubrimiento. "El Diagnostico: Dios" es un testimonio detallado y convincente de un cirujano calificado que experimenta él mismo un "trasplante de corazón". Es un libro provocador y desafiante para cualquier persona que cuestione la existencia de Dios
William J. Vanarthos, Doctor en Medicina

El libro del Dr. Viehman es un periplo increíblemente sincero detallando su exploración sistemática y lógica de los fundamentos del cristianismo con el fin de refutarlo y descartarlo. Mediante su investigación, él se encuentra con el soplo dador de vida de Dios y descubre lo que su corazón ha estado pidiendo a gritos: el verdadero Amor viviente. Esta obra es un recurso increíble para aquellos que van en busca de la vida en abundancia.
Kerri Andrews, Lic. en Enfermería

¿Hay algo más que esto en la vida? La pregunta ha afectado a mucha gente a lo largo de la historia. El Dr. Greg Viehman se embarca en un viaje fascinante para hallar la verdadera respuesta a esta pregunta y, tras un examen minucioso de los hechos, suministra su diagnóstico. "El Diagnóstico: Dios" es una lectura obligatoria para cualquiera que alguna vez haya procurado obtener las respuestas a las preguntas más importantes de la vida.
Johnny Rivera, Pastor, capilla Calvary Chapel Cary

Si usted tiene preguntas o está buscando respuestas, o tal vez hay algo que falta en su vida, este libro es para usted.
Pastor Rodney Finch, Pastor Titular, capilla Calvary Chapel Cary, Carolina del Norte

El Dr. Viehman ha estado en un viaje asombroso. En "El Diagnóstico: Dios," él combina un estilo lúcido de escritura con sus conocimientos y habilidades como médico a fin de proporcionar un relato muy sincero de su búsqueda de la eternidad. Su escrito es refrescante, informativo, alentador y honesto. Es "dinámico," ponderado y minucioso.
Él ofrece abundante instrucción basada en su propia investigación cuidadosa y experiencias. Este libro es una lectura sobresaliente para cualquiera que tenga dudas sobre la veracidad de las Escrituras y sobre la restauración del hombre a la vida para la que la humanidad fue diseñada originalmente para que la disfrutase.
David S. Braden, Lic. en Ingeniería Civil, Master en Divinidad

"El Diagnóstico: Dios" revela la condición y provee la respuesta.
Carol Casale

AGRADECIMIENTOS

Estoy muy agradecido a muchas personas que me ayudaron a terminar este libro. Sus contribuciones, tiempo y conocimientos han sido invaluables. Mi esposa Ruth me ha brindado el tiempo, aliento y fortaleza para dedicar las incontables horas que han sido necesarias en los últimos siete años. Bill Dunn fue un mentor, amigo y editor cuyas aportaciones me brindaron orientación y perspectiva. El Dr. Bill Vanarthos ayudó con la edición y los conceptos de diseño. El papel de Greg McElveen como editor e instructor de redacción literaria mejoró inmensamente este proyecto y le dio vida a la historia. Leslie y DeeAnn Williamson fueron editores estelares del contenido, la puntuación y la gramática.

Además, muchas personas contribuyeron con sus comentarios e ideas antes de redactarse la versión final. Agradezco a todos ellos por su tiempo, interés y aportes. Finalmente doy gracias al SEÑOR, quién es el verdadero autor de mi vida y la inspiración de este libro. Dios me ha permitido hacer algo que no es posible hacerlo sin Él

Greg E. Viehman, Doctor en Medicina

EL DIAGNOSTICO: DIOS

El Impactante Periplo de un Médico a la Vida Después de la Muerte

Greg E. Viehman, Doctor en Medicina

Traducido por María Riega

Big Mac Publishers
Kingston, TN 37763

Copyright © 2010 del Dr. Greg Viehman. Todos los derechos reservados. Se debe obtener el permiso por escrito de la editorial o del Dr. Greg Viehman para usar o reproducir cualquier parte de este libro, a excepción de las breves citas en reseñas críticas o archivos. No está permitido el almacenamiento total o parcial de esta publicación en un sistema de recuperación o la transmisión de ninguna forma ni por cualquier medio – electrónico, mecánico, fotocopiado, grabación, o de otra manera -sin el permiso previo y por escrito. Pueden ponerse en contacto con el Dr. Greg Viehman a través de su sitio web: www.goddiagnosis.com

Autor: Greg E. Viehman, M.D.
Editor: Greg McElveen
Revisores DeeAnn Williamson / Leslie Williamson
Ilustración y Diseño de la Portada © 2010 Marketing Ministries
Foto de la Portada © 2010 Chris Davis
Fotos interiores © 2010 Greg Viehman

Las citas bíblicas marcadas "NKJV™" han sido tomadas de la New King James Version® (Nueva Versión del Rey Jacobo). Copyright © 1982 de Thomas Nelson, Inc. Utilizadas con autorización. Todos los derechos reservados.
Las citas bíblicas marcadas "NIV" Holy Bible, New International Version® (Nueva Versión Internacional), NIV®. 1973, 1978, 1984 de Bíblica, Inc.™. Utilizadas con autorización de Zondervan. Todos los derechos reservados a nivel mundial. www.zondervan.com
Las citas bíblicas marcadas "NLT" han sido tomadas de la Santa Biblia, New Living Translation (Nueva Traducción Viviente), Copyright 1996 y 2004. Utilizadas con autorización de Tyndale House Publishers, Inc., Wheaton, Illinois 60189. Todos los derechos reservados.
Las citas bíblicas tomadas de la "NASB," New American Standard Bible® (Nueva Biblia de las Américas), Copyright © 1960, 1962, 1963, 1968, 1971, 1972, 1973, 1975, 1977, 1995 de The Lockman Foundation. Utilizadas con autorización. (www.Lockman.org)
Las citas bíblicas marcadas "TLB" o "The Living Bible" (La Biblia Viviente) se han tomado de The Living Bible, Kenneth N. Taylor. Tyndale House, Copyright © 1997, 1971 de Tyndale House Publishers, Inc. Utilizadas con autorización. Todos los derechos reservados.
Extractos tomados de "El Caso de Cristo" de Lee Strobel. Copyright © 1998 de Lee Strobel. Utilizados con autorización de Zondervan, www.zondervan.com.
Extractos de "Nueva Evidencia Que Demanda un Veredicto" de Josh McDowell. Copyright © 1999 de Josh McDowell. Reproducidos con autorización de Thomas Nelson.

Número de Control de la Biblioteca del Congreso:

1. REL006080 RELIGION / Crítica e Interpretación Bíblica / General
2. SEL032000 SELF-HELP / Espiritual
3. PHI008000 PHILOSOPHY / El Bien y el Mal
4. REL067030 RELIGION / Teología Cristiana / Apologética

BISAC / BASIC Sugerencias de Clasificación:

1. Biblia -- Evidencias, autoridad, etc.
2. Jesucristo -- Historicidad
3. Jesucristo -- Divinidad.
4. Apologética
5. Cristianismo – Literatura Controversial

ISBN-13: 978-1-937355-17-3   V 1.0 - Español
Los libros de Mac Book Publishers pueden ser adquiridos al por mayor con grandes descuentos por vendedores minoristas, o por entidades educativas, empresas, instituciones de recaudación de fondos, espirituales o de promocional de ventas. Información de contacto en el sitio web de Big Mac Publishers www.bigmacpublishers.com.

Publicado por Big Mac Publishers
www.bigmacpublishers.com / Kingston TN, 37763
Impreso y Encuadernado en los Estados Unidos de América

Tabla de Contenido

Introducción 7
1. ¿El Sueño Americano o una Pesadilla? **9**
   Las Magnificas Vacaciones 11
   Eternidad Digital 14
2. El Periplo **17**
   Los Chiflados del Viaje de Esquí 17
   La Infancia 19
   La Secundaria 20
   La Universidad 21
   La Facultad de Medicina 24
   Matrimonio 25
   Marco Island 27
   La Iglesia 31
   El Nuevo Vecindario 32
   El Primer Estudio de la Biblia de Ruth 34
   De Vuelta a la Realidad 35
   La Gota que Colmó el Vaso 36
3. La Investigación - Fase I: El Nuevo Testamento **39**
   Los Cuatro Evangelios 39
   Las Tres Preguntas 45
   Las Tres Preguntas Contestadas 49
   El Apóstol Pablo 52
   El Dilema y la Lucha 56
4. La Investigación - Fase II: La Resurrección de Jesús **57**
   La Muerte 58
   El Entierro 58
   La Tumba Vacía 59
   El Cuerpo 60
   Las Apariciones 61
   Las Expectativas Equivocadas 63
   Vidas Cambiadas Radicalmente 64
   Dispuestos a Morir 64
   Resumen 64

5. La Investigación - Fase III: Las Escrituras Hebreas Antiguas "Viejo Testamento" 67
   El Mesías 68
   Las Profecías del Mesías 71
   Las Imágenes del Mesías 76
   El Rechazo del Mesías 80
   Resumen 80

6. La Investigación – Fase IV: La Evidencia Histórica para el Nuevo Testamento 83
   Los Profesores Universitarios 83
   Nueva Evidencia que Demanda un Veredicto 86
   Retomando el Caso de los Profesores Universitarios ... 101
   El Caso de Cristo 105

7. La Decisión 107

8. El Despertar 115
   ¿El Espíritu Santo? 115
   El Paciente 116
   El Vecino de Al Lado 119
   La Iglesia 120
   La Crisis 123

9. La Transformación 127
   Los Primeros Momentos 127
   El Primer Día en el Trabajo 129
   La Primera Noche en Casa 130
   Los Siguientes Tres Días 133
   Una Nueva Lengua 134
   La Prueba 137

10. El Diagnóstico Diferencial 141
   El Historial, Los Signos y los Síntomas 142
   El Examen Físico 144
   La Prueba 145
   El Análisis de los Síntomas 146
   La Revelación de los Síntomas 148
   El Diagnóstico Diferencial 151

11. El Diagnóstico Preliminar 155

12. La Enfermedad del Pecado 159
   La Naturaleza de Mi Existencia 160

La Enfermedad del Pecado 162
13. Los Síntomas del Pecado 165
14. La Cura del Pecado 169
    La Cura del Pecado 169
    El Mecanismo de La Cura 170
    Los Resultados de La Cura 172
    Resumen 177
    Recibiendo La Cura 177
    La Reacción a La Cura 179
15. El Diagnóstico Final 181
16. La Confesión de La Cura 183
17. Las Implicaciones de La Cura 187
    Dios 187
    Cielo 187
    Infierno 188
    Milagros 188
    La Biblia 189
    El Gran Engaño 190
    My Familia y Amigos 191
18. La Evidencia de La Cura 193
    Decoraciones de Navidad y Luces 193
    La Tienda por Departamentos Local 194
    Restaurantes 195
    La Oficina 195
    Televisión 196
19. La Mujer de la Biblia 199
20. La Relación 205
    Oración 207
    La Palabra de Dios 208
    Adoración 210
    Padre e Hijo 211
    Devociones Matutinas 211
    Un Corazón Cambiante 212
    Encuentros Divinos 213
    Siguiendo Puertas y La Voz de Dios 214
    Siguiendo La Paz 215
21. Los Niños 217

22. El Consultorio **223**
   Las Enfermeras 223
   El Asistente del Médico.. 225

23. El Paciente **229**
   La Programación Impresa.. 229
   Base de Datos de las Historias Clínicas 230
   Los Registros del Sistema de Programación 231
   Los Expedientes Médicos... 232
   Motor de Búsqueda de Base de Datos de las Historias Clínicas 235
   Los Registros del Laboratorio 235

24. La Inoculación Contra La Cura... **239**
   El Mejor Amigo.. 239
   La Gente de la Iglesia 241
   El Pastor en el Despacho 243
   El Pastor de la Iglesia 245

Notas Finales **251**
   Acerca del Autor………………………………………………..**255**

Introducción

Mientras estaba en la universidad vi una obra de teatro que afectó profundamente mi vida y la percepción de la realidad cotidiana. "Nuestra Ciudad" de Thornton Wilder presenta a Emily Gibbs, una joven mujer que muere al dar a luz y luego se le permite regresar y observar su vida durante un día. Emily descubre el horror de los recuerdos inútiles y un mundo sin la eternidad, pues su vida es ahora observada desde una nueva perspectiva. Ella se da cuenta por primera vez que todos están tan ocupados corriendo, trabajando, y haciendo pequeñas tareas que ni siquiera se miran el uno al otro ni disfrutan de su mutua compañía. Desea desesperadamente ver que su familia haga un alto por un segundo para abrazarse y disfrutar de las pequeñas cosas de la vida, pero nunca lo hacen.

Emily ve cómo el significado y la esencia de la vida se pierden minuto tras minuto en un mar de distracciones. Los momentos valiosos no son realmente atesorados. Son poco apreciados y se pierden para siempre en el tiempo sin que nadie parezca notarlo. Emily llega a la conclusión de que los seres humanos ni siquiera saben que están vivos hasta el momento en que están muertos. Creen que tienen la vida asegurada hasta que se les quita la vida.

La hiriente verdad de esta obra llega directo al corazón de todo aquel que la vea o lea. Cuando la vi por primera vez a los diecinueve años me di cuenta de que yo había vivido en ese mundo de Nuestra Ciudad toda mi vida y nunca lo supe. Mi corazón me decía que era verdad. Algo resonó en lo profundo de mi alma señalándome que algo estaba mal en el mundo que estaba viviendo, pero rápidamente me olvidé de todo, en los vaivenes de mi vida universitaria. Y regresé a Nuestra Ciudad, el lugar al que justamente no quería ir.

La mejor caracterización de mi vida es que yo simplemente subsistía. Nunca analicé mi propia existencia o lo que significaba. La vida, la salud y la familia eran meras suposiciones cotidianas a medida que pasaba el tiempo, y yo no era consciente de ello. Estaba atrapado en un círculo vicioso de buscar alcanzar una meta tras otra. Vivía el día a día con los ojos puestos en el futuro, mientras el presente desaparecía ante mí.

Esto se hizo mucho más profundo y desgarrador cuando fui bendecido con una esposa e hijos. Encontré que nuestras Magníficas Vacaciones y los mejores recuerdos siempre terminaban muy rápido. Me di cuenta de que la vida se me estaba pasando más rápido de lo que podía comprender. Las fotografías y los mejores videos caseros no podían volver a crear o capturar mi realidad, pero de alguna manera le recordaban a mi corazón lo rápido que pasa el tiempo y la forma en que anhela detenerlo o revivirlo. Los intentos de capturar el tiempo resultaron un tiro por la culata, pues paradójicamente me revelaron que nunca hay suficiente tiempo para estar con la gente que uno realmente ama. Mi vida se pasaba tan rápido, y no había nada que pudiera hacer al respecto.

Intrínsecamente sabía que no quería que mi familia y mis relaciones tuvieran un fin. Mi corazón anhelaba la eternidad, pero un mundo de verdad relativa y evolución hacía que cada latido pareciera aún más carente de propósito. La presión, el estrés y la frustración quedaban enterrados en lo profundo de mi corazón, un corazón que estaba pidiendo a gritos una respuesta en un mundo que dice que no hay respuesta. Aquí es donde me escondió Nuestra Ciudad del dolor de no obtener una respuesta, una distracción a la vez. Nuestra familia pasó mucho tiempo juntos en Nuestra Ciudad ocultándose del hecho de no haber podido capturar el amor que no queríamos que termine jamás Era más fácil convertirse en Emily Gibbs y dejar que las distracciones de la vida diaria protegieran nuestros corazones y mentes. Vivir en Nuestra Ciudad es cómodo, siempre y cuando usted no sepa dónde se encuentra. Yo viví allí en un estado de engaño toda mi vida.

De alguna manera yo sabía que mi corazón inquieto clamaba por la eternidad, un lugar donde el amor nunca muere o termina, y esto me llevó a La Cura. Pensé que lo sabía todo, pero ahora entiendo que no sabía nada. El mundo me decía que lo tenía todo, pero yo en realidad no tenía nada. Es difícil de comprender que Dios estaba justo a mi lado, alrededor mío, y a sólo un suspiro de distancia toda mi vida, a pesar de que casi todo lo que había visto y oído en el mundo me enseñó que yo no lo podía conocer. ¿Cómo podía la realidad del mundo estar tan desfasada con lo que toda mi vida me había enseñado? Todo, desde mi paradigma de la existencia al sentido de la vida, al instante se convirtió en una mentira cuando realicé El Diagnóstico: Dios.

Greg E. Viehman, Doctor en Medicina

Capítulo Uno

¿El Sueño Americano o una Pesadilla?

A los treinta y seis años de edad tenía todo lo que quería en la vida. Había llegado a la cima. Era un médico que me había graduado en el primer lugar de la clase, había culminado mis estudios en las mejores escuelas, estaba trabajando en un consultorio exitoso, me había casado con una hermosa mujer, tenía dos hijos, conducía un auto último modelo, vestía ropa fina, tenía un lindo perro, y vivía en una elegante casa en una gran ciudad. Había llegado al cielo en la tierra en base a mi esfuerzo - El Sueño Americano. ¡Lo había logrado! Yo había resuelto el laberinto de la vida.

Ladrillo a ladrillo había construido mi propia torre de marfil a partir de los planos que el mundo me había proporcionado. Me enseñaron a depender de mí mismo y hacerme un nombre por mí mismo, para construir mi propio imperio de modo que pudiera tener una vida agradable y brindar seguridad a mi familia. Yo era un guerrero imbuido de una ambición egoísta, luchando por salir adelante en base a la autodisciplina y la autodeterminación para lograr la auto-realización. El mundo seguía dándome palmadas en la espalda por un trabajo bien hecho. Mi visión de la vida estaba bien cimentada por el éxito mundano y un estilo de vida cómodo. Yo estaba tapiado con el mortero del orgullo y no tenía idea.

Aquí está nuestra familia en 2002. ¿No es pintoresca y maravillosa? ¿No ejemplifica todo lo que compone Estados Unidos? ¿Cómo se sentía vivir El Sueño Americano?

Me sentía sólo, frustrado, insatisfecho, vacío, amargo, desencantado, y confundido. Algo seguía faltando en mi vida. Ninguno de mis logros, posesiones, ni experiencias me trajo nunca lo que pensé que me traerían. Había probado a llenar mi corazón con *hobbies*:

correr, triatlones, vino, y ciclismo de montaña; *posesiones*: carros deportivos, una gran casa, joyas, ropa, relojes de pulsera, y equipo de sonido en estéreo; *entretenimiento*: cine, vacaciones, y restaurantes elegantes; *gente*: fiestas, estatus cultural, y muchos amigos. Cada una de estas cosas me satisfizo temporalmente, pero su encanto y atracción siempre se desvanecían rápidamente, a veces casi de la noche a la mañana o incluso durante la experiencia. Dediqué muchos años a correr de una cosa a la otra en el "juego de la seducción" de mi corazón.

La depresión empezó a desencadenarse cuando mi corazón se percató de que no quedaba mucho por probar. Tenía hambre, pero no la podía saciar. Tenía sed, pero nunca la podía apagar. Cuanto más comía y bebía mi corazón, ¡tanto peor se ponía! Llegué a un punto en que me horrorizaba la próxima "cosa," porque ya sabía que no me iba a dar lo que esperaba que me diera.

Un día comprendí: *He estado viviendo de esa manera mi vida entera y jamás me he dado cuenta de ello.* Desde donde me alcanza la memoria, incluso atrás en la infancia, los juguetes y regalos que recibí nunca mantuvieron su atractivo. Rápidamente me aburría y me cansaba de ellos.

"¿Greg? ¿Por qué no estás jugando con tu nueva máquina de pinball? Todo el año has estado queriendo una," preguntó mamá cuando yo tenía ocho años de edad. "Sólo hace una semana que la tienes."

No le respondí. Estaba sentado en el piso al lado de la máquina, mordiéndome las uñas por la frustración. Dentro de mí, sentía que estaba simplemente cansado de ella. La expectativa de conseguirla era más emocionante que jugar realmente con ella. ¡Se había hecho vieja tan rápidamente!

Por este motivo, constantemente esperaba con ansias el *siguiente* juguete. Puesto que era un niño de una familia próspera, eso siempre estaba a la vuelta de la esquina, lo cual mantenía a mi corazón en marcha. El vacío intermitente y el aburrimiento nunca duraban el tiempo suficiente como para hacer demasiado daño. De los cochecitos de juguete Matchbox a un carro Mercedes, de las construcciones de juguete de la marca Lego a las casas de ladrillo, del reloj de pulsera de superhéroe a un Rolex, y de polos con estampado impreso a ropa de marca Armani. Ahora estaba viviendo la versión adulta de algo que había empezado mucho tiempo atrás.

Por dentro, me sentía como una habitación fría, estéril, húmeda y con paredes blancas llenas de espacios vacíos y ecos de mi corazón anhelando paz y satisfacción. El vacío era un pozo sin fondo que consumía todas y cada una de las cosas sin misericordia ni compasión por mí. Se sentía como ser abandonado por una enamorada continuamente. Un minuto estaba emocionado y enamorado con la última adquisición, hobby, o experiencia, pero al momento siguiente me abandonaba en el polvo sin un adiós y sin la más mínima preocupación del mundo. Podía encontrarme en el evento más emocionante y seguir sintiéndome absolutamente desencantado interiormente. Muchas veces, estaba rodeado de familia y amigos, pero ¡seguía sintiéndome solo!

Continué analizando mi pasado en busca de respuestas y recordé algo interesante de nuestras vacaciones en familia. Cada año, cerca de la época de Navidad, realizábamos viajes al Caribe a lugares como Aruba, St. Thomas, y las Bahamas. Lo que siempre me afectó de niño era que la mayoría de la gente de allí era miserable y malhumorada. Allí estaban ellos de vacaciones en un bello complejo turístico sin nada que hacer salvo descansar, comer, dormir, y divertirse y, no obstante, casi ninguno de ellos estaba pasándola bien. Siempre pensé que su miseria era una manifestación externa de una frustración interna. Ahora, me preguntaba si una vez que ellos llegaban allá, en sus corazones rápidamente se daban cuenta de que, *Esto tampoco me va a satisfacer.* Yo estaba a punto de descubrirlo por mí mismo.

LAS MAGNÍFICAS VACACIONES

En el verano del 2000, cuando nuestros hijos tenían dos y tres años, planeamos nuestras primeras Magníficas Vacaciones en familia a los Outer Banks de Carolina del Norte. Finalmente, los niños tenían la edad suficiente como para ir a la playa y jugar sin ser una pesadilla. Durante seis meses planeé el viaje en mi mente y ansiaba los maravillosos momentos en familia que íbamos a compartir. Cada vez que me sentía abatido o vacío, me recordaba a mí mismo acerca de nuestras próximas Magníficas Vacaciones. La esperanza y la expectación siempre me levantaban.

"De acuerdo, chicos ¡finalmente ya llegó! Nos vamos para la playa hoy. ¡Son nuestras primeras vacaciones en familia!" Desbordaba gozo como un géiser que hubiera esperado para reventar. Correr, empacar, y cargar el carro traía una oleada de felicidad a mi corazón.

"Mira lo que tengo, papi," dijo mi hijo de dos años de edad. Tenía una sonrisa de oreja a oreja mientras sostenía en alto su balde de color azul brillante y su pala y avanzaba contoneándose hacia el carro. Era un trayecto de seis horas, pero el tiempo pasó volando. ¡Yo no podía esperar!

El Diagnóstico: Dios

¡Eso es! Pensé. Tengo una familia, un buen empleo, una bella esposa, y estamos viviendo El Sueño Americano. Estas vacaciones van a ser la respuesta a mi sentimiento de vacío y de frustración por la vida. ¡Todavía no he llegado del todo allí, pero estoy a punto de ello!

Cuando finalmente llegamos, fuimos hasta el final mismo de una calle tranquila sin salida y nos dirigimos a la casa de playa en alquiler. Era una preciosa cabaña frente al mar con un techo de tejas. Bajé el cristal de la ventana y podía oír de fondo las olas rompiendo y tronando. Una ráfaga de aire fresco del océano llenó el carro. *Sí, eso es. ¡Lo hemos logrado!* Pensé. Luego, exclamé: "¡Esa es la casa! ¡Ya estamos aquí, todos!" Los chicos estaban tan ansiosos por salir, estaban tronzando en sus asientos del carro como toros en un rodeo. Estaban eufóricos.

Entramos apresuradamente en la casa y desempacamos. Rápidamente, todos nos pusimos los trajes de baño y nos encaminamos hacia la playa. Tuve que hacer dos viajes para cargar toda la parafernalia: excavadoras de juguete, baldes, redes, sombrillas, agua, piqueos, toallas, sillas, y material de lectura. La playa era impresionante y con mucha privacidad. Nuestro primer día fue un sueño hecho realidad. Castillos de arena, paseos por la playa, bodyboard, y la búsqueda de conchas marinas llenó nuestro día. *¿Qué más podía pedir?*

¡El segundo día fue incluso mejor! Dormimos hasta tarde, salimos fuera a desayunar, y volvimos a hacerlo todo de nuevo otra vez. Después de un largo día en la playa, los niños hacían la siesta, y mi esposa y yo nos relajábamos en el porche observando las olas.

El tercer día, empecé a sentir desazón en mi corazón y no tenía idea del por qué. Ahora estaba un poco irritable y malhumorado. *¿Qué pasaba conmigo?* Me preguntaba. El océano no era tan atractivo, la arena no era tan reconfortante, y la relajación no era tan apacible. Mi desasosiego iba en aumento. "¡Ya sé! ¡Vamos a jugar a mini golf y vamos a comprar helado esta noche!" dije a todo el mundo. Esa idea calmó rápidamente mi corazón adolorido. Esperaba ansiosamente una nueva aventura y no me daba cuenta de que había caído en la misma vieja trampa de las distracciones.

El cuarto día, desperté deprimido. *¡El viaje se desarrollaba tan deprisa! Estaba casi terminando. ¡El tiempo pasa rápido!* pensé. Los primeros tres días hicieron que una semana pareciese una eternidad, pero ahora el final estaba a la vista y se acercaba. Muchos pensamientos llenaban mi mente. Yo observaba a nuestros hijos jugando en la playa. Estaban construyendo el tradicional castillo en un gran montículo

¿El Sueño Americano o una Pesadillae?

de arena. Sus vocecitas lindas estaban imitando los sonidos de tractores reales. "Rrrrr. Mmmmmm..." Me quedé mirándolos fijamente a la vez con gozo y con tristeza en mi corazón. *¡Qué precioso momento! ¿Adónde van estos recuerdos? ¿Mis hijos y sus recuerdos simplemente dejarán de existir un día? ¿Quedarán perdidos en el terreno como materia reciclada? Dentro de cien años, ¿se moverá otra persona en torno a ese lodo que solía ser mi familia?*

Su montículo estaba ahora completo. Se había deformado y apenas era reconocible como castillo. Unas cuantas ramas diminutas estaban esparcidas a lo largo de la superficie simulando banderas. Ellos lo miraron por un momento y luego sacaron sus excavadoras del bolso de playa. "Rrrrrrrr. Rrrrrrr. Kkkuhhh! Kuhhhhh!" fueron sus nuevos sonidos mientras lo derribaban. En aproximadamente dos minutos, su logro se niveló de nuevo con el resto de la playa. Se había esfumado y había sido asimilado dentro de la masa de arena. No pude evitar darme cuenta de que la vida en la tierra parecía ser asombrosamente similar. *¿Por qué no es este viaje lo que pensé que sería, a pesar de ser el momento familiar más genial de mi vida? ¿Cómo puede ser esto?* Me preguntaba.

Cada día se hacía cada vez peor hasta que nos fuimos. Desprecié el sexto día. No quería hacer nada y no podía esperar a salir de allí y volver a casa. Percibía que no sólo mi vida estaba insatisfecha a pesar de tenerlo todo, sino que en un mundo de evolución, también significaba morir lentamente regresando a la materia reciclada. No había mucho más que pudiese esperar lograr o experimentar, y todo cuanto tenía, incluyendo a mi esposa e hijos, carecía de significado sin la eternidad, sin permanencia. Ellos desaparecerían un día junto con todos nuestros recuerdos. Durante el trayecto a casa, me sumí profundamente en mis pensamientos.

¡¿Cómo y por qué me estoy sintiendo de esta manera durante las mejores vacaciones de mi vida?! Era una paradoja ineludible. *No se lo puedo contar a nadie porque es embarazoso*, me lamenté para mis adentros. En el pasado era la expectativa y el proceso de comprar o experimentar cosas nuevas lo que a menudo mantenía una sensación falsa

El Diagnóstico: Dios

y temporal de satisfacción. Una vez que realmente había adquirido o experimentado lo que estaba buscando, de repente se volvía vacío y deprimente. La única solución era mantenerlo con cosas más nuevas, más grandes y mejores—hasta ahora.

Si tan sólo logro completar mis estudios en la facultad de medicina. Si logro el puesto como médico residente. Si sólo tuviera mi propio consultorio. Si sólo me mudase a una casa grande. Si sólo me tomase unas Magníficas Vacaciones. Esos pensamientos resumían mi vida. Ahora se me habían acabado los "si sólo" y me sentía como el "único." Los últimos granos de arena habían caído por el agujero del reloj de arena de mi corazón—otra fuga inesperada. Mi corazón vacío se había quedado sin arena, y yo ya no podía remendar los agujeros. Me sentí traicionado por mi paradigma de la vida después de retrasar la gratificación durante muchos años tan sólo para hallar que no era gratificante sino horripilante. ¿Qué otra cosa podía esperar? ¿A qué otro lugar podía ir por respuestas?

El hecho de que no podía contárselo a nadie debido a la vergüenza y el bochorno añadía otra dimensión al vacío que no se puede describir fácilmente en palabras. Las semillas de la desesperanza estaban germinando. El cinismo, la amargura, la impaciencia, la irritabilidad, y la insensibilidad, todas ellas estaban creciendo en el terreno fértil de la vacuidad, la soledad, y el tiempo finito. Estaba deprimido, confundido, e incluso en silente desesperación. Disfrutaba del vino, porque me daba una sensación de paz y serenidad que anhelaba y gozaba. En cierto modo sabía que eso era artificial, porque todavía se quedaba corto respecto a lo que yo andaba buscando.

También me sentí como un niño mimado y como un mocoso por no estar contento con vivir El Sueño Americano. En teoría y apariencia, mi vida era un libro de historias de éxito, pero en mi corazón era un abismo terriblemente vacío. *Trabajé mi vida entera para llegar a este punto. ¿Qué está sucediendo? ¿Qué estoy buscando? ¿Qué pasa conmigo?*, me preguntaba llorando por dentro.

ETERNIDAD DIGITAL

Cuando llegué a casa de las Magníficas Vacaciones, traté de capturar y detener la marcha implacable del tiempo grabando videos caseros y tomando fotos de todos nuestros eventos familiares. Grabé todo. También compré una computadora Apple y aprendí cómo grabar las películas en DVD. Me sentía como si estuviera deteniendo esas enormes máquinas aplanadoras y evitando que derriben mi castillo. Ahora tenía recuerdos digitales de nuestra familia que podrían transmitirse para que no se olviden. Tenía la esperanza de que pudiera revivir estos recuerdos en cualquier momento que quisiera. *¡Ya no se me escaparían más! ¡Los había atrapado en mi computadora! ¡Sí! ¡Eso es! ¡Había vencido al tiempo! ¡Lo había capturado!*

La satisfacción de capturar momentos preciosos me dio comodidad durante unos dos años, hasta que empecé a ver las grabaciones nuevamente.

"Cariño, esta noche vamos a ver nuestras películas caseras," le dije con entusiasmo a mi esposa, Ruth.

"Está bien. Excelente. Voy por los niños," respondió ella.

Todos se reunieron en frente de la televisión. Metí un DVD. Estaba tan ansioso de verlo que me senté en el suelo justo en frente de la pantalla como cuando era un niño.

Cuando comenzó a reproducirse el DVD, me empecé a descorazonar. Los niños han crecido mucho, pensé. Me había olvidado de lo pequeños que eran. El tiempo pasa tan rápido. ¿A dónde va? ¡Parece que fue ayer, pero han pasado dos años!

A los cinco minutos no pude soportarlo más. Me quedé muy aturdido y horrorizado al descubrir que toda mi proyecto me había salido un tiro por la culata. Por alguna razón, el álbum de fotos y las películas sólo me recordaban más lo rápido que pasa el tiempo. La imposibilidad de detener o capturar el tiempo fue más evidente y devastadora que antes. Ahora era evidente que mi corazón quería algo más que una recreación digital de nuestros recuerdos. Quería la eternidad, pero la eternidad no existe. Me sobrevino un estado de depresión como si se tratará de una ola gigantesca. Salí de la habitación y me fui al sótano para tomar una copa de vino e intentar aliviar el dolor. Desde ese día dejé de grabar películas y tomar fotografías. Era más fácil no mirar hacia atrás.

Me senté solo en el sofá de la sala de estar bebiendo el vino. En las paredes había retratos familiares tomados hace varios años. Los miré detenidamente. Me di cuenta de que no podía escapar a la verdad. Mi vida se me está escapando, y no había nada que yo pudiera hacer al respecto. Es posible que ya se hubiera pasado la mitad de esa vida. Brotaron lágrimas de mis ojos mientras miraba nuestros retratos familiares en la pared. *¿Qué nos sucederá? ¿A dónde van nuestros recuerdos? Algo está muy mal,* pensé. *Nunca esperé que las cosas resultaran de esta manera. ¡Esta no es la forma en que se supone que sea! ¿Cómo he llegado hasta aquí? ¿Qué me pasa?* me lamenté en mi interior.

El Diagnóstico: Dios

El entusiasmo producto de la primera copa comenzó a dejarse sentir, y empecé a evocar el pasado, en busca de respuestas. El Diagnostico: Dios estaba a punto de comenzar. Me encontré recordando un incidente extraño de la escuela secundaria sobre el cual no había pensado desde que sucedió. A partir de ahí comencé mi periplo retrospectivo según lo que puedo recordar.

Capítulo Dos

El Periplo

LOS CHIFLADOS DEL VIAJE DE ESQUÍ

En mi último año de la escuela secundaria, fui al Viaje de Esquí con un amigo. Se trataba de un grupo cristiano, pero yo no lo sabía. Sólo pensé que me iba a esquiar. Todo pareció normal hasta la primera noche cuando llegamos a la estación de esquí tras un largo día en las pistas de esquí. Estábamos alojados en una acogedora cabaña de madera en las montañas. La nieve cubría el terreno y los árboles.

Yo estaba agotado y no podía esperar para descansar. El fuego de la gran chimenea de piedra me estaba haciendo señas. Me dirigí a él y me repantigué en una cómoda silla. Me quité los guantes y las botas. Mis manos heladas me hormigueaban como si tuviera clavados alfileres y agujas. Empecé a descongelar mis manos y mis pies delante del cálido fuego crepitante. De súbito, cinco personas, cada una cargando libros de cuero negro, me abordaron y me cercaron. Tan pronto las vi venir supe que algo andaba mal. Estaba lleno de temor y espanto, pero, ¿por qué? Entonces me di cuenta. Solía tener esa misma sensación cada vez que había hecho algo malo y estaban a punto de atraparme y confrontarme con ello. Mi mente retrocedió a cuando mi papá me gritaba: "¡Greg! Greg Edwin Viehman, ¡baja aquí!"

"¿Por qué, papá? Estoy ocupado," respondía tímidamente, tratando de impedir lo inevitable.

"¡Baja ahora mismo!," replicaba él con severidad, causando que una pesadez cayera sobre mi cuerpo. Me empezaban a pitar débilmente los oídos. *Él lo sabe*, pensaba con disgusto.

La reviviscencia de cinco segundos terminó abruptamente cuando me percaté de que el grupo ya estaba sobre mí. Mi corazón latía a toda prisa por la oleada de adrenalina. Sentí la misma presión que cuando solía convocarme mi papá. *¿Por qué me sentía como si estuvieran a punto de arrestarme?* Pensé. *No he hecho nada malo, y no conozco a esta gente.*

"¿Qué pasa?" pregunté mientras me movía nervioso en mi asiento tratando de ocultar lo que estaba sintiendo. "¿Crees en Dios?" preguntó uno de los chicos mientras los demás me miraban fijamente. Antes de

El Diagnóstico: Dios

que pudiese responder, la chica que estaba a su costado preguntó: "¿Crees en Jesucristo?"

Me quedé totalmente sorprendido por el tema y por su planteamiento. Inmediatamente me incorporé en el asiento y me puse a la defensiva mientras un torrente de tensión inundaba mi cuerpo. En un instante, sentí una incontrolable mezcla de ira y temor. Esa sensación también me era familiar, pero estaba relacionada con eso de una manera extraña. ¡Sentí como si me encontrase en medio de una pelea a puñetazos! Mi infancia me vino a la mente como un destello. "Vamos, mariquita, ¿no me vas a devolver el golpe?"

"¿Por qué lo preguntas?" dije sarcásticamente y con desdén, apartando los ojos de su mirada. Percibí que todos ellos tenían un extraño brillo en sus ojos que me hacía sentir incómodo. Mi corazón latía con fuerza. No quería mirarles. Quería salir de allí y escapar, pero estaba atrapado.

"Queremos explicarte cómo las primeras personas creadas por Dios, Adán y Eva, pecaron. Su pecado les separó de Dios e hizo que la muerte entrara en el mundo. Eso ha afectado a todos los que vinieron después de ellos, incluyéndote a ti y a mí. Jesucristo vino a pagar por nuestros pecados y acabar con la separación."

Antes de que ella pudiera decir otra palabra, la interrumpí de inmediato. "¿De qué están hablando ustedes, chicos? ¡El hombre ha evolucionado a lo largo de miles de millones de años! ¡¿Están de broma?!" La fuerte tensión en mi voz se hizo evidente. Nunca había oído hablar sobre Adán y Eva, y ¡¿estos cristianos nacidos de nuevo creían que se trataba de una historia literal?!

"Jesús te ama," comentó, de manera inesperada, uno de ellos. Por alguna razón eso me hizo reaccionar. Me puse de pie lleno de furia. Se me inflamaron las venas y sentía mi piel caliente y sudorosa. "¡¿Realmente esperan que me crea que el hombre fue creado por Dios?! ¡He vivido dieciocho años y nunca había oído hablar de eso a nadie en ningún lugar! He escrito un trabajo científico sobre la evolución: 'Lucy, el Eslabón Perdido Entre el Hombre y el Simio,'" vociferé, agitando mis manos en el aire.

De una patada, envié la silla más próxima a las otras sillas vacías, provocando un sonoro estruendo. Me alejé de ellos enfurecido. "Greg, ¿qué ocurre?" me preguntó un amigo de la secundaria. Él estaba sentado al otro lado de la sala, cerca de la puerta de salida a la que yo me dirigía. Me detuve y le miré. "¡Cállate! ¡Sólo cállate!" dije chillando y abrí la puerta de una patada para salir y alejarme de aquellos fanáticos.

Más tarde, aquella noche, me abordaron tímidamente, e intentaron demostrarme cómo esos "hechos" estaban escritos en la Biblia, pero yo no miraba. Les ignoré el resto del viaje, sin embargo, después de aquello, mi corazón quedó turbado durante muchos días después. No podía admitir, ni siquiera para mí mismo, que mi paradigma de la vida pudiera ser una mentira. Seguí repitiéndome a mí mismo lo fanáticos religiosos locos que eran. *Si el hombre había sido creado y no había evolucionado, entonces, con seguridad, me lo habrían enseñado en la escuela. Cuando estudiamos la evolución en la escuela, nadie jamás mencionó la creación. No hay nada de malo en mí*, me decía para tranquilizarme. Continué hallando consuelo en el hecho de que yo nunca en mi vida había oído hablar de eso.

Sin embargo, algo seguía andando mal. *¿Por qué estaba yo tan molesto por esto? ¿Por qué me sentía como si hubiera hecho algo malo?* Me preguntaba repetidamente a mí mismo durante el trayecto del bus hacia casa. Miraba fijamente por la ventana y quería alejarme de aquella gente. Me habían arruinado el viaje.

Cuando llegué a casa de mis padres, seguía molesto y me sentía muy inquieto. Mis manos estaban temblorosas y me sudaban ligeramente mientras les contaba lo que había pasado. Me dijeron que no me preocupase. "Estamos bien, hijo. Algunos cristianos pueden ser fanáticos. Olvídalos. Tú estás bien." Al día siguiente, eso desapareció, y me olvidé de Dios por largo tiempo. No fue difícil ya que apenas había oído hablar de él en toda mi vida.

Continuaba en el sofá, soñando despierto. A partir de aquí, mis recuerdos comenzaron a retroceder hasta el principio. Me hallé a mí mismo examinando mi vida entera y centrándome en las pocas veces en las que hubo alguna cosa o tema relacionado con Dios.

LA INFANCIA

Nací en Wilmington, Delaware, en 1967. Fui hijo único de una bonita familia, pero, de ningún modo formaba Dios parte de nuestras vidas. Mis padres tenían antecedentes religiosos, pero eligieron dejarme decidir en qué creer más tarde en la vida. Los aspectos hipócritas de la religión los había desilusionado. Crecí sin siquiera pensar ni oír hablar de Dios o de un dios. No asistíamos a la iglesia, no examinábamos la Biblia, ni conversábamos sobre Dios. Dios era algo abstracto, distante, imposible de conocer, e irrelevante para nuestra vida diaria. El mundo a mi alrededor daba testimonio de ello de todas las maneras.

El Diagnóstico: Dios

Mi abuela materna fue la única experiencia que tuve con Dios de manera ocasional, pero fue extraña y sin ningún significado real para mí. Ella oraba antes de las comidas de vacaciones a un "Padre Celestial," ¿pero quién era él? Había una Biblia en su casa y unas cuantas veces la hojeé, pero no sabía de qué se trataba. Ocasionalmente, ella hablaba de "el Señor," pero yo no comprendía. Cuando me portaba mal, me decía: "El buen Señor te castigará." No recuerdo haber ido a la iglesia nunca. De hecho, consideraba normal no ir, ya que eso es todo lo que sabía. Ella iba todo el tiempo, pero nosotros nos quedábamos en casa los domingos por la mañana.

A la edad de once años, el mundo había moldeado mi corazón. He aquí lo que escribí para la tarea escolar de autobiografía cuando tenía once años:

Espero tener una bonita casa con muchos árboles alrededor. Planeo casarme, y tener una esposa e hijos. Pienso tener mucho dinero. Si tengo un montón de dinero, entonces, voy a donar parte para la caridad, para los pobres. Planeo tener una vida exitosa, para que las cosas salgan bien. Cuando me jubile, me iré a Florida y viviré allí hasta que me muera. Quiero viajar por el mundo, en parte para ver cómo viven y se ganan la vida otras personas. Espero morir de vejez, no por ninguna enfermedad. No quiero sufrir. Pienso que la vida resultará ser, en cierto modo, tal como la espero. Creo que será agradable y placentera, una vida feliz.

Tuve una niñez magnífica, muchos amigos, una casa bonita, unos padres geniales, y viví El Sueño Americano. A excepción de mi abuela y de unos cuantos incidentes casuales desde mi punto de vista, Dios no se evidenciaba en las cosas que oía, veía, o aprendía del mundo. La Navidad se resumía en Santa Claus y en los regalos. La Pascua era una época para obtener caramelos y encontrar huevos.

LA SECUNDARIA

Me gradué de la secundaria en 1985 a la edad de dieciocho años. Mis mejores amigos eran judíos, y no hablábamos de religión. No creo que Dios ni la religión hayan llegado alguna vez durante mis años escolares, excepto en el Viaje de Esquí. Todos estábamos muy ocupados estudiando, divirtiéndonos y viviendo nuestras vidas. En la escuela, a Dios claramente se le consideraba como intrascendente, y nunca formó parte de las enseñanzas o conversaciones que sostuvimos.

Yo conocía a personas que iban a la iglesia, pero nunca hablaban de Jesús ni de la Biblia. En la escuela, nunca vi a una sola persona leer o sostener una Biblia. Si Jesús era parte de sus vidas, entonces nunca lo mencionaron ni comentaron en situaciones públicas. Todo consistía en "ir" a la iglesia, y eso incluía a los niños que iban a escuelas cristianas. Por lo que podía ver, no había diferencia en sus vidas comparadas con las del resto de nosotros. La conexión entre la iglesia y la vida diaria nunca se manifestó. De las cosas que hacían y decían a puerta cerrada, nunca hubo mucho más que me demostrase el tipo de conducta que habría esperado de alguien que afirmase creer en un Dios moral, quienquiera que fuese él.

Durante las vacaciones estivales, iba a menudo a un campamento de verano supuestamente "cristiano," pero allí no se trataba la religión ni tampoco se comentaba sobre Dios. Nunca se hablaba de la Biblia ni de Jesucristo. Los domingos había un culto de adoración genérico que los campistas tenían que soportar. Abundaba el lenguaje soez, el beber, el fumar, y los encuentros sexuales secretos.

LA UNIVERSIDAD

Partí hacia la Universidad de Penn State, pero, tras de un semestre, fui transferido a la Universidad de Delaware para estar más cerca de casa después de lo que sentí que fue como un "ataque al corazón." Por razones que no entendía entonces, y que sólo comprendí de verdad hace unos años, yo padecía de un caso grave de ansiedad por separación. Se manifestó cuando partí a la universidad. De forma inesperada, me entraba ansiedad, temor, y ataques repentinos de una fatalidad inminente. Mi corazón y mis nervios estaban arruinados, y no sabía por qué.

Biología Celular Molecular

Las cosas mejoraron estando más cerca de casa. Yo tenía una asignatura importante en biología en una facultad de medicina. Dios aún no era alguien que me entrase en la cabeza ni siquiera durante esa época tan difícil de mi vida.

Durante mi tercer año de la universidad, hubo un suceso específico en el que pensé en Dios. Estaba haciendo biología celular molecular y estudiando una forma primitiva de regulación de genes de ADN en las bacterias.

Mientras observaba al profesor explicar el sistema, me sobrevino un pensamiento incómodo: *¡El intrincado diseño y las vías de regulación parecían estar diseñadas de manera muy inteligente!* Analicé más de cerca lo que estaba viendo y quedé impactado con otra percepción: *Existen múltiples partes interdependientes que no tienen ninguna función sin el resto. Si tan sólo faltase una, el entero sistema fallaría.*

El Diagnóstico: Dios

¿Cómo podía ser posible esto si la vida había evolucionado? La evolución enseña que, lentamente, a través de millones de años, las mutaciones causaron nuevos cambios que fueron seleccionados por la naturaleza porque eran útiles. Se trataba de un entero sistema integral, sin embargo, eso no podía evolucionar secuencialmente.

También me di cuenta de que el ADN contenía información. ¿Cómo pudo codificarse la información en nuestros genes por casualidad a lo largo del tiempo? *Si veo un libro, entonces sé que alguien lo escribió. Si encuentro un reloj de pulsera, entonces sé que alguien lo hizo,* razonaba. Esos pensamientos seguían perturbándome. Mi corazón me sugería "diseño inteligente," ¡pero eso querría decir que todo cuanto había aprendido estaba equivocado! Mi mente lo combatía diciendo que *¡eso, simplemente, no podía ser!*

Eso lo digerí más tarde y me asaltó la idea de que quizá Dios fue alguien que existió en algún lugar de un modo abstracto. Probablemente inició la vida y luego dejó que la evolución se encargase de ella bajo su dirección. Me vinieron a la mente los chiflados del Viaje de Esquí, pero había decidido que a Dios no se le podía conocer, ni él podía ser personal, ni estar activo en nuestro mundo de hoy, ni ser una cosa distinta de lo que los fanáticos religiosos me habían contado de él. Mis maestros, mis padres, las noticias, o alguien me habría comentado algo. Me sentía aprensivo e interiormente frustrado, pero fui capaz de enterrar esas ideas conflictivas debido al temor de sus implicancias.

La Iglesia

Más tarde, en la universidad, asistí a la iglesia una vez con una enamorada y la familia de ella. Me sentí muy fuera de lugar. Quería salir de allí, como cuando el Viaje de Esquí. No sabía cómo es que todos sabían qué cantar o qué decir al mismo tiempo. Fui, sencillamente, para estar con mi enamorada, y aguanté el servicio religioso. Era lo apropiado a hacer, y yo sentía gran respeto por su padre y su familia. Percibí que había muchos otros niños distraídos. Al mirar alrededor, les vi mirando fijamente al techo, moviéndose de manera inquieta, durmiendo, masticando chicle a escondidas, con total desinterés por el pastor. Me sentí mejor.

El Hombre con la Cruz

Un día, en medio del parque principal del campus, un hombre de apariencia desaliñada estaba parado en un pasillo que conducía a una clase. Su barba era larga, marrón grisácea, estaba sucia y tenía nudos.

Sobre su hombro había una gran cruz de madera. Sacudía la cabeza hacia adelante y hacia atrás mirando fijamente a la masa de estudiantes que corrían a clase. Él gritaba y chillaba a los estudiantes con vehemencia: "¡Arrepiéntanse! ¡Dejen que Jesús los salve de sus pecados y del infierno! Su educación universitaria no tiene valor sin Jesucristo. ¡Ustedes están engañados! ¡No se trata de este mundo! ¡Arrepiéntanse!" Nadie le escuchaba. Era un chiflado. Creo que la policía del campus se lo llevó.

Nuestra Ciudad

En mi último año de universidad, tomé unas clases de arte dramático. Tenía una asignatura secundaria en teatro, la cual disfrutaba enormemente. Yo tenía que ver una obra por clase, e iba solo. La obra *Nuestra Ciudad* de Thornton Wilder cuenta acerca de Emily Gibbs, una mujer joven que fallece mientras da a luz y, después, se le permite volver para observar su vida durante un día. Emily descubre el horror de recuerdos desaprovechados y un mundo sin eternidad ya que ahora estaba contemplando su vida desde una nueva perspectiva. Se da cuenta por primera vez de que todos están tan ocupados corriendo para todos lados, trabajando, y haciendo pequeñas tareas domésticas, que ni tan siquiera se miran el uno al otro, ni disfrutan de la compañía mutua. Ella, desesperadamente, desea ver a su familia detenerse por tan sólo un segundo para abrazarse y disfrutar de las pequeñas cosas de la vida, pero en ningún momento lo hacen.

Emily lamenta cómo el sentido y la esencia de la vida se pierden minuto a minuto en un mar de distracciones. Percibe que los momentos preciosos no son realmente apreciados. Emily concluye que los seres humanos no saben que están vivos hasta que están muertos. Dan la vida por sentado hasta que la vida les es arrebatada.

Me sentí hondamente conmovido por esta obra. Fue como una punzada en mi corazón, porque me di cuenta de que yo había vivido en "Nuestra Ciudad" una vida entera y en ningún momento me había percatado. De mis ojos descontroladamente empezaron a brotar *¡Lágrimas?! ¿Estás bromeando? ¡So mojigato! ¡Ya basta!* Pensé, tratando de contenerme. *¿Existe más vida aparte de la que tengo conocimiento? ¿Tiene razón Emily Gibbs sobre la vida?* Algo resonaba dentro en lo profundo de mi alma de que había algo en el mundo en que vivía que andaba mal, pero, en medio de la vida universitaria, me olvidé, rápidamente, de todo ello.

El Diagnóstico: Dios

La Vida Universitaria
Dos de mis compañeros de cuarto de la universidad iban a la iglesia regularmente, pero no comentábamos información sobre su fe. Eran muy sinceros y reverentes, pero yo, simplemente, los bloqueaba. Dios era importante para ellos, pero yo no lo entendía. Tampoco me presionaron nunca, lo cual me agradaba. Realmente, no pensaba sobre su asistencia a la iglesia. La mayoría de la gente se pasaba el domingo recuperándose de la resaca. Yo seguía ocupado viviendo mi vida, pasándola genial, y preparándome para la facultad de medicina.

Un semestre tomé un curso de Filosofías de la Religión. Estudiamos a muchos diferentes filósofos de renombre y sus libros sobre religión, pero no acerca de Jesús ni de la Biblia. Nos enseñaron que el hombre había elaborado muchas teorías acerca de Dios para tratar con la dolorosa realidad de nuestro mundo. El concepto de "Dios" era la respuesta del hombre para esconder de su corazón el dolor de la muerte, la enfermedad, y las tragedias. Me enseñaron que no existía una respuesta correcta acerca de Dios, así como el respeto a todas las religiones por lo que eran.

Durante la época de la universidad, pasaba mis veranos en la playa. Yo era salvavidas y disc jockey. Me iba de fiestas, bebía, conquistaba mujeres, y trabajaba. Yo era lo único que importaba. Me fue muy bien en la universidad y me gradué con la mención de honor Magna Cum Laude. Ingresé en la facultad de medicina en 1989.

LA FACULTAD DE MEDICINA
Los primeros tres años de la facultad de medicina no me dejaron mucho tiempo para el estilo de vida desenfrenado que había estado gozando. Estaba metido en los libros las veinticuatro horas del día, siete días a la semana. Yo destacaba en la facultad de medicina. Tenía buena memoria y era capaz de leer con rapidez. Me gradué el primero de mi clase.

Estaba aprendiendo del cuerpo humano y cómo funcionaba éste. Era impresionante y absolutamente asombroso, pero eso no desencadenaba pensamientos sobre Dios, puesto que yo creía en la evolución. Todos los estudios de medicina trataban del cuerpo humano, pero en nada de lo que me enseñaban y en nada de lo que leía se hacía mención alguna de Dios ni de la creación. Si Dios desempeñaba algún papel en el cuerpo humano, entonces, lo habían dejado fuera del único lugar en el que yo habría esperado que fuera reconocido. Los años de silencio sobre cualquier influencia divina en la vida iban quedando grabados en mi corazón con una magnitud e impacto de los que yo no era consciente.

Recuerdo haber diseccionado un cerebro humano. Lo recogí por primera vez con sobrecogimiento y admiración. No podía dejar de pensar, estoy sosteniendo en la mano un cerebro que tenía una vida, familia, y muchos recuerdos. ¿Adónde van estos? ¿Han desaparecido? ¿Cómo puede esta masa blanca gelatinosa tener amor, sentimientos y emociones? Era consciente de que, dentro de mí, había ese mismo tipo de materia. ¡Mi cerebro era exactamente como ese! Se convirtió en asunto personal. ¿Adónde van mis recuerdos? ¿No son nada más que sinapsis nerviosas y sustancias químicas? Estaba horrorizado. Todos esos pensamientos pasaban por mi mente a gran velocidad, pero no había respuestas. Cuando muera algún día, ¿se perderá el amor por mi esposa e hijos en materia en descomposición? ¿Es ahí adonde me encamino? Algo no tenía sentido. Se me encogía el corazón y sentía un nudo en el estómago cada vez que tenía esta clase. Me alegré cuando esta terminó.

La facultad consumía mi vida. Me sentía solo, pero constantemente distraído por la interminable carga de trabajo. Perdí a mi enamorada de la universidad y me sentí aún más solo. No obstante, Dios era la última persona de la que me acordaba. No había nada que hubiera visto ni experimentado en mis veinticuatro años que me hiciera pensar que él fuera necesario o deseable.

Tomé otro sorbo de vino y proseguí el viaje por el camino del recuerdo. Nunca antes había reproducido mi vida desde esta perspectiva.

MATRIMONIO

Durante mi tercer año de la facultad de medicina, Conocí a Ruth, la que sería mi esposa, y nos casamos poco más de un año después en 1993. Y, sí, nos casamos en una iglesia. Nos reunimos con el pastor dos veces para las "lecciones sobre el matrimonio." El pastor era una persona muy agradable. Para mí, la iglesia no era nada más que un sitio donde aprender lecciones sobre la vida. Al pastor no le preocupaba mi relación con Dios ni mi carencia de ella, lo que reforzaba mi idea de que Dios no era importante en las cuestiones reales de la vida. No se lo conté a mi novia, pero seguí esperando que el pastor viniera a arrinconarme acerca de Jesús. ¡No lo hizo! ¡Yo estaba sorprendido! Si Jesús estaba vivo, se le podía conocer, y era de una importancia crucial como afirmaron los chiflados del Viaje de Esquí, entonces, ¿por qué no me hablaba el pastor cuando era evidente por mis respuestas durante las lecciones que yo no creía? Él, de forma silenciosa, reforzaba mi visión del mundo.

Empecé un internado de un año en la especialidad de medicina interna del Hospital Universitario de Pennsylvania. Me sentí, básicamente, destrozado por un año ininterrumpido sin ninguna otra cosa salvo trabajo, trabajo y más trabajo. Aunque estábamos constantemente rodeados de gente que fallecía, nunca se produjo ninguna reflexión ni análisis sobre Dios ni sobre una vida después de la muerte entre los doctores ni enfermeras que yo presenciara. En el hospital, la muerte era la muerte.

Hasta ese momento, la mayoría de mis experiencias relacionadas con Dios habían sido negativas, e incluso un pastor no había alcanzado a hablar de Dios conmigo. Me iba bien e me encaminaba a una carrera exitosa. Tenía una esposa y una familia estupendas. Mis padres estaban orgullosos de mí, y ¡la vida era maravillosa! La sociedad, ciertamente, no abrazaba a Dios ni enviaba el mensaje de que él era real y estaba vivo. La universidad me había enseñado que no existía tal cosa como la verdad absoluta; la verdad está relacionada con su sistema de creencias.

En 1994, llegué a ser médico residente en la sección de dermatología del Centro Médico de la Universidad de Duke. Trabajé muy duro durante tres años, totalmente agotado por el aprendizaje de dermatología y estando casado. Mi esposa estaba ocupada en un empleo en el tema farmacéutico. Todo iba según lo planeado. El paradigma de la vida moderna consistía en tener éxito y hacerlo tan bien como podíamos. Eso es, exactamente, lo que estábamos haciendo.

Durante mi residencia, en 1995, nos mudamos a Apex, Carolina del Norte, y compramos una casa. Ruth había sido criada como "cristiana," pero no había ido a la iglesia desde que nos conocimos. Trató de llevarme unas cuantas veces en Navidad y en Pascua, pero rehusé. En sí, ella no parecía estar interesada en Dios, sino más bien en la asistencia ocasional a la iglesia en eventos especiales. Parecía claro que los feligreses estaban simplemente siendo religiosos. Para mí, eso no tenía ninguna sentido. Podía hacer algo mucho más útil los domingos como quedarme a dormir, recuperarme de una resaca, ir a correr, o pasear en bicicleta.

Un día, una nueva amistad invitó a Ruth a la iglesia y ella fue. Yo me quedé en casa. La semana siguiente, ella recibió una llamada de una mujer que había conocido allí. La mujer quería visitarla. Fueron a dar un paseo por el bosque, y la mujer arrinconó a Ruth sobre su creencia en Jesucristo. Ruth se sintió muy incómoda y se fue tan pronto como pudo. "Te dije que eran un puñado de chiflados," dije. Eso también le disgustó.

Me gradué de Duke en 1997 y me incorporé a la facultad como cirujano de cáncer de piel y miembro. Un año después abrí un consultorio particular con mi mentor en Cary, Carolina del Norte. Ese proyecto implicó una tremenda cantidad de trabajo que, felizmente, me mantuvo distraído. Ahora era un ciudadano de pleno derecho de "Nuestra Ciudad." Ese mismo año, tuvimos a nuestro primer hijo.

MARCO ISLAND

Cuando nuestro primer hijo tenía casi un año de edad, hicimos un viaje para visitar a los padres de Ruth en Marco Island, Florida. Sus padres eran cristianos y querían que bautizásemos al bebé.

"Cariño, ¿en qué influye que a un bebé le bauticen?" pregunté.

"No estoy segura. Creo que si un bebé no está bautizado y muere prematuramente, es probable que no vaya al cielo." Respondió con voz vacilante y con incertidumbre.

Yo estallé. "¡Eso es absurdo! ¡Quiero hablar con el pastor de tus padres y conversar sobre ese disparate!" Apreté la mandíbula y supe que me estaba enojando. "¡A mí nadie me va a venir a decir nada sobre nuestro bebé varón!" grité.

Quería reunirme con él enseguida. Estaba ansioso y anticipaba que sería un buen debate. Ya no me gustaba él. Él me estaba irritando antes de siquiera conocerle. Sorprendentemente, noté algunas de las mismas sensaciones que había experimentado durante el Viaje de Esquí. Cólera, temor, incertidumbre, impotencia, y una falta de control me estaban apretando el corazón. Me preguntaba: *¿Por qué me siento ansioso e inquieto cada vez que aparece el cristianismo?*

Llegamos a Florida y nos reunimos con el ministro de la iglesia de sus padres al día siguiente. Estuve en corto-circuito toda la mañana antes de la reunión. Él estaba sentado al fondo de una pequeña cafetería junto a una mesa redonda, sorbiendo, despreocupadamente, de una taza de café recién hecho. Para mi asombro, él fue muy agradable y tenía una sonrisa radiante y un porte sereno.

"Queremos saber acerca de lo de bautizar a nuestro hijo," le pregunté ásperamente. Para sorpresa mía, él nos explicó que no era necesario y que el bautismo no "salvaba" a una criatura de modo alguno. Dijo que esta idea de la salvación a través del bautismo no sólo es completamente anti-bíblica, sino también un error muy común. Explicó que podía usarse como señal externa de un compromiso para criar al hijo como un cristiano. Recomendó que no bautizásemos al niño si no éramos cristianos consagrados. Ahora me sentía más aliviado y más cómodo. No me esperaba en absoluto esa respuesta de él.

Quería hacerle algunas preguntas que me estaban inquietando. Él sorbía su café en silencio al otro lado de la mesa.

"¿Qué hay de los millones de personas en el mundo que no creen en Jesucristo?," inquirí con un tono ligeramente sarcástico. Proseguí: "¿Cree que ellos están equivocados y usted está en lo cierto? ¿Se encaminan al infierno?" pausé para causar efecto y luego añadí confiado: "Estoy convencido de que ningún 'Dios amoroso' condenaría a esa gente. Creo que todos tienen razón, pero de modos distintos. Eso es lo que la sociedad me ha enseñado. ¿Acaso no vivimos en la era de la tolerancia?" Me recosté en mi silla; estaba seguro de que lo había dejado perplejo.

Me miró con ojos cálidos, agarró su tupida barba canosa, y dijo: "Jesús es el único camino hacia el cielo, porque él es Dios y sólo Dios puede morir y pagar por los pecados del hombre. Otras religiones no tienen un salvador o una respuesta para el pecado. De lo que usted no es consciente ni ha oído hablar es de los miles de misioneros que hay en cada país. Dios está salvando a multitudes de personas todos los días por todo el mundo mediante Jesús." Entonces me mostró la otra cara de la moneda cuando agregó: "¿Por qué está molesto de que exista un único camino, en vez de regocijarse de que, al menos, hay un camino garantizado para ir al cielo y de que el cielo realmente existe?"

Me quedé sin habla y confundido. No había pensado en ello de ese modo. Como la mayoría de la gente, yo tenía miedo de morir, y la evolución no era de consuelo cuando se trataba de la muerte.

"Está bien. Gracias, señor, por su tiempo," dije apresuradamente para acabar la conversación y salir de allí. Quería alejarme de él, pero no sabía por qué. Tenía sentimientos de ansiedad, irritación, y pánico que no podía explicar, pero que me eran inquietantemente familiares. "Greg Edwin Viehman, ¡baja ahora mismo!" era de nuevo mi papá, que gritaba dentro de mi cabeza. Sólo sabía que si me marchaba, se me pasaría. Salimos fuera y se me pasó. ¡Ufff! Poco sabía yo que el padre de mi esposa estaba planeando la segunda ronda.

Más tarde aquella noche, mi suegro me dijo que dos miembros de su iglesia iban a venir para hablar con nosotros. *Vaya*, pensé. Como una hora después, oí que tocaban a la puerta. Me asomé por la esquina y vi la puerta abierta. Un hombre y su esposa, ambos de unos sesenta años, entraron. De pronto, de forma incontrolable, percibí la importancia de esta reunión y sentí una presencia. Era como si alguien invisible hubiera entrado con ellos. *¿Por qué me siento así? ¿Qué está pasando?* Me pregunté. *¡¿Por qué percibo una paz en la sala?! Debería estar enojado y frustrado.*

Nunca había experimentado paz, excepto cuando bebía alcohol. Me sentía confundido, pero intrigado. Todo eso ocurrió en cuestión de segundos, y absolutamente nadie pudo intuir lo que yo estaba pensando ni sintiendo. Nos sentamos juntos en el sofá blanco de estilo Florida. "Queremos hablarle de Jesucristo," dijeron cortésmente.

"Adelante," respondió Ruth. Sentí ganas de darle a ella con el codo en las costillas, pero ellos me habrían visto.

Explicaron lo que ellos llamaban "el Evangelio," la historia del plan de Dios para salvar a la humanidad de sus pecados. Les tomó unos quince minutos, y los escuché muy atentamente. En resumen, Jesús murió por mis pecados. Dijeron que él tomó mi lugar y mi castigo sobre la cruz. Si yo confiaba en Jesús y me volvía de mis pecados, entonces, Dios me perdonaría y me proporcionaría vida eterna. Parecía demasiado fácil. Yo estaba asombrado de que tuviera sentido y de que incluso fuera atractivo, pero parecía muy descabellado y demasiado bueno para ser verdad. Me dieron a entender que yo estaba en problemas sin Jesús, pero no mencionaron específicamente el infierno. Mientras hablaban, yo me preguntaba: *¿Por qué yo no había oído nunca hablar de esto en treinta años excepto en el Viaje de Esquí? ¿No habría hablado la gente de ello si fuera cierto? A mí parecía irme bien en la vida diaria. ¿Cómo podía ser que hubiera algo malo en mí?*

Mi mente volaba de un pensamiento al siguiente. Mi corazón latía tan fuerte que, prácticamente, podía oírlo, y ese sentimiento irritante e incómodo me embargaba de nuevo. Esta vez, era parecido a cuando subes por primera vez a una gran montaña rusa, al momento en que, simplemente, estás esperando que el primer carro ascienda la primera cuesta y se deje caer. Escuché y no dije nada más. Les dimos las gracias y ellos se fueron. Creo que pudieron intuir que yo no estaba interesado en hacer preguntas. Estaba aterrado de aquella montaña rusa hundiéndose y estrellándose contra el fondo. No sabía qué cosa había por encima de aquella cuesta ni tampoco lo quería saber.

Después de que se fueran, seguí percibiendo una presencia, un estado de paz, y continué pensando en lo que me habían dicho. Me molestaba no saber qué cosa era esa presencia y no podía hacer que se fuera. *No puedo contárselo a Ruth, si no ella pensará que estoy loco*, pen-

El Diagnóstico: Dios

sé. No podía arrancar el mensaje de ellos de mi cabeza. Me sentía atraído a estudiar la Biblia cuando yo pensaba que ¡no quería hacerlo! Mi corazón parecía estar cambiando, incluso ablandándose. *¿Qué, rayos, es esto? No puedo leer la Biblia. La gente se va a burlar de mí*. Eso estaba tan fuera de lugar para mí.

Tres días más tarde, nos fuimos a casa en el carro. Pensé en ello durante todo el camino. *Si tienen razón, entonces, todo lo que sé y pienso acerca la vida es una mentira.* Seguía pensando, *Es demasiado extraño*. Esa noche, cuando nos fuimos a la cama, le pregunté a Ruth: "¿Crees que deberíamos leer la Biblia?" Dentro de mí, yo pensaba para mis adentros, *No puedo creer que acabes de decir eso*.

Me sorprendí gratamente cuando ella respondió: "Sí, conseguiré una mañana. Leámosla juntos todas las noches antes de ir a la cama."

Al día siguiente, Ruth vino a casa con una Biblia nueva. Me sentí aliviado, ya que no quería ser yo quien la comprara. Habría sido demasiado embarazoso para mí.

Nuestra lectura empezó con fuerza tres noches seguidas. Leíamos un capítulo cada noche. El tercer día, leímos sobre Adán y Eva y la llamada "caída del hombre" cuando ellos pecaron contra Dios. El relato era demasiado para mí. Dije: "Ruth, esto es estúpido. Soy científico y médico. He estudiado el cuerpo humano durante once años. No existe forma alguna de que dos personas sean creadas de la nada. Tal vez esto sea sólo una parábola para enseñarnos sobre la vida, pero no una historia literal." Ella concordó y dejamos de leer. Yo estaba enojado y molesto otra vez, pero no sabía por qué. Me molestaba que yo estuviera loco, lo cual ¡me enloquecía aún más!

La noche siguiente, cuando me fui a la cama, Rut estaba dormida. Me metí debajo de las sábanas con la cabeza asomando, y ahí estaba la Biblia, sobre la mesita de noche. Esto puede sonar descabellado, pero sentí como si me estuviera mirando fijamente. No podía arrancar esas historias tontas de mi mente. Lo siguiente que supe es que, la cogí y me puse a leer otra vez. *¿Por qué me siento atraído a leer este estúpido libro religioso que contiene cuentos de hadas?* Pensé, llenándome de ira otra vez. Aún me puse más irritado de encontrar que Adán y Eva aparecían claramente como personas literales. Tuvieron hijos, y sus genealogías figuraban registradas. Unos pasajes más adelante, ¡leí que la gente vivía cientos de años! Dije, riéndome audiblemente entre dientes "Sí, seguuuuuro que lo hacían—y de que los burros vuelan."

Este patrón continuó por las siguientes tres noches. El relato del Arca de Noé ya fue la última gota que colmó el vaso. "Hasta aquí. Ya he terminado con este ___," murmuré en voz baja. Asqueado, arrojé la Biblia contra el piso y produjo un ruido sordo.

Mi esposa estaba profundamente dormida, pero eso la sobresaltó despertándola por completo. "¿Qué pasa?" murmuró mientras se incorporaba.

"Es esa ___ Biblia. Está llena de historias que no pueden ser ciertas. Fueron inventadas hace miles de años por personas sencillas, que ¡eran ignorantes y que no sabían hacer nada mejor!" arremetí.

"Está bien, pero, ¿por qué te enfadas tanto? Cálmate y duérmete," dijo ella de forma racional.

"¡No quiero dormir!" repliqué y golpeé con mi puño en la cama.

¡Una vez más, mi corazón regresó a una pelea de puños y me dirigí escaleras abajo para enfrentar a papá por lo que yo era culpable! Miré fijamente a mi esposa y dije con vehemencia: "El hombre inteligente de 1998 sabe a ciencia cierta que estas historias son imposibles. Yo tengo pruebas y ellos no tienen nada. Ninguna prueba en absoluto. ¡Idiotas! ¡Yo tengo a la ciencia de mi parte y ellos no tienen nada excepto fe ciega!"

Era evidente que Ruth no quería involucrarse conmigo. Sacudió la cabeza y dijo con cansancio: "Sólo duérmete y olvídalo. Estoy cansada." Con eso, se dio la vuelta y se quedó dormida enseguida. ¡Yo no! Necesitaba darle vueltas a la cabeza con ese asunto durante otros treinta minutos.

LA IGLESIA

El sábado siguiente, nuestro vecino me presionaba para que fuera a la iglesia. "La iglesia es buena para usted. Conseguirá conocer gente y hacer contactos de negocios," dijo él.

"No lo creo. No es lo mío," respondí. Más tarde ese día, Ruth me informó que íbamos a probar una iglesia que su amiga le había recomendado. Era de la misma denominación que en la que ella había sido criada. Concordé en ir. Pensé que eso no podía hacer daño a nadie.

De camino hacia allá, yo iba pensativo y no hablé mucho. Mi actitud era muy insensible y de soberbia cuando entré. Qué puñado de debiluchos que necesitan una muleta, pensé. Mira a los hombres. Son mariquitas. Sus esposas tienen el aspecto de muñequitas Holly Hobby. Estoy harto y cansado de sus estúpidas sonrisas y de su sentimiento de alegría robotizado.

Cuando entramos al culto, este ya había empezado. En el interior había tres secciones de sillas tapizadas en unas 15 filas de extensión que daban a un escenario central. Todos estaban parados cantando. Yo odiaba cantar, incluso fuera de la iglesia. Miré alrededor y mucha gente sostenía sus manos en alto con los ojos cerrados. "Más anormales," le susurré a mi esposa. Aguantamos el servicio y salimos corriendo de allí. Todo lo religioso terminó en ese mismo momento. Nada de leer más la Biblia, ni iglesia, ni de pensar en cuentos idiotas de hadas. Me sentí aliviado cuando ambos concordamos en que habíamos terminado con la religión.

Yo tenía la certeza de haber tomado la decisión correcta. Me había encontrado con más anormales, cuentos idiotas de hadas sobre milagros, y gente que actuaba como si conociera y estuviera experimentando a Dios. ¡Yo había acabado! ¡Sabía que tenía razón! Yo era un médico, el primero de mi clase, un científico, un erudito, y yo sabía más que esos idiotas. No me sentaría en la iglesia para parecer bueno o para seguir la definición de justicia de la sociedad. Rehusé hacer eso tan sólo para conocer a gente o hacer contactos de negocios, a pesar de que *mucha* gente me alentaba a hacerlo exactamente por esa razón. Yo no necesitaba las honorables ventajas secundarias extraoficiales de la iglesia. Conocía cómo eran esos tipos los fines de semana. Decían y hacían las mismas cosas que yo.

Después de todo, mi esposa y yo teníamos éxito y estábamos ganando un buen dinero, y teníamos una bonita casa, un hijo, y unos empleos magníficos. No teníamos necesidad de iglesia ni de religión, especialmente porque todas nuestras experiencias con ellos habían sido extrañas. Habíamos examinado la religión, y nos había fallado. Siempre me había enfadado y estremecido. No tenía sentido continuar con algo que me hacía sentir desdichado.

Teníamos algunos amigos que habían encontrado una iglesia más "normal" que ofrecía un mensaje discreto, pero no estábamos interesados en nada de eso. Éramos personas buenas, en un bonito vecindario, y yo estaba muy ocupado iniciando un nuevo consultorio particular y criando un nuevo bebé varón. Se había acabado. *¡Qué alivio!* Pensé. Estaba emocionado de, finalmente, haber terminado con eso.

EL NUEVO VECINDARIO

En 1999, nos mudamos a una casa mucho más grande. El dinero no era un problema para nosotros, y la vida transcurría sin estrés, salvo por nuestros hijos. Teníamos otro hijo, y teníamos nuestra vida ocupada manejando dos niños pequeños. El objetivo consistía en trabajar duro y ahorrar tanto como podía para la jubilación y para nuestra familia. Creía que el dinero podía comprar la seguridad así como cierto grado de control sobre la vida. Había logrado lo que nuestra sociedad enseñaba que era el primer objetivo de vivir: El Sueño Americano.

El vecindario adonde nos mudamos era distinto, no obstante. En el vecindario anterior todo el mundo era amigable. Siempre estaban afuera, conversando, e interactuando como una gran familia. Ese no era aquí el caso. Muchos vecinos nos ignoraban o apenas nos saludaban con un "hola."

Una vez estaba conversando con una nueva vecina en su entrada, cuando una mujer, que no había visto antes, se acercó caminando. Ella empezó a conversar con la mujer con la que yo me encontraba hablando y me ignoró como si yo no me estuviera allí. *¿Realmente va a fingir esta mujer que no estoy aquí? ¡¿Cómo es eso?!* Pensé. Esperé unos minutos hasta que la situación se volvió incómoda y me fui. Mientras caminaba a casa, iba que echaba chispas, ya que había tenido tratos con este nuevo vecindario por unas cuantas semanas.

"¡No puedo creer lo de este vecindario! ¿Qué le pasa a esta gente? ¿Por qué son todos tan extraños?" Grité mientras entraba en mi casa y encontré a Ruth en la cocina.

Le expliqué lo que había pasado y ella dijo: "Sabes, he oído que esa calle está llena de cristianos nacidos de nuevo."

"Sí, de acuerdo, pero no les está haciendo ningún bien. Nuestro vecindario anterior era normal," exclamé. Sonreí satisfecho y agregué alegremente: "Me habían advertido que cuanto más caro el vecindario, tanto más extraño se volvía. Y si añades a esos fanáticos cristianos, se convierte en ¡un auténtico zoológico!"

Al menos, las cosas eran normales en el trabajo. Jesús tampoco se había criado allí, salvo por una interesante excepción. Una mujer, que trabajaba en el laboratorio, siempre estaba leyendo la Biblia y hablando de "el Señor" y de la obra de él en la vida de ella. La Mujer de la Biblia, Tammy, obviamente, no respetaba nuestra libertad de religión en este país.

"Oye, ¿qué pasa con ella?" pregunté al director del laboratorio.

"Ella simplemente es religiosa de verdad," respondió.

"¿Por qué lee la Biblia todo el tiempo?" pregunté.

"Sí, es un poco tonto, ¿no?" respondió en broma. Los dos soltamos una risita.

Ella era muy agradable y cálida y tenía un halo de paz sobre ella. Su material religioso era extraño para mí, pero, obviamente, para ella era real de un modo que yo no había visto nunca antes. *¿Cómo podía ella hablar de que el Señor hacía cosas en su vida? ¿Qué Señor? ¿Se*

El Diagnóstico: Dios

refería ella a que Dios estaba obrando personalmente en su vida? Me preguntaba yo. *¿Cómo puede alguien ser tan religioso que crea realmente que Dios le está hablando?* Me preguntaba. La observé con cuidado durante unas semanas y decidí que cualquier cosa que tuviera, le estaba funcionando a ella.

Me gustaba mucho hacer bromas en el laboratorio del trabajo. Cuando un huracán tocaba tierra en Carolina del Norte, yo decía, "¡Voy a construirme un arca!"

Tammy siempre respondía, "No, Dios no volverá a hacer eso. Así lo ha dicho él." Lo más loco de todo esto es que ¡eso es todo cuanto ella decía! *¿Cómo lo sabía? ¿Realmente creía ella lo del arca de Noé? ¡Qué tonto!*

Una vez se estaba aproximando un gran huracán. Afuera llovía a cántaros. Se podía escuchar el golpeteo de la lluvia a través del tejado del laboratorio. Decidí molestar a Tammy otra vez. "Me voy a ir a correr esta noche," exclamé con soberbia.

"Usted no debería salir con este tiempo" me advirtió.

"¡Ni Dios mismo puede sacarme ahí fuera!" respondí increpando.

Ella dio un respingo, y enseguida percibí que estaba incómoda por lo que yo había dicho. Su mirada me sobresaltó, ya que me miró con una alarma que era tangible, sus cejas ligeramente levantadas mostrando una sutil connotación de desaprobación. Los sentimientos del Viaje de Esquí empezaron a surgir de nuevo. *¿Qué dije? ¿Por qué me mira así? ¿Pensó ella que Dios me iba a eliminar por ser irreverente?*

EL PRIMER ESTUDIO DE LA BIBLIA DE RUTH

En la primavera del 2003, Ruth me dejó sorprendido cuando dijo: "Creo que voy a empezar a ir a un estudio de la Biblia."

"¡¿Qué?! ¡¿Por qué, rayos, vas a hacer eso?!" pregunté desdeñosamente.

"Me invitaron, y creo que quiero ir," declaró sencillamente.

"Está bien. Adelante, vete a tu estudio de la Biiiiblia," respondí condescendientemente. Estaba irritado, pero me sacudí el disgusto. "Tan sólo no te conviertas en un bicho raro religioso conmigo," añadí y luego dejé el tema.

Lo que yo no sabía, pero de lo cual me enteré más tarde era que algo le había pasado a Ruth unas semanas antes. Ella se encontraba en una tienda de tejido, cuando una mujer se le acercó, le entregó un papelito y se fue. Ahí ponía: "¿Cómo sabe usted que va a ir al cielo?" Ella arrojó el papel al asiento del acompañante y empezó a conducir el carro a casa. El pequeño pedazo de papel, sólo estando allí se arrugó, y eso empezó a molestarla. Lo primero que hizo cuando llegó a casa fue ver el correo. Coincidentemente, en el buzón de correo de casa había una invitación para un estudio de la Biblia. Eso la asustó. Se preguntaba si Dios estaba tratando de llamar su atención. Decidió ir al estudio de la Biblia, sólo por si acaso. Después de todo, ella había sido criada como persona cristiana.

Asistió al estudio de la Biblia durante unos meses, y luego, un día, de pronto espetó: "Jesús va a volver y tú vas de camino al infierno." Ruth siempre era contundente e iba al grano, pero esto era una locura.

Seguí caminando, pasé por delante de ella y subiendo las escaleras dije: "Sí, seguuuuuro que lo va a hacer," en tono burlón y con una risita en mi voz. Pensé que, quizá, esas mujeres estaban bebiendo o fumándose algo en el "estudio de la Biblia." De hecho, pensé que era tan ridículo que ni me preocupó ni causó tensión en nuestro matrimonio. Pensé que era una etapa cómica e inofensiva por la que estaba atravesando Ruth. El resto del tiempo, ella parecía normal y me dejaba en paz.

Bueno, no totalmente en paz; me compró un libro, *Nueva Evidencia que Demanda un Veredicto* por Josh McDowell. Era un libro voluminoso. Me miró, calmadamente, pero dijo con firmeza: "Quiero que leas este libro. Este sujeto no creía en Jesús. Se dispuso a probar que no era cierto, pero se hizo creyente. Es muy intelectual."

Lo cogí, puse los ojos en blanco, y después lo coloqué encima de mi mesita de noche. "Ay, caramba," murmuré en voz baja.

DE VUELTA A LA REALIDAD

Mi largo paseo por el camino del recuerdo terminó cuando Ruth me sacó de mi ensoñación, gritándome desde el piso de arriba: "¡Greg! ¿Greg? ¿Dónde estás? ¿Estás ahí abajo? Se supone que deberíamos estar viendo videos caseros como familia. ¿Qué estás haciendo?"

De un sobresalto, me devolvió a la realidad, me di cuenta de que había perdido toda noción del tiempo mientras bebía a sorbos mi vino y contemplaba mi vida. Rápidamente, le contesté con otro grito: "¡Enseguida estoy arriba!" Me soplé el resto del vaso, y lo dejé a un lado sobre la barra. Subí corriendo las escaleras sabiendo que Ruth iba a enfurecerse loca.

"¿Qué estabas haciendo ahí abajo? Simplemente nos abandonaste," dijo ella con voz cortante.

"Sólo necesitaba estar a solas. Ha sido una semana de trabajo larga. Me alegro de que ya haya llegado el fin de semana."

"Pareces triste. ¿Va todo bien?"

"Sí. Estoy bien. ¿Alguna vez has notado que las fotos y videos caseros antiguos hacen que te conciencies de lo corta que es la vida?"

"Sí, pero, ¿por qué te estás poniendo tan sensiblero esta noche?"

"No sé. Eso me ha estado fastidiando durante un rato. No importa. Sólo quiero irme a la cama. Estoy agotado."

LA GOTA QUE COLMÓ EL VASO

Al día siguiente los asuntos del vecindario empeoraron y llegaron a un punto culminante. "Papá, los niños de la calle no quieren jugar con nosotros. Nos ignoran," sollozaban nuestros hijos de cinco y seis años de edad mientras cruzaban la puerta del garaje zapateando.

"¿Qué quieren decir?" pregunté con enojo.

"Creo que los otros chicos del vecindario no quieren jugar con nosotros," dijo un hijo tartamudeando entre sollozos.

"Cada vez que salimos a jugar, fingen que no estamos allí. Nunca nos piden para jugar con nosotros," intervino nuestro otro hijo. "Y, papi, una niña le acaba de decir a otra niña que ella no era una *cristiana verdadera*," agregó.

¡Yo estaba furioso! ¡Ahora, esta calle de cristianos tenía a sus hijos arrojando esta mierda! "¡Se acabó! Ya he tenido suficiente con este ___!" Grité justo delante de los niños. "¡Estoy hastiado de sentirme excluido, desplazado, y de no ser bien recibido!" Me volví hacia mi esposa y le dije, "Voy a comprar una Biblia. ¡Voy a demostrar que estos cristianos hipócritas son un puñado de falsos!" Cerré la puerta del porche de golpe, tan fuerte, que hizo vibrar el marco y el vidrio.

Al día siguiente en el trabajo, le conté al personal del laboratorio lo que estaba ocurriendo en el vecindario. Tammy, La Mujer de la Biblia, del laboratorio, levantó las cejas, pero no hizo ningún comentario. "Si mis hijos y yo vamos a ser juzgados, entonces, quiero saber sobre qué bases. Me voy a la librería cristiana a comprar una Biblia." Tammy me miró de frente a la cara con un brillo en sus ojos. Creo que incluso la pillé reprimiendo una sonrisa. Siguió sin decir nada. *¿Por qué no está preocupada de que yo pueda desenmascarar su fe? De hecho, ¡casi parece feliz por todo el incidente!*

Después del trabajo, fui en el carro a la librería cristiana y compré otra Biblia. No podíamos encontrar nuestra primera Biblia por ningún lugar de la casa. Cuando me detuve para entrar en la tienda, mi corazón latía a toda prisa y me sentía aprensivo. No quería que me vieran en una librería cristiana, en especial, comprando una Biblia. Estacioné el carro tres tiendas más abajo, de modo que no pudiera ser visto justo delante. Me puse una gorra de béisbol y unas lentes de sol como disfraz. Investigué la zona durante un momento para asegurarme de que no veía a nadie que conociera, y luego, entré. Me sentí como un alien. Entré y salí tan rápido como pude. Cuando llegué a casa, me di rápidamente cuenta de algo. ¡Una Biblia se parece una Biblia! No había pensado en eso cuando la compré. *No pueden verme leyendo la Biblia.* ¡Ahora tenía que volver y pasar por toda la rutina de nuevo!

Utilicé las mismas precauciones y sigilo que había usado antes en la librería cristiana. Esta vez, sin embargo, compré una versión informática de estudio de la Biblia para mi computadora laptop, porque tenía vergüenza de que me vieran con una Biblia impresa. Utilicé mayormente la Biblia por computadora de forma que nadie supiera lo que yo estaba haciendo. Los pacientes siempre traían a la consulta material de lectura y casi nunca había nadie que leyese la Biblia. Si ellos leían cualquier otra cosa menos la Biblia, entonces, de seguro que a mí no me iban a ver leyendo una.

Decidí empezar por el Nuevo Testamento, ya que mi experiencia con el Antiguo Testamento había sido un fracaso. No tenía ni idea de lo que iba leer salvo que Jesús, María, y los reyes magos se encontrarían allí. Empecé con borrón y cuenta nueva y sin ideas preconcebidas sobre el contenido. Estaba en una misión personal. Iba en busca de municiones sin ningún interés en el cristianismo en sí. Quería leer el documento legal para encontrar cláusulas que apoyaran mi caso. Empecé a leer. No tenía ni idea de lo que estaba a punto de ocurrirme. Había iniciado El Diagnóstico: Dios.

El Nuevo Testamento

Capítulo Tres

La Investigación Fase I:

El Nuevo Testamento

LOS CUATRO EVANGELIOS
Mateo y Marcos

Empecé por leer los primeros dos libros del Nuevo Testamento, Mateo y Marcos, en cuatro días. Puse en funcionamiento mi viejo cerebro de la facultad de medicina. Había estado inactivo durante un tiempo. En la facultad de medicina uno lee todo el tiempo. Por suerte, mi capacidad de asimilar un montón de información nueva, funcionaba de nuevo con toda su fuerza.

Mateo y Marcos eran bastante similares en sus relatos. No lo entendía. ¿Para qué contar la misma historia dos veces? Los primeros cuatro libros del Nuevo Testamento se llamaban los Evangelios y describían la vida de Jesús. Yo pensaba que evangelio era un tipo de música. Hice un poco de investigación en la Biblia de estudio y descubrí que la palabra evangelio significa literalmente "buenas nuevas."

Jesús se crio en un pueblo pequeño del norte de Israel llamado Nazaret. Sus padres eran gente común y corriente. Parecía que su vida había sido sencilla y sin incidentes hasta que cumplió treinta años de edad y comenzó su enseñanza. Había muy poca mención de su juventud, pero se destacaba por haber sido carpintero.

Jesús no se parecía a nadie sobre el cual yo hubiera leído alguna vez. Se le describía como alguien que tenía autoridad sobre la naturaleza, la enfermedad, la creación, el pecado, la vida, y la muerte. Me di cuenta de que nadie, excepto Dios, podía tener dominio sobre todo aspecto de la vida. La Biblia afirmaba que Jesús sabía lo que la gente estaba pensando, perdonaba sus pecados, y sanó al sirviente de un centurión romano sin siquiera ver al hombre que sanaba. Si eso era así, esto significaría que Jesús controlaba el cuerpo y la enfermedad de aquel sirviente aunque el sirviente estuviera a millas de distancia. ¿Podría alguien que no fuera un Dios real hacer eso? El médico que había dentro de mí sentía mucha curiosidad por las sanaciones médicas que se afirmaban respecto a Jesús, aunque no las creyese.

El Diagnóstico: Dios

Mi cerebro de médico quedó desconcertado por la sanación de un hombre paralítico, como se describe en Mateo capítulo nueve. Jesús simplemente le dijo a este hombre que se levantara y caminara, y ¡él lo hizo! Yo soy médico. Sé que la parálisis es un problema complicado que involucra tanto los nervios como los músculos. Los músculos de sus piernas se habrían atrofiado terriblemente a lo largo de los años por la falta de uso, dejándolas débiles, inútiles, y rígidas. A fin de que el hombre caminase tan repentinamente, *tanto* sus nervios *como* sus músculos debían de haber sido restaurados de forma instantánea. Eso podría requerir que apareciesen músculos y tejido nervioso totalmente nuevos en una fracción de segundo. Nadie sino un Dios, si existía uno, podía realizar tal hazaña.

Los Evangelios afirmaban que Jesús era Dios, y Jesús también se describía a sí mismo como Dios. De hecho, esa era la razón principal por la que los religiosos querían matarlo, porque en aquella época era una blasfemia que alguien se llamase a sí mismo Dios. El siguiente pasaje ilustra esos puntos:

> *El sumo sacerdote le dijo: "Te pongo bajo juramento por el Dios viviente: Dinos si tú eres el Cristo, el Hijo de Dios."*
> *"Sí, es como tú has dicho," respondió Jesús. "Pero les digo a todos ustedes: En el futuro verán al Hijo del Hombre sentado a la derecha del Poderoso y viniendo sobre las nubes del cielo."*
> *Entonces, el sumo sacerdote se rasgó las vestiduras y dijo: "¡Ha blasfemado! ¿Qué más necesidad tenemos de testigos? Miren, ahora ustedes han oído la blasfemia. ¿Qué opinan?"*
> *"Merece la muerte, le contestaron."* (Mateo 26:63-66 NIV)

Yo estaba cautivado por la noción de que Jesús afirmase ser Dios. De los relatos de los Evangelios, él parecía ser como cualquier otra persona. Visualmente, nadie notaba ninguna cosa especial respecto a él. ¿Cómo podía él ser un humano y Dios al mismo tiempo? Yo no lo creía, pero, con toda seguridad, él me llamaba la atención. Era una afirmación fascinante. Yo no tenía conocimiento de ninguna persona de significancia de ningún sistema religioso que alguna vez hubiera hecho una afirmación tan descabellada. Me seguía preguntando, *¿Podría ser cierto eso?*

Muchas de las parábolas que Jesús enseñó me intrigaban. Una parábola es simplemente un relato corto o ilustración diseñada para enseñar una verdad o una lección moral. Eran profundas. Tuve que ir más despacio para pensar realmente en su significado. Jesús parecía tener un nivel inusual de comprensión de la naturaleza humana. Algo me decía dentro de mí que sus enseñanzas podrían ser realmente ciertas, pero no sabía por qué. Seguí leyendo en secreto. Aunque había avisado de mis intenciones a mi esposa e hijos y al personal del laboratorio del trabajo, todavía no quería que nadie supiera que yo estaba leyendo realmente la Biblia.

Lucas

Lucas es el tercer libro del Nuevo Testamento. ¡Contaba de nuevo el mismo relato básico! Esta vez hubo varias cosas que captaron mi atención. Lucas, el autor del libro, era médico como yo y se decía de él que había sido un historiador excelente. En consecuencia, hice una investigación extra sobre él.

Aprendí que Lucas era muy preciso al nombrar ciudades, países, y gobernantes en sus escritos. De hecho, la arqueología moderna y la geografía han comprobado la exactitud histórica de los escritos de Lucas.[1-6] Estaba impresionado por la cantidad de material disponible que confirmaba eso. Los escritos de Lucas eran aplaudidos por los modernos historiadores por su precisión y fácilmente rivalizaban con las obras más reconocidas de otros escritores antiguos. Sir William M. Ramsay, un famoso historiador y arqueólogo, escribió:

> *Lucas es un historiador de primer orden; no sólo son sus declaraciones de hechos dignas de confianza, él está impregnado del verdadero sentido histórico… en definitiva, a este autor deberían situarlo junto con los más grandes historiadores.*[7]

Considere la sólida declaración de Lucas al principio del capítulo uno:

> *Muchos han emprendido la tarea de componer un relato de los hechos que se han cumplido entre nosotros, tal como nos fueron transmitidos a nosotros por aquellos que desde el principio fueron testigos oculares y servidores de la palabra. Por lo tanto, puesto que yo mismo he investigado cuidadosamente todo desde el principio, me pareció bien a mí también escribirte el relato por orden, oh excelentísimo Teófilo, para que conozcas la veracidad de las cosas en las que has sido instruido. (Lucas 1:1-4 NIV)*

Lucas afirmó haber investigado los relatos de los testigos oculares de Jesús. Jesús atrajo a enormes multitudes debido a sus enseñanzas y a los milagros que realizó. Estuvo bajo intenso escrutinio por los gobernantes religiosos que querían desacreditarle. Lucas, o bien entrevistó cuidadosamente a aquellos que vieron esas cosas de primera mano, o bien verificó sus historias mientras visitaba Israel. Los médicos, incluso en su día, recibían una alta capacitación en la toma de una buena historia. Él aplicó esas habilidades en su investigación de la historia de Jesús. Eso realmente provocó mi curiosidad, y mi dubitativo corazón empezó a flaquear un poquito. Sentí que podía confiar en un compañero médico y colega.

Muchos de los milagros que Lucas describió envolvían la sanación de dolencias. Para mí, no podía existir mejor investigador que un médico. Yo estaba muy intrigado, porque los médicos, normalmente y enfáticamente, ¡descartan los milagros! Cualquier médico formularía preguntas directas y estaría muy cualificado para determinar la validez de los relatos de testigos oculares. Lucas habría sido capaz de entrevistar, examinar, y probar a las personas que fueron sanadas o que vieron los milagros. Lucas daba fe de que él, personalmente, había investigado todos y cada uno de los milagros que registró en su Evangelio y halló que eran genuinos. *¡Vaya!* Pensé. Eso daba al relato mayor credibilidad para mi mente científica. Empecé a concentrarme y a leer con más atención.

Cuando leí acerca de Jesús cuando levantó de entre los muertos a una niña, me quedé anonadado. Su padre, Jairo, había venido a Jesús preso del pánico, porque su niña se estaba muriendo. Jesús, sin embargo, se demoró debido a otro incidente, y la jovencita murió. He aquí el relato de Lucas:

Cuando llegamos a la casa de Jairo, él no dejó que nadie entrase excepto Pedro, Juan y Santiago, y el padre y la madre de la criatura. Mientras tanto, toda la gente estaba llorando, muy afligidos por ella. "Dejen de llorar," dijo Jesús. "Ella no está muerta, sino dormida."

Ellos se rieron de él, sabiendo que ella estaba muerta. Pero él la tomó de la mano y dijo: "¡Hija mía, levántate!" Su espíritu regresó, y de inmediato se puso de pie. Entonces, Jesús les dijo que le dieran algo de comer. Sus padres quedaron atónitos, pero él les ordenó que no contaran a nadie lo que había ocurrido. (Lucas 8:51-56 NIV)

Este relato me sobrecogió y me desgarró el corazón de un modo que nunca antes había experimentado. Me identifiqué con el padre, porque yo tenía dos hijos pequeños propios. *¿Sucedió eso de verdad?* Me preguntaba una y otra vez. Me daba cuenta de que Lucas podría haber entrevistado a la niña, cuando escribía este relato. Aunque yo no sabía si ella aún estaba viva al momento en que esto se escribió, debió haber sido una entrevista increíble para él. Un doctor investigaría una afirmación de este tipo minuciosamente. Un milagro de sanación es una cosa, pero ser levantado de entre los muertos es otra muy distinta. Aunque yo todavía no lo creía, algo dentro de mí quería que fuera verdad.

Quizá porque tengo hijos y tengo miedo de morir, miedo por ellos a morir, pensé. Me di cuenta de que si esta resurrección era verídica, eso, entonces, explicaría muchas cosas.

Siempre me había inquietado el que a mi familia le pasase alguna cosa, porque, a través de la evolución, me habían enseñado que no éramos nada más que una sopa orgánica altamente evolucionada. Mi corazón nunca quiso que esto fuera verdad, especialmente ahora que tenía una familia propia. Quería que hubiera una respuesta para la muerte. La historia de la hija de Jairo dio a mi corazón una esperanza, aunque la historia parecía descabellada. Mi corazón empezó a procesar que si esto era verdad, entonces, la vida eterna era una posibilidad. Finalmente, me di cuenta de que la vida eterna es lo que mi corazón había estado anhelando. El clamor de mi corazón por la vida eterna había sido mutilado por la evolución que hacía que el vivir para siempre fuera una cosa imposible. No podía comprender lo que mi corazón estaba diciendo porque mi paradigma de la vida hacía ininteligible la palabra eternidad. Si la vida eterna era una realidad, eso contestaría mi incertidumbre sobre el futuro de mi familia y de mis recuerdos. Si mis recuerdos iban a tener un significado, debían tener sus raíces en la eternidad. Debían ser permanentes y durar para siempre, ya que el tiempo nunca es suficiente para estar con las personas que amas. Yo estaba fascinado.

Para esa fecha, me había olvidado de mis vecinos cristianos. Ni siquiera estaba pensando en hallar evidencias para demostrar su hipocresía. Estaba plenamente ocupado en investigar sobre Jesús. Si me topaba con una referencia que era interesante, compraba el libro de Amazon. La lectura y la investigación de toda y cualquier cosa que podía encontrar consumían todo mi tiempo libre.

Juan

El cuarto libro del Nuevo Testamento es Juan, escrito por el apóstol Juan que vivió con Jesús por tres años. Un apóstol era un seguidor cercano de Jesús, que fue testigo de sus milagros y que lo vio de forma física después de que fue resucitado. Los apóstoles fueron elegidos y comisionados específicamente por Dios para predicar el mensaje de salvación. El significado del texto me atrajo de inmediato. Empecé a concentrarme más intensamente en las palabras reales que Jesús habló.

El concepto de que Jesús era Dios en forma humana era fascinante. Juan declaró con claridad que Jesús era Dios visitando su creación llamada tierra. Yo pensaba, *¡Vaya! Si eso realmente ocurrió, sería el suceso más notable de la historia de la humanidad.* Jesús hizo también

El Diagnóstico: Dios

algunas declaraciones profundas que me dejaron pensando por días. Un ejemplo es el siguiente:

Felipe dijo: "Señor, muéstranos al Padre y eso nos bastará."
Jesús contestó: ¡Pero, Felipe! ¿Tanto tiempo llevo ya entre ustedes, y todavía no me conoces? El que me ha visto a mí, ha visto al Padre. ¿Cómo puedes decirme: "Muéstranos al Padre?" ¿Acaso no crees que yo estoy en el Padre, y que el Padre está en mí? Las palabras que yo les comunico, no las hablo como cosa mía, sino que es el Padre, que está en mí, el que realiza sus obras. Créanme cuando les digo que yo estoy en el Padre y que el Padre está en mí; o al menos créanme por las obras mismas. (Juan 14:8-11 NIV)

Jesús les estaba diciendo a los discípulos que ellos estaban viendo a Dios cara a cara. Jesús estaba afirmando ser la expresa representación de Dios en la carne. Aprendí que a esto se le conoce como "Dios encarnado." Eso me dejó alucinado, pero aún no estaba plenamente convencido. Estos versículos me hicieron reflexionar:

Jesús le dijo a ella: "Yo soy la resurrección y la vida. El que cree en mí vivirá, incluso aunque muera; y quienquiera que vive y cree en mí no morirá nunca. ¿Crees tú esto?" (Juan 11:25-26 NIV)

Jesús, claramente, estaba diciendo que él poseía vida eterna. Yo no entendía mucho de religión, pero no conocía de ninguna otra religión que hubiera afirmado jamás que Dios mismo hubiera venido a la tierra profesando tener el poder de vida eterna. La promesa de vida después de la muerte inundaba mi mente e inyectaba esperanza en mi corazón. Yo no iba a ceder aún, pero era un concepto increíble en el cual reflexionar.

Empecé a notar una diferencia en mi actitud y motivación a medida que continuaba investigando sobre Jesús. Comencé airado y buscando pruebas en contra la hipocresía cristiana, pero, ahora, todo eso había desaparecido. Estaba buscando respuestas a las preguntas que había en mi corazón y que yo no sabía que estaban ahí hasta que empecé a leer la Biblia. Las palabras parecían revelar y exponer algunas de mis más profundas añoranzas y preguntas sobre la vida. Los relatos me hicieron pensar en cosas que nunca antes había considerado.

A medida que continuaba leyendo, las palabras parecían estar vivas. Mi corazón latía con fuerza y se me ponía piel de gallina en los brazos junto con una sensación de hormigueo. *¿Qué me está pasando?* Me preguntaba. *Este libro me conmueve, y no comprendo por qué. Parece que me está hablando a mí directamente.* Parecía de locos tener esos pensamientos, pero por mi instinto, desde mis entrañas, sabía que las palabras estaban siendo habladas para mí personalmente. No podía parar de leer la Biblia de estudio en la computadora.

Al día siguiente, mientras estaba viajando en avión a Nueva Orleáns, continué leyendo el libro de Juan. A estas alturas, estaba tan atrapado en esas nuevas ideas que ni siquiera me importó si otros me veían leer la Biblia. De hecho, mientras estaba leyendo a Juan, inesperadamente rompí en llanto. Estaba horrorizado. Yo estaba en público y las lágrimas brotaban inundando mis ojos e incluso cayendo por fuera. *¿Por qué, rayos, estoy llorando? ¿Qué anda mal conmigo?* Cambié de postura en mi asiento para ponerme de frente para la ventana por miedo a que el hombre a mi costado me viera. Sacudí la cabeza y me di con la palma de la mano en cada mejilla para "despertar." El tipo que había a mi costado me *estaba* mirando fijamente. Estaba alarmado y con mirada de perplejidad en su rostro.

Las palabras estaban teniendo en lo más profundo de mi ser un efecto tal, que yo no podía comprender. Estas me agarraban y hacían señas para que reflexionara sobre ellas. *¡El nivel de comprensión de la conducta humana en estas historias es profundo!* Me maravillaba yo. Seguía preguntándome: *¿Qué ser humano podría elaborar ese tipo de palabras, lecciones, o revelaciones?* Tenía que pararme a pensar en lo que realmente estaba diciendo. Sentí algo que resonaba en lo profundo de mi corazón.

LAS TRES PREGUNTAS

Si bien la crucifixión de Jesús se describe en los cuatro Evangelios, me impactaron varias cosas durante mi lectura de este suceso en el libro de Juan. Yo quería concretamente respuestas a las siguientes preguntas:

1. ¿Por qué no podía Jesús simplemente dar a todos vida eterna si él era Dios? ¿Por qué no podía Dios sencillamente perdonar a todos?

2. Si Jesús era Dios, entonces, ¿por qué fue crucificado? ¿Por qué tuvo él que morir para proveerme vida eterna? ¿Fue la muerte de Jesús realmente necesaria?

3. ¿Por qué no creó Dios muchas maneras de ir al cielo en vez de sólo una?

Medité en estas preguntas por mucho tiempo. Por alguna razón, había pasado por alto la importancia de la crucifixión cuando leí los primeros tres Evangelios. Necesitaba hallar respuestas, antes de acabar el Nuevo Testamento. Ya que mi Biblia de estudio por computadora

El Diagnóstico: Dios

incluía extensas explicaciones para ayudar a explicar ciertos versículos y pasajes, ahí es donde inicié mi búsqueda.

En primer lugar, al comienzo aprendí que yo era considerado un pecador. Pensé en ello por un minuto y tuve que admitir que era verdad. Yo había mentido, robado, engañado, y había hecho un montón de cosas malas, pero igual lo habían hecho todos los demás que había conocido. De acuerdo, así que yo era pecador. ¿Y qué?

También aprendí de la Biblia que la penalidad por mi pecado era la muerte—muerte eterna. Y entonces caí en la cuenta. Regresiones del Viaje de Esquí y de Marco Island vinieron raudas a mi mente otra vez. Si Dios era sin pecado, perfecto, y puro, entonces, él no podía tolerar ningún pecado en su presencia. Ni siquiera uno. Sólo se podía lograr la vida eterna con Dios, si no se tenía pecado. Si la vida eterna transcurría con Dios, entonces la muerte eterna transcurriría sin él. *¿Es eso lo que significaba ir al infierno?* Me preguntaba. Eso significaría que la muerte no es el final, como la evolución me había enseñado, sino el comienzo de la eternidad.

Empecé a armar todas las piezas. Mis pecados me separarían de Dios para siempre a menos que hubiera un modo de eliminarlos por completo. Sin embargo, ¿cómo podía hacer eso yo? La Biblia me enseñó que yo no podía, pero que Dios había suministrado para mí una manera por medio de su hijo Jesús. Encontré un versículo de la Biblia que lo resumía en una oración:

Al que no conoció pecado, por nosotros lo hizo pecado, para que nosotros fuésemos hechos justicia de Dios en él. (2ª Corintios 5:21 NIV)

Este versículo enseña que debido a lo que Jesús hizo en la cruz, Dios está capacitado para conceder al hombre pecaminoso un estatus sin pecado delante de él. Jesús, quien era sin pecado, de alguna forma se convirtió en pecado y cargó con el juicio del pecado a fin de pagar el precio del pecado. *¡Vaya! Qué concepto tan emocionante*, pensé. ¡Pero había un obstáculo! No sucedía automáticamente. Yo tenía que *creer* en Jesús como el hijo de Dios, *aceptar* su sacrificio, y *apartarme* de mis pecados.

Tuve que digerir eso por un tiempo. Empezaba a tener sentido para mí, pero era un concepto difícil de entender. Mi meta era comprender la doctrina cristiana lo mejor que pudiera antes de decidir si la rechazaba o no.

Estaba muy intrigado sobre lo que acababa de aprender acerca de la posible relación entre el pecado y la muerte. Estaba muy familiarizado con el concepto de la muerte física y también le tenía miedo, como la mayoría de la gente. Siempre me habían enseñado que la muerte era una parte natural de la existencia humana y la fuerza guiadora detrás de la evolución. En ese escenario, la muerte seleccionaba de manera natural aquellas formas de vida que eran más débiles y menos aptas para sobrevivir en un mundo en evolución: "la supervivencia del más apto." La muerte y el azar eran los "creadores."

Debo admitir, no obstante, que la evolución y la muerte nunca tuvieron sentido para mí. ¿Por qué evolucionaríamos tan sólo para morir? ¿Por qué evolucionaría la vida humana hasta el punto de tener amor, recuerdos, y familias simplemente para contemplarlas perecer de forma lenta y descomponerse de nuevo en la nada? ¿Realmente somos seres altamente evolucionados si nuestro amor no es nada más que un momento fugaz de reacciones químicas que lentamente se diluyen hasta llegar a la reacción final, la muerte? Mi corazón nunca había estado satisfecho con esa explicación de la muerte, aunque era la explicación dada por la ciencia. Estaba muy intrigado de que la muerte pudiera tener una explicación y un origen. La Biblia decía que el origen y la causa de la muerte era el pecado.

Tuve dificultades con este concepto, porque hasta el Nuevo Testamento afirma que la muerte entró en la humanidad a través del pecado inicial de Adán. Me sentí como si estuviera de vuelta con los chiflados del Viaje de Esquí, pero lo toleré porque *sí* me suministraba una explicación del por qué la muerte existe en nuestro mundo. También sentía mucha curiosidad, ya que el relato de Adán y Eva sugería que el hombre no fue originalmente creado para morir. El hombre, según la Biblia, fue creado para vivir para siempre. Esto significaba que algo estaba mal con nuestro mundo actual y el estado de nuestra existencia. La muerte no es "natural," sólo "parte de la vida," ni es el medio para el progreso evolutivo, como me habían enseñado, sino que es el resultado de una tragedia, cuando el hombre pecó al principio contra Dios.

Eso resonaba dentro de mí, ya que la eternidad se hallaba escrita en mi corazón por todas partes. No quería morir y abandonar a mi familia, y nunca percibí la idea de la muerte como correcta o natural. *¿Podría ser esa la razón?* Me preguntaba. *¿Podría ser que la muerte me pareciese tan mala y dolorosa sencillamente porque no se suponía que fuese de esta manera?*

Recordé la muerte de mi abuelo, cuando yo tenía ocho años de edad. Mi mamá entro en el cuarto sollozando. Cubría sus ojos con las manos para ocultar las lágrimas que rodaban por su cara. "Tu 'Papapa' ha muerto," dijo gimiendo.

"¿Qué quieres decir?" pregunté.

"Se ha ido. Murió anoche mientras dormía."

El trayecto en carro hasta la casa de mi abuela fue largo y todos estuvieron en silencio. Hasta que llegamos allá, no me afectó lo que la muerte realmente significaba. Él era la primera persona cercana a mí que moría. A medida que nos acercamos, eso empezó a encajar. La antigua casa blanca con una valla parecía vacía. Él solía recibirnos en el portón, pero no había nadie allí. Cuando subimos las escaleras, noté que su suéter no estaba en su silla de jardín. Sus pantuflas no estaban junto a la puerta. Todo parecía frío, vacío, y desolado. Mi corazón no podía comprender adónde íbamos o por qué él se había ido.

Cuando entramos, mi abuela estaba en la cocina. Tan pronto nos vio, empezó a llorar. La silla de ruedas de Papapa ya no estaba junto a la radio. No le escuchaba arrastrar sus pies para venir a recibirme. Entré en la sala de estar y empecé a sollozar. Dolía muchísimo. Una parte de mí y de mis recuerdos me había sido arrancada y arrojada a un lugar desconocido y perdido. No había respuestas ni explicaciones. No me consolaban los comentarios que hacía todo el mundo. "Había vivido una 'buena y larga vida' y había 'fallecido de forma pacífica.' " ¡No! Algo estaba terriblemente mal. Yo no sabía cómo expresarme salvo con lágrimas y gemidos. ¡Quería que volviera! ¡Extrañaba sus abrazos! Quería escuchar sus ronquidos una vez más.

También me di cuenta de que no me había despedido. Nunca le había dicho que le amaba. Siempre le di por sentado cada vez que me encontraba allí. Había dejado que hiciera su rutina de anciano sin sentarme con él ni jugar o hablar con él, y ahora, él se había ido. Había asumido que él siempre estaría ahí. Mi "Mamama" me cogía y me decía que él estaba "en un lugar mejor," pero, ¿dónde era eso? Sus palabras parecían ideas bonitas elaboradas para hacerme sentir mejor.

Al día siguiente, fuimos a la funeraria. Sentí un nudo en mi estómago. Todos estaban vestidos principalmente de negro. Entramos y nos sentamos cerca de la parte de delante. La urna estaba destapada y podía ver la nariz de Papapa que asomaba por la parte de arriba del féretro. Un hombre dio un discurso y yo no lo escuché, porque estaba mirando sin pestañear y con los ojos fijos en el ataúd. Cuando finalmente caminamos junto al ataúd para "presentar nuestros respetos," eso fue horrible, aterrador, extraño, penoso, y desgarrador al mismo tiempo. Se veía pálido, silencioso, y rígido. Seguía esperando a que se incorporase, pero no lo hizo.

¿Cómo podía ser este mi Papapa? ¿Cómo podía haberse ido? ¿Por qué? ¿Adónde se fue? ¿Qué significaba todo esto? Mi bonita pequeña vida de la serie televisiva de gran familia feliz había sido completamente desgarrada por la muerte.

Mis pensamientos persistieron así por un tiempo. Cuando mis pensamientos volvieron al presente, me di cuenta de que había estado llorando pensando en él. Me afectaría más fuerte la segunda vez, porque ahora ya tenía una familia. ¿Tendrían mis hijos y mis nietos que pasar conmigo algún día por ese trance? ¿Valía la vida siquiera eso? Yo no podía soportar más tales preguntas y me sustraje a mí mismo de ahí. ¿Dónde estaba yo? Volví a mis procesos mentales para tratar de olvidar el dolor.

Había estado pensando en el pecado como una posible causa para la muerte, pero eso involucraba a Adán y Eva. La Biblia dejaba claro que habían sido creados. Yo sabía que no se trataba tan sólo de una parábola o relato, puesto que Jesús mencionó a ellos y a su hijo en el Nuevo Testamento como personas reales. También pensé, *¿Podría yo haber sido creado realmente?* La creación me había parecido estúpida e imposible cuando tenía dieciocho años, pero, ahora, era en realidad un poco atractiva. No había nada de reconfortante, significativo, o alentador acerca de ser un evento del azar en el tiempo, que sólo existía por sí mismo, sin nada que esperar en el futuro salvo la no existencia. Si yo fui creado, entonces, Dios me había creado, y eso implicaría que tenía un significado y un valor para Dios. ¡Con certeza, Dios no crearía chatarra! Mi corazón anhelaba encontrarle sentido, pero mi mente, rápidamente, rechazaba la idea recordándome las consecuencias. Si era cierto, entonces, como creación de Dios, también tendría que rendir cuentas ante él. ¡Yo no quería eso! Esos eran los pensamientos extraños que yo tenía, pero si siquiera existiese la remota posibilidad de que eso fuera del todo cierto, yo quería saberlo.

LAS TRES PREGUNTAS CONTESTADAS

Ahora yo era capaz de contestar los tres grupos de preguntas. Había esperado encontrar respuestas religiosas tontas o ilógicas basadas en material de fe sin solidez, para gente débil, pero estaba equivocado. Las respuestas, en verdad, tenían sentido para mí. Era capaz de entender el razonamiento detrás de la doctrina, pero no estaba dispuesto a aceptarlo.

El Diagnóstico: Dios

1. ¿Por qué no podía Jesús simplemente dar vida eterna a todos si él era Dios? ¿Por qué no podía Dios sencillamente perdonarlos a todos?

Leí una interesante analogía que suministró la respuesta. En un tribunal de justicia, si se tiene una multa, debe pagarse. El juez no desestimará la multa porque él sea un buen hombre o un juez amoroso. Dios, como juez justo, tiene que castigar el pecado. Él no puede sencillamente desestimar el caso de cada uno. También me vino a la mente que si una persona le debía dinero a uno y le pedía que le perdonase la deuda y uno lo hacía, entonces, uno todavía habría pagado por dicha deuda. Seguía habiendo un coste para uno. Eso tenía sentido para mí y me ayudó a contestar la pregunta número dos.

2. Si Jesús era Dios, entonces, ¿por qué fue crucificado? ¿Por qué tuvo él que morir para proveerme vida eterna? ¿Fue la muerte de Jesús realmente necesaria?

Aprendí que, como juez justo, Dios tiene que castigar el pecado, pero, como Dios amoroso, también quiere salvar a los pecadores. Él exigía que se pagase la multa, pero luego él la pagó mediante Jesús y su muerte en la cruz. Si el castigo por mi pecado es la muerte y separación de Dios, entonces, mi sustituto debía de ser otro hombre que muriera en mi lugar. Dios tenía que hacer ambas cosas, llegar a ser hombre *y* morir a fin de tomar perfecta y exactamente mi lugar.

Yo reconocía que otro hombre pecaminoso no podía tomar mi lugar, mucho menos cualquiera que hubiera vivido alguna vez. Sólo Dios, quien es sin pecado y perfecto, podía ser capaz de morir una vez por los pecados de todo el mundo, pasado, presente y futuro. Si morir por alguien para pagar por sus pecados era posible, entonces, sólo Dios podía realizar dicha misión de rescate.

Descubrí que otra razón que Dios tenía para ser él el sacrificio era el requisito para entrar al cielo. Si el hombre pecaminoso necesita del estatus perfecto y sin pecado de Dios para estar con él en el cielo, entonces, tiene sentido que solamente Dios pueda suministrar eso. Yo, no necesariamente creía en nada de eso, pero las explicaciones eran lógicas e intuitivamente coherentes.

3. ¿Por qué no creó Dios muchos caminos para ir al cielo en vez de sólo uno?

Este era un tema que normalmente me ponía furioso. La idea del "único camino al cielo" era irritante para mí. Yo ya entendía la idea de que Dios tenía que venir como hombre y morir. La razón era que nadie, sino Dios, podía constituir el sacrificio perfecto y sin pecado, y ser el sustituto por todos los de la humanidad a fin de satisfacer el castigo de muerte por el pecado. Si Dios tenía que hacerse hombre y morir, entonces, por definición, existía "sólo un camino." Si Jesús realmente era Dios y la muerte era el castigo por el pecado, entonces, él tenía que ser el único camino. Yo tenía que admitir eso personalmente. De nuevo, eso suponía que Jesús era Dios y que la causa para la muerte era el pecado.

Mi corazón se estaba ablandando, porque empezaba a maravillarme de que Dios, si realmente existía, había sacrificado a ¡su único hijo! Yo estaba impresionado de que Dios se hubiera sujetado él mismo a sufrimientos y limitaciones incomprensibles al enviar a Jesús a la tierra con el propósito de que muriera en la cruz por el pecado. Si eso era verdad, entonces Dios hizo todo lo imaginable por salvar a la humanidad. La provisión de "sólo un camino" para nosotros, que, anteriormente, me ponía furioso había sido en realidad la elección incomprensible por parte de Dios. Si Dios realmente hizo eso, esa sería la misión de rescate más asombrosa y alucinante de amor infinito que alguna vez se haya llevado a cabo.

Reflexioné que esto parecía una historia bastante loca para que alguien la hubiera ideado o armado en su mente. ¿Quién podría haber concebido alguna vez semejante historia? La posibilidad del Dios-hombre en la tierra para salvar a la humanidad por medio de morir por la humanidad era un relato tan increíble que, paradójicamente, lo hacía un poco más creíble para mí. Quizá las personas no lo inventaron. ¿Podría realmente provenir de Dios?

Seguía impresionado por la posibilidad de que Dios hubiera muerto por mí para salvarme de mis pecados y mi separación de él para siempre. Jesús era el salvador del pecado y del infierno. El entero mensaje cristiano empezó a parecerse más a una misión de rescate enviada desde el cielo que a los falsos rituales religiosos y las farsas de domingo que yo pensaba que era. El verdadero significado y poder detrás del así llamado "salvador" finalmente empezaban a impactarme. La idea de Dios en carne sobre la tierra me dejaba alucinado, pero Dios, sobre la tierra, como salvador personalmente para mí era inconmensurable. Todavía estaba un poco irritado y ofendido por la idea de necesitar a alguien que me salvase, pero continué con mi lectura constante. Me sentía en una encrucijada, porque todo lo que estaba descubriendo tenía sentido. Se trataba de "buenas nuevas" y de algo que mi corazón en verdad deseaba, pero mi mente no podía aceptar algo tan perdidamente lejos del mundo en que me había criado.

El Diagnóstico: Dios

Continué leyendo las pocas últimas páginas del libro de Juan. Un suceso impactante real apareció al final cuando él escribió:
"Jesús hizo muchos otros milagros en presencia de sus discípulos, los cuales no están registrados en este libro. Pero estos han sido escritos para que puedan creer que Jesús es el Cristo, el Hijo de Dios, y que mediante el creer ustedes puedan tener vida en su nombre. Este es el discípulo que testifica de estas cosas y quien las escribió. Nosotros sabemos que su testimonio es verdadero." (Juan 20:30-31, 21:24 NIV)

Mi corazón zozobró. Juan estaba diciendo: "Yo estaba allí. Yo vi, toqué, y caminé con Dios. La vida eterna realmente existe debido a lo que Jesús ha hecho. Yo lo vi resucitado." Seguí pensando en esta afirmación. *Si era cierto, entonces, ¡Juan caminó, comió, vivió, y habló con Dios!* Esta era una posibilidad apabullante. ¡Yo no tenía ni idea de que los Evangelios tenían esa información! *¿Por qué, rayos, no sabía yo nada de esto?* La realidad de que este se trataba de un relato verídico de un testigo presencial me impactó grandemente.

Bueno, los primeros cuatro libros del Nuevo Testamento, ciertamente tenían a mi mente dando vueltas. Tenían relatos que no esperaba y explicaciones que me sorprendían, y contenían el único mensaje real de esperanza del que jamás había oído hablar. Me quedé impresionado por la Biblia. Me sentía extraño por estar tan "enganchado." La estaba leyendo en cada momento que tenía libre. Todavía quedaban un montón de libros que aún no había leído del Nuevo Testamento, y no estaba a punto de tomar ninguna decisión apresurada. Seguí leyendo.

EL APÓSTOL PABLO

El siguiente libro, después del Evangelio de Juan, se llama Hechos, y describe sucesos que tuvieron lugar después de que Jesús supuestamente fue levantado de entre los muertos. Es el quinto libro del Nuevo Testamento y cuenta el relato de cómo los primeros conversos al cristianismo difundieron el Evangelio. Ellos empezaron a reunirse y eventualmente iniciaron iglesias.

Hechos incluye el relato de un hombre llamado Saulo, un líder religioso judío que perseguía y mataba a los cristianos. Muchos de los líderes religiosos judíos creían que las enseñanzas de Jesús eran contrarias a las leyes religiosas que habían recibido de Dios. Estaban tan convencidos de eso que estaban matando y encarcelando a los cristianos. Saulo tenía todo a su favor en la vida. Tenía un alto nivel de educación, estaba en una posición de prominencia y poder, y estaba muy consa-

El Nuevo Testamento

grado a su liderazgo religioso. La vida de Saulo cambió por completo cuando él supuestamente tuvo un encuentro con el resucitado Jesús.

Tras su encuentro con Jesús, el vuelco completo que dio Saulo de odiar y matar a los cristianos a hacerse defensor y evangelista para la fe cristiana me dejó boquiabierto. Para un líder religioso judío, el que, de pronto, proclamase que Jesús era Dios constituía en su día un suicidio profesional. No podía pensar en ninguna razón lógica que explicase la conducta de Saulo. No quería enfrentar la razón evidente que explicaría su transformación de una manera fácil. El libro de los Hechos afirmaba que Jesús directa y personalmente se había revelado a sí mismo a Saulo durante un viaje en el que Saulo iba en una misión para asesinar a cristianos. Si esto era cierto y Saulo en verdad había conocido a Dios, entonces, yo tenía una magnífica explicación para la inestabilidad conductual de Saulo, pero si no era verdad, yo no tenía ninguna explicación razonable para su cambio permanente. Eso realmente me fastidiaba.

Seguí leyendo y aprendí que el nombre de Saulo fue cambiado a Pablo un poco más adelante. Él también se dedicó a escribir gran parte del Nuevo Testamento. Continué leyendo el Nuevo Testamento y leí más escritos de Pablo. Me encontraba en un estado de estupor por la pasión de este hombre por Jesús. Yo, a regañadientes, no podía pensar en ninguna razón lógica para la conducta de Pablo, excepto que él en realidad hubiera visto al resucitado Jesús y hubiera sido directamente comisionado por él para difundir las buenas nuevas, tal y como decía la Biblia.

En un momento posterior del Nuevo Testamento, Pablo reveló su corazón y dedicación a Jesús aún más. Algunas de las declaraciones de Pablo fueron muy profundas. Por ejemplo, escribió una carta a una iglesia de una ciudad llamada Filipos y dijo lo siguiente:

Para mí, vivir significa vivir para Cristo, y morir es aún mejor. Pero si vivo, puedo hacer un trabajo más fructífero para Cristo. De modo que no sé qué es mejor. Estoy dividido entre dos deseos: Anhelo irme y estar con Cristo, lo cual sería mucho mejor para mí. Pero por causa de ustedes, es mejor que yo continúe vivo. (Filipenses 1:21-24 NLT)

¿Qué le pudo hacer decir a este hombre que su existencia en la tierra era para vivir para Jesús? Pablo tenía la absoluta certeza de que iba a ir al cielo. Sabía que si moría iba a estar con Jesús. En su corazón, quería morir en realidad, puesto que sabía cuánto mejor estaría en el

El Diagnóstico: Dios

cielo. Yo nunca había oído hablar a nadie con esa clase de certeza con respecto a la muerte. Algo me impactó.

Pablo no era simplemente un hombre que oyó hablar acerca de una religión y decidió convertirse. Él era un testigo presencial, originador y fundador del cristianismo, que afirmaba haber conocido personalmente al resucitado Jesús y haber recibido instrucciones directas de él. Pablo afirmó que recibió información de primera mano directamente de Dios. Él afirmó que Dios lo escogió a él como mensajero original para la fe cristiana. Si Pablo no hubiera visto realmente a Jesús, entonces Pablo habría edificado, a sabiendas, su vida sobre una mentira. Las teorías intelectuales o incluso las creencias religiosas más celosas no hacen que alguien cambie de modo permanente y mantenga sus convicciones si *sabe* que ellos se lo están inventando. Mucha gente religiosa se sacrifica por aquello en lo que cree, *pero* no saben que es mentira o falso. De hecho, ellos creen fervientemente en lo que están haciendo.

No obstante, si Pablo realmente había visto a Jesús, entonces la conducta de Pablo tendría todo el sentido del mundo. Su mundo había sido puesto del revés. Su paradigma de la vida se había invertido. Sí, yo tenía que admitir que: *Yo también dejaría todo y seguiría a Dios si eso me pasara a mí.*

Un poco más adelante, en el mismo libro, Filipenses, Pablo escribió lo siguiente:

Fui circuncidado cuando tenía ocho días de edad. Soy un ciudadano de Israel de pura sangre y miembro de la tribu de Benjamín—¡un auténtico hebreo si alguna vez hubo uno! Era miembro de los fariseos, que exigen la más estricta obediencia a la ley judía. Era tan celoso que perseguí a la iglesia con severidad. Y en cuanto a la justicia, obedecí la ley sin negligencia.

Una vez pensé que estas cosas eran de valor, pero ahora las considero inútiles debido a lo que ha hecho Cristo. Sí, todo lo demás es inútil comparado con el infinito valor de conocer a Jesucristo mi Señor. Por su causa, he descartado todo lo demás, considerándolo todo como basura, a fin de que pudiera ganar a Cristo y de llegar a ser uno con él. (Filipenses 3:5-10 NLT)

Me sentí estupefacto por esa perspectiva. Pablo tenía todo a su favor en la vida y, de repente, ¡¿estaba considerando todo como basura inútil?! De ir a asesinar a cristianos ¡¿a esto?! Pablo ni siquiera estaba buscando a Jesús, ni estaba buscando respuestas para la vida antes de su fatídico viaje en el que conoció a Jesús. Jesús intervino y llamó la atención de Pablo. La entera historia de Jesús trataba acerca de lo que Dios inició para salvar al hombre. El cristianismo parecía ser Dios en busca del hombre. Me maravillé de esto durante muchas horas. Las preguntas inundaban mi mente. Si Dios era el iniciador, ¿habría estado yo ignorando o rechazando su llamada en el pasado? ¿Fueron mi abuela, los chiflados del Viaje de Esquí, el chiflado con la cruz del campus de la universidad, la biología celular molecular, Marco Island, y la obra *Nuestra Ciudad* sus intentos para alcanzarme? Si Dios es real, ¿está él todavía activo hoy?

Pablo también describió otra cosa que captó mi atención:

Porque lo que recibí se lo transmití a ustedes como de primera importancia: que Cristo murió por nuestros pecados según las Escrituras, que fue enterrado, que fue levantado al tercer día según las Escrituras, y que se apareció a Pedro, y luego a los doce. Después de eso, se apareció a más de quinientos de los hermanos al mismo tiempo, la mayoría de los cuales todavía viven, aunque algunos se durmieron. Luego se apareció a Santiago, después a todos los apóstoles, y por último se me apareció a mí también, como a uno nacido fuera de tiempo. (1ª Corintios 15:3-8 NIV)

Pablo afirmó que más de quinientas personas vieron, de una sola vez, al resucitado Jesús. Esto me sorprendió enormemente. Después de haber leído los primeros cuatro libros del Nuevo Testamento que describían la vida de Jesús, pensaba que las supuestas apariciones del resucitado Jesús sólo habían sido presenciadas por unas cuantas personas a la vez. Quinientas personas de una vez era una afirmación bastante atrevida.

Aún más, eso fue escrito en una época en la que la afirmación de Pablo habría podido ser, con toda seguridad, cuestionada o refutada, pero nunca lo fue. Sabía que una declaración así nunca podría resistir bajo el escrutinio y persecución de los tiempos en los que Pablo vivió, a menos que fuera cierta. Uno no podía, sencillamente, fabricar una historia así y quedar impune. ¿Por qué, siquiera, formularía él una declaración de ese tipo si no hubiese sido verdad? ¿Por qué correr el riesgo? ¿Qué ganaría Pablo con mentir? Él ya había arruinado su carrera y su vida entera como prominente líder religioso judío. ¿Por qué convertirse en un hazmerreír y ser llamado un mentiroso? Ninguna de las dos cosas llegó a ser él. Eso era convincente.

Su valentía, fervor, y motivación para tal tipo de transformación completa me dejaba perplejo. Él siempre estaba siendo golpeado, echado en prisión, y perseguido por su mensaje acerca de Jesús, por afirmar categóricamente que Jesús era la respuesta. Esta no era una religión atractiva para constituirla o a la cual unirse, y, sin embargo, Pablo re-

El Diagnóstico: Dios

nunció a todo por ella solamente para enfrentar la adversidad. ¿Por qué? Su mensaje comprometido y su vida consecuente continuaban molestándome.

EL DILEMA Y LA LUCHA

Seguí leyendo y terminé todo el Nuevo Testamento. Ahora me enfrentaba a un dilema. A Jesús se le describía como el único Dios verdadero que, no sólo me creó a mí, sino que también vino a morir por mí para salvarme del pecado porque me amaba. Me sentía muy incómodo acerca de rechazar categóricamente a Jesús sin más reflexión ni investigación. ¿Qué hay si *fuese* verdad? Me preguntaba, *¿Había algo negativo en cuanto a ese mensaje?* Por lo que había descubierto hasta ese momento, debía admitir que la respuesta era no. Todo era positivo, pero algo me retenía todavía. Mi corazón decía "sí," pero mi mente decía "de ningún modo."

Ni siquiera podía recurrir a una creencia popular de la cual había leído en Internet, que Jesús no era nada más que un gran maestro moral o un hombre sabio. Esta línea de pensamiento declaraba que Jesús, ni realizó milagros auténticos, ni, por supuesto, era él el hijo de Dios. Tan sólo era un buen hombre, un profeta religioso. No obstante, después de haber leído y estudiado con objetividad todo el Nuevo Testamento, sabía con certeza que esas ideas eran completamente falsas. Para mí, estaba absolutamente claro que Jesús afirmaba que era Dios en la carne. Y si él solamente era un gran maestro moral, entonces, ¿por qué iba a mentir flagrantemente sobre quién era él? ¿Qué clase de gran maestro moral sería ese? ¿Vivirían sus discípulos sus vidas fervorosamente por un mentiroso manifiesto—después de que él muriese? ¿Se puede tener por buenos médicos a los doctores que mienten a sus pacientes acerca de sus diagnósticos a fin de hacerles sentir mejor?

Yo estaba muy confundido, porque estaba hallando respuestas que, intuitivamente, tenían sentido para mí, contestaban muchas preguntas desconcertantes, y explicaban mucho de lo que estaba sintiendo y de lo que había experimentado en la vida. El conflicto se intensificaba, porque las respuestas parecían demasiado radicales, muy escandalosas, y demasiado buenas para ser verdad. Si algo es demasiado bueno para ser verdad, entonces, por lo general, es porque no lo es. Yo sabía que las cosas que estaba leyendo y aprendiendo no eran ideas convencionales. Mi mente no podía tolerar tales pensamientos, aunque mi corazón deseaba respuestas. Yo tenía que continuar. Ahora, era todo o nada.

Capítulo Cuatro

La Investigación Fase II:

La Resurrección de Jesús

Si la vida eterna existía, pues yo la quería. Recuerdo haberme dicho, *Esta será la pregunta más importante que he intentado responder.* Si Jesús realmente se levantó de entre los muertos, entonces la resurrección era la prueba final de que Jesús era Dios. La resurrección validaría que Jesús cumplió su misión de morir por los pecados del mundo, y este evento probaría que la vida eterna realmente existía. Jesús sería el único camino porque como Dios el murió por los pecados de la humanidad. La única pregunta era, ¿podía *realmente* creerlo? Ahora todo dependía de la resurrección de Jesús. ¿Sucedió *realmente*? Decidí examinar la resurrección en detalle. Si todo dependía de que Jesús sea Dios, entonces esta era *la prueba*.

Recordé el libro que mi esposa me había dado. Corrí al segundo piso. Ahí estaba, aun en la mesa de noche donde lo había dejado meses atrás. Había estado molestándome en silencio por meses debido a su título, *La Nueva Evidencia Que Demanda un Veredicto* por Josh McDowell.[8] Subconscientemente, la palabra "demanda" me había irritado. *¿Ah, sí? ¡Demanda esto!* Es lo que había pensado meses atrás, cuando lo deje ahí sin siquiera tocarlo. *¡No puedes hacer que te lea!*, pensé con una mueca en el rostro, pero ahora, irónicamente, quería hacerlo.

Caminé hacia la mesa y me paré a su lado. Dudé, pero luego lo tomé con ambas manos y leí el titulo otra vez. *¿Qué evidencia?* Me preguntaba. Estaba sorprendido de su tamaño ahora que finalmente lo sostenía. Me recordaba a los libros de texto de la escuela de medicina. Mientras le daba una ojeada, vi que era un libro de texto que asimilaba y recopilaba hechos y opiniones de diversas fuentes. Había una sección entera sobre la resurrección de Jesús, y contenía numerosas referencias.

Investigué a Josh McDowell en internet y descubrí que era un cristiano muy conocido que defendía la fe cristiana. Me preocupé de inmediato por el sesgo, pero aun así quería leer lo que había en este libro. También compré otros libros y referencias que eran mencionados.[9-11]

No estaba muy preocupado ya que podía tomar mis propias decisiones a partir de la lectura de los cuatro Evangelios yo mismo.

Empecé mi intensiva investigación en busca de evidencia de la resurrección de Jesús buscando en hechos históricos. ¿Qué hechos podía encontrar sobre la historia de la resurrección de Jesús? Quería empezar con hechos sencillos y no controversiales. Al ser un doctor, empecé con los aspectos médicos de la crucifixión.

LA MUERTE

¿Jesús realmente murió? Leí sobre una explicación llamada la "teoría swoon." [12] La cual proponía que Jesús en realidad no murió en la cruz. Sino que permaneció vivo y fue capaz de escapar de la tumba. Esto explicaría sus apariciones, hasta cierto grado. Lo cual me pareció descabellado casi de forma inmediata, pero quería examinar todas las posibilidades por mí mismo.

Después de horas de estudio, me era claro que esta no era una teoría verosímil. Jesús había sido golpeado hasta ser irreconocible, crucificado, y apuñalado en un costado con una lanza. Habría sufrido de hemorragia interna, colapso pulmonar, deshidratación severa, posiblemente tendría el corazón perforado, y sufriera shock por la pérdida de sangre, solo por nombrar algunas de las complicaciones. Los guardias romanos no le quebraron sus piernas porque estaba muerto, de acuerdo al Evangelio de Juan (Juan 19:32-33). Estaba muy claro que los guardias romanos y los siempre presentes líderes religiosos judíos lo querían muerto y se hubieran asegurado de eso.

Me sorprendí de encontrar un artículo moderno sobre la crucifixión de Jesús en *La Revista de la Asociación Médica Americana*.[13] Usando un análisis medico moderno de los hechos, mis colegas doctores habían confirmado que Jesús no pudo haber sobrevivido a la crucifixión. Ahora estaba satisfecho, junto con mis compañeros, de que Jesús muriera en la cruz. Este era mi primer hecho.

EL ENTIERRO

Los cuatro Evangelios, que eran biografías de Jesús, por Mateo, Marco, Lucas, y Juan, afirman que Jesús fue enterrado en una tumba que le pertenecía a José de Arimatea. José fue un prominente líder religioso judío y un miembro del Sanedrín. El Sanedrín fue el consejo religioso regente que había condenado a Jesús durante su juicio. Según Lucas, este José era el discípulo secreto de Jesús y no aprobó la decisión del Sanedrín, a pesar de ser un miembro. José fue con Poncio Pilatos y le pidió el cuerpo de Jesús para poder enterrarlo. Nicodemo, quien era también un líder religioso judío, ayudó a José envolviendo el cuerpo de Jesús en ropa de entierro y ungüentos. ¿Por qué invertir tiempo, esfuerzo, y dinero para envolver el cuerpo si no iba a ser enterrado? Esto situó a dos testigos improbables en el sitio de entierro para Jesús, y podían confirmar que él estaba muerto y enterrado.

Me pareció obvio que esta no era una historia que los primeros cristianos habrían inventado de no ser cierta. Dos prominentes líderes religiosos judíos enterrando a Jesús habría sido escandaloso en los tiempos volátiles que rodeaban la muerte de Jesús. Esto hubiera sido refutado públicamente y se habría demostrado fácilmente que era una mentira si no fuera cierto.

La Biblia también registra que se colocaron guardias romanos fuera de la tumba y una piedra grande fue puesta en frente de la entrada. En esos días una tumba se sellaba rodando una piedra grande, usualmente de una a tres toneladas, en frente de la entrada de la tumba. Esto añade al menos dos testigos más al sitio de entierro, verificando su historicidad. Agregando estos cuatro testigos a las dos mujeres y dos discípulos que entraron a la tumba eleva el número de testigos a por lo menos ocho. Si Jesús no hubiera sido enterrado, muchas personas podrían haber refutado con facilidad que si lo fue, pero nadie lo hizo nunca. Estaba satisfecho de que Jesús haya sido enterrado en una tumba como afirma la Biblia. Este era mi segundo hecho.[14]

LA TUMBA VACÍA

Ahora quería establecer si la tumba de Jesús fue verdaderamente encontrada vacía en el domingo después de su entierro. Sorpresivamente, corroborar eso fue más fácil de lo esperado. La evidencia de que la tumba estaba vacía era un hecho histórico que ni siquiera parecía ser discutible.[15] Si la tumba no estaba vacía, entonces el cristianismo habría sido destruido en pocos días. Las autoridades religiosas se habrían apresurado en mostrar el cuerpo de Jesús y terminar con el fraude en ese mismo momento.

Además, los Evangelios afirman que los líderes judíos pagaron a los soldados para decir que el cuerpo había sido robado. ¿Por qué dirían eso si el cuerpo aún se encontraba en la tumba? No podía discutir con esta lógica.

Las primeras testigos fueron mujeres, lo cual no me pareció muy importante, hasta que descubrí que en la sociedad patriarcal judía el testimonio de una mujer no era considerado confiable ni tampoco admisible en corte.[16] Esto era otro giro interesante en los eventos que rodean la historia de la resurrección, que un autor no tendría motivo para inventar.

Si, de alguna manera, las mujeres y discípulos fueron a la tumba equivocada, entonces el cuerpo de Jesús aún estaba en la tumba correcta. No hubiera pasado mucho tiempo antes de que el cuerpo de Jesús fuese encontrado y hecho desfilar por las calles de Jerusalén para destruir el mensaje cristiano. Acepté a regañadientes que la tumba vacía no era un punto en disputa y que era un sencillo tercer hecho.[17, 18]

EL CUERPO

Si la tumba estaba vacía, entonces el cuerpo fue a algún lugar. Es un hecho histórico que el cuerpo de Jesús nunca fue encontrado. ¿A dónde pudo haber ido? Había tres posibilidades. Primero, el cuerpo pudo haber sido retirado de la tumba por los discípulos de Jesús. Segundo, el cuerpo pudo haber sido retirado por los adversarios de Jesús (Ej. los romanos o líderes religiosos judíos). La tercera posibilidad es que Jesús se levantó de entre los muertos (Ej. fue resucitado)

¿Los discípulos de Jesús robaron su cuerpo como parte de una resurrección falsa? A primera vista, me gustó mucho esta hipótesis porque sabía, al ver las noticias con el pasar de los años, que las personas religiosas hacen cosas locas. Sin embargo, una vez que empecé a examinarlo en detalle, esta teoría se desmoronó.[19]

Robar el cuerpo hubiera requerido que los discípulos burlen de alguna manera a los guardias romanos y que muevan la piedra pesada del frente de la tumba sin que nadie se dé cuenta de lo que había sucedido. Los guardias romanos enfrentaban la pena de muerte si fracasaban en sus órdenes de proteger el cuerpo.[20] Los discípulos no tenían ningún motivo ni supuesto para inventar una idea como la resurrección. Estaban en shock y de luto por la muerte de Jesús. A pesar que él había hablado con ellos sobre su regreso, ellos no lo entendían aún y no estaban esperando nada, así que pretender que había resucitado mediante el robo de su cuerpo no hubiera tenido sentido para ellos. Debía estar de acuerdo en que este escenario no era creíble.

Los enemigos de Jesús podrían haber conseguido con facilidad la cooperación de los guardias romanos y haber tomado el cuerpo, pero debo admitir que tampoco tenían motivo. Si los enemigos de Jesús tomaron su cuerpo, lo habrían mostrado con rapidez por todo Jerusalén cuando la historia de la resurrección empezó a surgir. Esto hubiera matado al cristianismo de una vez por todas. Estuve de acuerdo en que esta tampoco era una explicación posible.

Los Evangelios registran también que las envolturas de lino utilizadas para envolver y embalsamar el cuerpo de Jesús se quedaron en la tumba. El pañuelo que estaba alrededor de la cabeza de Jesús había sido doblado y se encontraba a un lado. Si alguien robó el cuerpo, ¿por qué se tomarían el tiempo de quitar todas las envolturas? Juan registra que uno de los discípulos vio las envolturas de lino e inmediatamente creyó (Juan 20:8). Lucas reporta que Pedro se maravilló cuando vio dentro de la tumba (Lucas 24:12). ¿Por qué? Estos dos hombres deben haber visto algo extraordinario en la disposición de las ropas de entierro y envolturas que no podía ser explicado. Si estas ropas hubieran sido desenredadas hace tres días, no hubieran podido volver a estar en una disposición ordenada.

Tuve una idea descabellada. Si Jesús hubiera resucitado, entonces Dios podría haber dejado las vestiduras funerarias intactas como estaban originalmente envueltas, pero sin el cuerpo dentro. Si este fuera el caso, ¿Cómo alguien podría explicar que el cuerpo había sido retirado de las muchas capas de envolturas sin alterar su disposición? Esto sería un milagro que podría explicar la reacción de los discípulos. Los romanos y los líderes judíos de seguro examinaron la tumba, pero no dijeron nada. Yo estaba fascinado. Esto me llevó a la última posibilidad para explicar la tumba vacía: la resurrección. Luego examiné las afirmaciones de que la resurrección había sucedido en realidad.

LAS APARICIONES

Los cuatro Evangelios documentan ocasiones separadas donde múltiples personas vieron y tocaron a Jesús resucitado. Hay varias certificaciones independientes de Sus apariciones, incluyendo documentación del apóstol Pablo. Por ejemplo, Pablo, Juan, y Lucas afirman que Jesús se apareció a los demás discípulos. Juan y Matías certifican las mujeres que llegaron primero a la tumba. Como mencioné previamente, Pablo documentó en el libro del Nuevo Testamento 1 Corintios que Jesús se apareció a más de quinientas personas al mismo tiempo. Incluso afirma que muchas de esas personas seguían con vida en el momento en que él escribió su aporte. En total, quince apariciones distintas de Jesús resucitado se mencionan en el Nuevo Testamento.[21]

No pude encontrar documentación donde alguien impugnara las apariciones de Jesús a sus seguidores. No había absolutamente ninguna refutación de la resurrección por parte de los judíos o cualquiera que se oponía a Jesús.[22] Su silencio era impactante. ¿Por qué no se impugnó rotundamente la resurrección si era falsa?

Ahora tenía que dar cuenta de estas supuestas apariciones de Jesús y el surgimiento del cristianismo de la nada. *¿Podrían los discípulos simplemente haberse convencido a sí mismos que vieron a Jesús mediante alucinaciones o imaginaciones vívidas?, m*e preguntaba. Medicamente, las personas bajos los efectos de las drogas o aquellos que sufren alguna enfermedad orgánica cerebral pueden sufrir alucinaciones. No obstante, rápidamente determiné que esta teoría no era plausible. No explicaba lo que pasó con el cuerpo o el comportamiento de los discípulos: ni siquiera encajaba con las alucinaciones e imaginaciones típicas.[23] Por ejemplo, muchas personas tendrían que haber imaginado o alucinado la misma cosa al mismo tiempo. El comportamiento de los discípulos no sugería de ninguna forma imaginaciones o alucinaciones. Los discípulos no tenían nada que ganar inventando tal historia. La Biblia es clara en que los discípulos vieron, tocaron, e incluso comieron con Jesús resucitado, en forma física y literal. Una alucinación, un espíritu, o un fantasma no pueden ingerir comida real o ser tocados.

Si la resurrección no fue algo alucinado o imaginado, ¿entonces podrían los seguidores de Jesús, que deseaban seguir con su sacerdocio, haber inventado intencionalmente la historia de la resurrección? ¿Podría ser Jesús un mito o una leyenda?

Si esto sucedió inmediatamente después de su muerte, entonces muchos de los mismos problemas con la premisa de que los discípulos robaran el cuerpo de Jesús se aplican, porque debían deshacerse del cuerpo. No hay prueba de que hayan robado el cuerpo o que incluso fuera posible hacerlo. ¿Por qué elegirían a mujeres como testigos, cuyo testimonio no era admisible en la corte, para ser las primeras en descubrir la tumba vacía? Si hubo una conspiración, de hecho hubieran puesto las cosas a su favor en lugar de tener hechos vergonzosos como mujeres de testigos principales. ¿Qué motivo tenían? Si Jesús estaba muerto, si no hubiera resucitado, no habría poder o convicción detrás de su sacerdocio. De hecho, sucedió lo contrario.

¿Es posible entonces que la historia de Jesús y su resurrección lentamente se volvieran una leyenda con el pasar de los años? Esto tampoco tiene sentido, basado en los aportes bíblicos. No explica la tumba vacía o la aparición repentina del cristianismo justo después de la crucifixión. Si seguidores posteriores agregaron e inventaron las historias, aun habrían circulado cuando los testigos hostiles estaban vivos. Hubiera sido fácil demostrar que la resurrección era una leyenda inventada o

La Resurrección de Jesús

una farsa. Había muchos detalles registrados que los líderes religiosos judíos podrían haber mostrado sin dificultad como falsos. En los libros de Lucas y Hechos, Lucas afirma haber entrevistado a los testigos presenciales y que escribió sus relatos durante su vida.

Revisé todos estos escenarios en mi mente, pero ninguno era lógico o encajaba con los hechos. Algo causó que este movimiento cristiano cobrara dinamismo y mantuviera viva la energía de su fuego interno aun en frente de una oposición feroz. Esto me intrigaba y no tenía sentido. Incluso los líderes religiosos judíos esperaban que se desvaneciera—a menos que fuese realmente de Dios.

Entonces Gamaliel, un fariseo que era doctor de la ley y a quien todo el pueblo respetaba, se levantó ante el concilio y ordenó que sacaran por un momento a los apóstoles; luego dijo: "Varones israelitas, piensen bien en lo que van a hacer con estos hombres. Hace ya algún tiempo, se levantó Teudas, quien se jactaba de ser alguien, y logró que se le uniera un grupo como de cuatrocientos hombres; pero lo mataron, y todos los que lo seguían fueron dispersados y exterminados. Después, cuando se hizo el censo, se levantó Judas el galileo y logró que muchos del pueblo lo siguieran. Pero también lo mataron, y todos los que lo seguían fueron dispersados. Por eso les digo ahora: Olvídense de estos hombres. Déjenlos. Porque si esto que hacen es de carácter humano, se desvanecerá; pero si es de Dios, no lo podrán destruir. ¡No vaya a ser que ustedes se encuentren luchando contra Dios!" (Hechos 5:34-39 NIV)

Algo más llamó mi atención sobre los discípulos iniciales que supuestamente vieron a Jesús resucitado. Era muy interesante que tuvieran que ser convencidos de que Jesús estaba realmente vivo. ¡Ellos no lo creían en un primer momento! Los discípulos estaban devastados, asustados, y ni siquiera anticipaban que Jesús resucitaría. Su líder estaba muerto y ellos estaban abatidos. Sus sueños murieron con Jesús en la cruz.

LAS EXPECTATIVAS EQUIVOCADAS

¿Por qué los discípulos no esperaban que Jesús se levante de entre los muertos? Echándole un vistazo a la historia judía, descubrí que el pueblo judío esperaba la aparición de un líder militar en Israel que los libere de la opresión romana. Ellos llamaban a esta persona el Mesías, que significa salvador. Descubrí que algunos de sus líderes religiosos ni siquiera creían en la resurrección. Aquellos que lo hacían enseñaban que solo ocurriría después del fin del mundo. Los discípulos no espera-

El Diagnóstico: Dios

ban que el Hijo de Dios muriera por los pecados del mundo, culminando en su resurrección. Jesús no encajaba en su idea del Mesías, y su resurrección estaba fuera de sus creencias religiosas y expectativas. Incluso habían discutido entre ellos sobre sus funciones en el supuesto "reino venidero," lo cual ellos creían que estaba a punto de suceder.

VIDAS CAMBIADAS RADICALMENTE

Después que Jesús supuestamente se levantó de entre los muertos, los discípulos estaban radicalmente distintos.[24] Antes de la resurrección Pedro negó a Jesús tres veces cuando Jesús fue arrestado, y el resto de los discípulos se dispersaron como ovejas asustadas. Pasaron de ser incrédulos asustadizos y deprimidos a ser valientes y eufóricos proclamadores de la vida eterna. En el libro Hechos, ellos proclaman con valentía la resurrección de Jesús a pesar del encarcelamiento, amenazas de muerte, y golpizas. Fueron condenados al ostracismo por la mayoría de la comunidad judía. ¿Por qué alguien haría eso si sabían que era una farsa que habían soñado? No podían encontrar una forma de explicar que pudo causar que estos hombres cambien repentinamente y aparezcan con una historia sin precedentes, difícil de creer y no judía.

DISPUESTOS A MORIR

Otro hecho profundo que descubrí fue que diez de los apóstoles restantes de Jesús, incluyendo a Pablo, tuvieron muertes crueles y tortuosas porque creían que Jesús era Dios y proclamaban que se levantó de entre los muertos.[25] Estaba obsesionado con el hecho de que si Jesús en realidad no hubiera surgido de la tumba, estos hombres hubieran muerto sabiendo que era una mentira. Esto era increíblemente convincente para mí.

Muchas personas mueren por una mentira, pero no saben que lo es.[28] Los discípulos hubieran sabido que estaban muriendo por una mentira si ellos la hubieran inventado. *¿Quién haría tal cosa?,* me preguntaba. Todo lo que ellos esperaban moría en la cruz si Jesús no resucitaba. Todas las promesas de Jesús sobre vida eterna, cielo, y el perdón de los pecados eran nulas si él estaba muerto. Una historia falsa sobre un carpintero resucitado sería absolutamente inútil para ellos. No podía explicar esto para todos los hombres.

RESUMEN

Los hechos históricos mostraron que Jesús murió y fue enterrado en una tumba que fue descubierta vacía tres días después sin explicación del paradero del cuerpo. Inmediatamente después de eso, múltiples personas empezaron supuestamente a ver e interactuar con Jesús resucitado, causando la repentina aparición del cristianismo. Esta nueva religión fue iniciada por los discípulos judíos de Jesús, a pesar de que iba en contra de sus creencias religiosas previas y expectativas en torno al Mesías.

La única explicación lógica era la resurrección de Jesús. Basado en los hechos, esta era la mejor explicación de la evidencia, *pero* esto involucraba el milagro de milagros. Mi mente científica tenía un problema con esto, a pesar que no tenía ninguna otra explicación. Mi corazón estaba emocionado, pero mi mente era escéptica. Mi corazón y mi mente aún estaban en guerra. Estaba desgarrado. Me sentía frustrado de que no haya una mejor y natural explicación. Mientras repetía los hechos en mi mente, me di cuenta que había pasado por alto una herramienta fundamental de investigación, una que debió generarse producto de mis años de entrenamiento médico.

Las Escrituras Hebreas Antiguas
"Viejo Testamento"

Capítulo Cinco

La Investigación - Fase III:

Las Escrituras Hebreas Antiguas "Viejo Testamento"

"¡Necesito un ECG inmediatamente y enzimas cardiacas para este paciente! ¡Él podría estar teniendo un ataque al corazón!" le dije a la enfermera.

"Ok, Doctor Viehman. Voy a llamarlos ahora mismo. Iré por el monitor y llamaré al equipo."

Las pruebas secundarias confirmaron el diagnostico original de un ataque al corazón. Como médico rara vez confío en una sola evidencia para hacer un diagnóstico. Durante el entrenamiento medico pasé mucho tiempo en cardiología. Cuando hacíamos diagnósticos de ataque al corazón nos basábamos en distintas pruebas que eran independientes una de la otra. El electrocardiograma, o ECG, y una serie de pruebas de sangre se usaban para determinar si el paciente estaba teniendo o no un ataque cardiaco. El ECG mide los cambios eléctricos en el corazón, mientras que las pruebas de sangre evalúan el daño a las células del mismo. Cuando ambas pruebas son positivas el diagnostico de ataque cardiaco es casi seguro.

Mientras consideraba este momento memorable se me ocurrió que tal vez haya una línea entera de evidencia para Jesús que es completamente independiente de los cuatro Evangelios y los testimonios de testigos presenciales que había revisado. Si esto resultaba ser verificable, entonces la posibilidad de que la resurrección sea un verdadero evento histórico seria catapultada a un nuevo nivel de credibilidad.

Tenía que perseverar para encontrar la verdad. Esta era potencialmente la investigación más importante de mi vida. Con la eternidad en juego, valía la pena el esfuerzo. A pesar que me sentía un poco desgastado y perezoso, me di cuenta que en el pasado había pasado mucho más tiempo analizando el mercado bursátil e investigando inversiones. Con tanto en juego, ¿Cómo podía parar ahora si había una forma real de probar con absoluta certeza que Dios existe?

EL MESÍAS

Los apóstoles de Jesús indicaron que la resurrección era la prueba de que él era el salvador del mundo, pero esta no era su única pieza de evidencia usada para convencer a la gente. Los apóstoles también apelaron fuertemente al cumplimiento de la profecía de sus propias Escrituras Hebreas para reforzar que Jesús era Dios. Muchas personas no tuvieron la oportunidad de ver a Jesús resucitado, pero a todos se les podía mostrar las Escrituras. Los apóstoles citaron directamente profecías de sus Escrituras y las relacionaron al nacimiento, vida, crucifixión, entierro, y resurrección de Jesús descrita en el Nuevo Testamento. Ellos afirmaban que Jesús cumplió estas profecías. Esto era un punto de venta fuerte que convenció a muchas personas, incluyendo a judíos, para convertirse al cristianismo. ¿Por qué? Tenía que descubrirlo.

¿Cuáles eran estas profecías de las Escrituras?, me pregunté. Hice una pequeña investigación y lo descubrí con facilidad. Las Escrituras Hebreas eran una recopilación de escrituras antiguas hechas por diferentes autores a lo largo de un periodo aproximado de mil años. Los judíos creían que estas escrituras eran la palabra de Dios. En otras palabras, Dios directamente inspiró a ciertos hombres para registrar y recibir el mensaje esencial que él les daba. Las Escrituras eran consideradas sagradas. Fueron guardadas con diligencia durante mil años por hombres cuyas vidas enteras estaban dedicadas a copiarlas y preservarlas con exactitud para las siguientes generaciones. Las Escrituras incluían la historia de Israel, genealogías, regulaciones para la práctica religiosa, escrituras de los profetas, canciones y poemas. La última colección de Escrituras Hebreas del Antiguo Testamento fue escrita alrededor del año 400 A.C.

De lo que no me había dado cuenta es que la gente judía esperaba un Mesías, un salvador. Ellos creían esto porque sus Escrituras antiguas contenían profecías directas que describían muchos aspectos de este Mesías. Esto era parte de su historia y habría sido de conocimiento común entre los judíos, incluyendo los apóstoles de Jesús. Ellos esperaban que su Mesías sea una gran persona que los salvara de sus enemigos—los romanos, en aquel entonces.

A través de mi primera lectura del Nuevo Testamento observé incontables referencias a estas Escrituras proféticas, pero pasé por ellas sin darles mucha atención. Recuerdo que el Rey Herodes consultó con todos los líderes religiosos judíos principales cuando los reyes magos fueron a Jerusalén buscando al "Rey de los Judíos que ha nacido." Los líderes religiosos respondieron que sí, el Mesías iba a nacer en Belén,

Las Escrituras Hebreas Antiguas
"Viejo Testamento"

de acuerdo a sus Escrituras. En Mateo 2:6, ellos citan directamente una de estas Escrituras del Antiguo Testamento, de Miqueas 5:2, justificando sus creencia sobre el Cristo al Rey Herodes. Los autores del Nuevo Testamento siguen indicando como Jesús supuestamente cumplió lo que estaba escrito sobre el Mesías cientos e incluso miles de años antes en las Escrituras Hebreas.

El mismo Jesús afirmaba que estaba cumpliendo las profecías.
No piensen que he venido para poner fin a la Ley o a los Profetas; no he venido para poner fin, sino para cumplir (Mateo 5:17 Nueva Versión del Rey Jacobo)

Él también dijo que las antiguas Escrituras Hebreas fueron escritas sobre él.
Ustedes examinan las Escrituras porque piensan tener en ellas la vida eterna. ¡Y son ellas las que dan testimonio de Mí! (Juan 5:39 NKJV)

Jesús incluso afirmó directamente ser el Mesías
La mujer le dijo: "Sé que el Mesías viene (el que es llamado Cristo); cuando El venga nos declarará todo."
Jesús le dijo: "Yo soy, el que habla contigo." (Juan 4:25-26 NKJV)

Sin embargo, no tenía idea, que estas Escrituras eran básicamente las mismas que las del Antiguo Testamento Cristiano. Hoy en día esas mismas Escrituras Judías conforman la Biblia Judía. Su biblia tiene los libros en orden distinto y combina algunos de ellos, pero el texto actual es casi idéntico. Esto era algo que desconocía pero que encontré muy extraño.

No sabía mucho sobre religión, pero era evidente que el cristianismo y el judaísmo eran religiones separadas en el mundo moderno. Muchos judíos y rabinos no creen en Jesús. Por lo tanto nunca esperaría encontrar algo relacionado a Jesús en las Escrituras Hebreas (Antiguo Testamento), especialmente porque el Antiguo Testamento fue terminado cuatrocientos años antes de que Jesús naciera. Ni Jesús ni tampoco una referencia a él, directa o indirecta, estaría incluida en estas antiguas Escrituras a menos que fuera él, sin lugar a dudas, el cumplimiento del Mesías, como fue profetizado.

Ahora entendía la razón por la cual el cristianismo no afirma ser una "nueva" religión sino el cumplimiento del antiguo Judaísmo. En otras palabras, los cristianos creen en todas las Escrituras Hebreas como la Palabra de Dios. Ellos creen que el Dios de los Judíos es el único Dios vivo y verdadero.

El Diagnóstico: Dios

La fe cristiana sostiene que Jesucristo es el Mesías que los judíos estaban esperando y que fue profetizado en la Biblia. ¡Me sorprendió saber que el cristianismo en sus orígenes era fundamentalmente judío! Los apóstoles y Pablo eran todos judíos. Con la excepción de los libros de Lucas y Hechos, el Nuevo Testamento entero fue escrito por judíos.

Era aparente que estas profecías eran potencialmente muy poderosas para formar un caso en favor o en contra de Jesús. Si el Antiguo Testamento realmente contenía profecías inequívocas que Jesús cumplió, entonces esto sería un apoyo muy convincente en el sentido que Jesús era el plan de Dios para salvar a la humanidad. Sabía que era imposible que alguien escriba sobre la vida futura de un individuo de forma precisa y exacta, y que luego suceda exactamente como se predijo, a menos que haya una conexión divina. Esto también confirmaría la inspiración y preservación de las Escrituras.

Revisando la profecía, el Nuevo Testamento doctrina de Jesús y salvación del pecado no era un concepto nuevo. Los discípulos de Jesús no inventaron una nueva religión. Ellos fueron testigos de la revelación de sus propias creencias judías y el cumplimiento de sus profecías. Sería muy difícil creer que Jesús solo era una leyenda o un mito si su vida fue realmente profetizada y descrita en las antiguas Escrituras Hebreas, como afirman los autores.

Me sentí cautivado inmediatamente, porque me di cuenta que los judíos que afirmaban conocer al *único* Dios vivo y verdadero creían tener una revelación divina de Dios sobre que un Mesías vendría. Parecía más que una coincidencia para mí que alguien que decía ser Dios apareciera en la escena y afirmara ser este Mesías. También estaba confundido, porque descubrí que la mayoría de la gente judía no creía que Jesús era este Mesías.

Las preguntas reales eran, ¿Qué decían las Escrituras Hebreas sobre la venida del Mesías? ¿Cuáles eran las profecías, cuantos se encontraban ahí, y si Jesús cumplió algunas de ellas, todas, o ninguna? Si realmente provenían de Dios y Jesús era Dios, entonces Él debió haber realizado todas. También quería saber por qué los judíos rechazaron a Jesús como el Mesías si Jesús cumplió con sus propias Escrituras.

Antes de juzgarlos, primero tenía que entender lo que era en verdad una profecía. Aprendí que una profecía es una descripción directa de un evento futuro. Eran escritas y proclamadas por hombres llamados profetas. Esta era una de sus funciones, pero también tenían muchas más. ¿Estas antiguas Escrituras Hebreas, algunas escritas mil años antes que Jesús viviera, contenían detalles sobre su vida? Quería descubrir la verdad por mí mismo.

Evidentemente, también había "imágenes" de Jesús a lo largo del Antiguo Testamento. Una imagen, usada en este contexto, es una representación indirecta de un acontecimiento futuro por una ocurrencia en el pasado, o se podría decir que es una serie de circunstancias y acciones que descubren de forma indirecta un incidente futuro con anticipación. Otra palabra para esto es "prefigurar," llamado así porque muestra un evento futuro en una forma gráfica, de la misma forma que una sombra es la delineación de una figura física.

Examiné primero las profecías, ya que ellas eran supuestamente referencias directas al Mesías. Estaban presente a lo largo del Antiguo Testamento y estaban escritas por muchos autores distintos en diferentes periodos de la historia de Israel. Las profecías supuestamente describían el nacimiento, vida, muerte, e incluso la resurrección del Mesías. Mi Biblia de estudio tenía un cuadro de muchas de ellas. Decidí tomarlas al pie de la letra, según la tradición cristiana primero y luego examinar el otro lado.

LAS PROFECÍAS DEL MESÍAS

Empecé con una profecía que describe el lugar de nacimiento del Mesías. Fue escrita por el profeta Miqueas alrededor del año 700 A.C.

Pero tú, Belén Efrata,
Aunque eres pequeña entre las familias de Judá,
De ti Me saldrá
El que ha de ser gobernante en Israel,
Y sus orígenes son desde tiempos antiguos,
Desde los días de la eternidad. (Miqueas 5:2 NKJV)

El Mesías nacería en Belén y era perpetuo o eterno (siempre fue y siempre será). Jesús nació en Belén y afirmó ser Dios, quien es eterno. Esto me hizo recordar un versículo que leí de Juan. Juan describe a Jesús como "la Palabra." Él escribió:

En el principio ya existía la Palabra, y la Palabra estaba con Dios, y la Palabra era Dios.
La palabra se hizo carne, y habitó entre nosotros, y vimos Su gloria, gloria como del unigénito del Padre, lleno de gracia y de verdad. (Juan 1:1,14 NKJV.)

Juan estaba describiendo a Jesús como Dios que se hizo hombre. Jesús coincidía con estas dos profecías, pero aún eran un poco vagas.

Alrededor del año 700 A.C., un profeta llamado Isaías escribió sobre la forma del nacimiento del Mesías.

> *Por tanto, el Señor mismo les dará esta señal: Una virgen concebirá y dará a luz un hijo, y Le pondrá por nombre Emmanuel (Dios con nosotros). (Isaías 7:14 NIV)*

Esta llamó mi atención. El Mesías iba a nacer de una virgen y sería llamado Emmanuel, que significa "Dios con nosotros." Me moví en mi silla y pasé saliva al darme cuenta que Jesús supuestamente nacería de María, quien la Biblia afirma que era virgen. Si Jesús era Dios entonces el literalmente habría sido "Dios con nosotros."

Esta era una profecía notable que analicé más de cerca. Las antiguas Escrituras fueron escritas en hebreo, pero yo leía una traducción en inglés. ¿En hebreo realmente decía "virgen," ya que esto era la parte más importante de la profecía? La respuesta es que el hebreo no tiene una palabra específica para virgen. La palabra hebrea usada aquí podía significar virgen o una doncella joven. Las Escrituras Hebreas, sin embargo, fueron traducidas a griego por eruditos judíos cientos de años antes de Jesús. Esta se llama la Septuaginta. El idioma griego tiene una palabra muy específica que solo puede significar virgen. Quería saber que habían entendido los traductores judíos por esta palabra cuando la tradujeron cientos de años antes de Jesús. Tenía sospechas de que los cristianos simplemente asumieron que significaba virgen para que se acomode a su doctrina. La Septuaginta me proporcionaría una respuesta imparcial. Me sorprendió descubrir que ellos eligieron la palabra griega que solo podía significar virgen. Sin embargo, no había prueba, que Jesús nació realmente de una virgen.

El Mesías también nacería de la descendencia del Rey David. El Rey David fue el rey judío más famoso, quien vivió mil años antes de Jesús. El pueblo judío sabía por sus Escrituras que el Mesías vendría del linaje de David. Luego recordé que tanto Lucas como Mateo incluyen la genealogía de Jesús. Mateo hace un seguimiento del linaje de José, su padre, y Lucas describe la genealogía de María. Ambos padres de Jesús pertenecían al linaje del Rey David. Ahora entendía lo que querían lograr estos autores. Estaban reforzando la argumentación de que Jesús era el Mesías profetizado al demostrar que era un descendiente del Rey David.

Seguí revisando las profecías hasta que me topé con esta, la cual fue escrita alrededor del año 1000 A.C:

Me horadaron Mis manos y Mis pies;
Puedo contar todos Mis huesos.
Ellos Me miran, Me observan.
Se reparten entre sí Mis vestidos,

Las Escrituras Hebreas Antiguas
"Viejo Testamento"

Y sobre Mi ropa echan suertes. (Salmos 22:16-18 NKJV)

Estaba sorprendido. ¡Este escritor describía marcas idénticas a aquellas de la crucifixión antes de que siquiera se pensara en la crucifixión como un método de tortura para matar personas! Se hizo una referencia a la perforación de manos y pies antes de que esto fuese puesto en práctica. Descubrí que otros dos profetas mencionaron la perforación del Mesías. ¿Cómo podía ser posible esto? No pude pensar en otra forma de que esto sucediera sino era por crucifixión. La cabeza me daba vueltas al darme cuenta que estos tres escritores describieron algo que ni siquiera existía en su tiempo.

Y esta profecía en particular describía que la ropa del Mesías seria dividida y echada a la suerte. Debía admitir que estas tres cosas le pasaron a Jesús mil años después. Estas eran las cosas que Jesús no pudo haber manipulado o causado mágicamente de alguna forma.

Entonces los soldados, cuando crucificaron a Jesús, tomaron Sus vestidos e hicieron cuatro partes, una parte para cada soldado. Y tomaron también la túnica y la túnica era sin costura, tejida en una sola pieza. Por tanto, se dijeron unos a otros: "No la rompamos; sino echemos suertes sobre ella, para ver de quién será;" para que se cumpliera la Escritura:
"Se repartieron entre si mis vestidos,
y sobre mi ropa echaron suertes."
Y los soldados hicieron esto. (Juan 19:23-24 NKJV)

El escritor del Nuevo Testamento realiza la cita directamente de las Escrituras Hebreas y declara que estas cosas se cumplieron con las Escrituras. Encontré citas directas de las Escrituras Hebreas, como esta, a lo largo del Nuevo Testamento. Era impresionante, pero aún estaba escéptico. Quería más, algo que realmente me probara que las profecías eran reales.

La siguiente profecía era lo que estaba buscando. Fue escrita por Isaías alrededor del año 700 A.C., y me impactó.

Ciertamente Él llevó nuestras enfermedades
Y cargó con nuestros dolores;
Con todo, nosotros lo tuvimos por azotado,
Por herido de Dios y afligido.
Pero Él fue herido por nuestras transgresiones,
Molido por nuestras iniquidades;
El castigo, por nuestra paz, cayó sobre Él,
Y por sus heridas hemos sido sanados.
Todos nosotros nos descarriamos como ovejas;
Nos apartamos cada cual por su camino;

El Diagnóstico: Dios

> *Pero el Señor hizo que cayera sobre Él la iniquidad de todos nosotros.*
> *Llevó el pecado de muchos,*
> *E intercedió por los transgresores. (Isaías 53:4-6,12 NKJV)*

El Mesías fue descrito aquí como alguien que sufriría en reemplazo de los pecados de otros. Sería azotado por un látigo recibiendo llagas. Mientras lo leía, me di cuenta que sonaba como un pasaje del Nuevo Testamento. Los paralelos a Jesús eran tan acertados que parecía ser un fraude intencional, pero eso era imposible ya que fue escrito setecientos años antes de que Jesús naciera.

En resumen, el Mesías nacería en Belén de una virgen descendiente de David. Le perforarían las manos y pies, y constituiría un sacrificio por los pecadores en reemplazo de sus pecados. Su existencia era eterna en origen, y sería llamado "Dios con nosotros." Jesús claramente encaja con cada una de estas profecías, de acuerdo al Nuevo Testamento. Ahora me encontraba muy curioso y perturbado al mismo tiempo. ¿Podría haber más?

La siguiente profecía que analicé provenía del libro de Daniel. Daba una estimación que prediciría el día exacto en el que el Mesías llegaría a Jerusalén. *Esto será impresionante*, pensé. Estaba en un estado de estupor al descubrir que, de hecho, el día exacto en que Jesús entró montando al pueblo en el Domingo de Ramos presentándose como el Mesías concordaba con esta estimación de forma precisa.[29] ¡El día exacto! Esto parecía ser tan específico que tenía que ser un fraude, pero no lo era.

Daniel también describió que el Mesías iba a morir:
"Después de las sesenta y dos semanas
El Mesías será cortado, pero no para sí Mismo." (Daniel 9:26 NKJV)

Esto era importante, ya que yo no esperaría que un "salvador" falleciera. Y no era el único. Los judíos tampoco lo esperaban, pero ahí estaba, en sus Escrituras. La fraseología también indica que el Mesías iba a morir por los demás y no por sí mismo. Una extraña sensación se apoderó de mí cuando leí esto. Mi corazón se sobrecogió conmocionado al saber que Daniel predijo exactamente cuándo vendría el Mesías y que fallecería, pero no por sí mismo. ¿Cuántos otros hombres en la historia podían encajar en esta descripción? Estaba confundido.

Cada vez que leía una profecía y la estudiaba, deseaba una más. En cada ejemplo, Jesús era una coincidencia exacta al profetizado Mesías. Podía explicar de inmediato por coincidencia muchas de ellas, pero

*Las Escrituras Hebreas Antiguas
"Viejo Testamento"*

después de un rato la enorme cantidad se volvió aplastante. Mi mente trató de contraatacar diciendo, "Esto es imposible, todo es una coincidencia. No hay manera de que estos pasajes se refieran a Jesús." Mi corazón, sin embargo, estaba abrumado por el número de referencias directas e indirectas a un Mesías que coincidían exactamente con Jesús en una serie de Escrituras hechas cientos de años antes que él naciera.

Al cabo de un momento deje de buscar. Simplemente eran muchas. El Mesías tenía más de trescientas profecías escritas sobre él. Sesenta y una de ellas son consideradas como principales.[30] Jesús cumplió cada una de ellas. La probabilidad estadística de que cualquier hombre cumpliera incluso solo ocho de las principales estaba fuera de todo límite. Leí en el libro de Josh McDowell que el número real era 1 en 10^{17}, ¡¡¡o 1 en 100,000,000,000,000,000!!![31]

"Estas profecías fueron dadas bien por inspiración de Dios o los profetas solo las escribieron como creyeron que deberían ser. En tal caso los profetas solo tenían una oportunidad de 10^{17} para que se hagan realidad en cualquier hombre, pero todas se cumplieron en Cristo. Esto significa que el cumplimiento de estas ocho profecías por si solo prueba que Dios inspiró la escritura de dichas profecías a una precisión que solo está a una posibilidad en 10^{17} de ser absoluta."[32-33]

Esto afirma que la probabilidad estadística de que un hombre cumpliera incluso las ocho profecías principales, aun cuando Jesús cumplió las trescientas, era tan improbable que básicamente probó que Dios inspiro su escritura. No sabía que pensar. Me di cuenta que solo Dios, si realmente existía, podía describir tantos detalles sobre la vida de un hombre antes que esté viviera en realidad.

Llegado a este punto estaba perplejo. No tenía una explicación para esto. Me parecía demasiado loco para ser verdad. Había en realidad *muchas* de ellas. Rápidamente pensé que tal vez Jesús intentó cumplir las profecías intencionalmente, hasta que me di cuenta que muchas de ellas estaban fuera de su control. Me costaba mucho aceptar el sorprendente número y precisión de las profecías. Era como uno de esos momentos en la vida que sabes que algo es verdad pero no lo quieres admitir en tu mente.

Busqué otras opiniones en Internet y encontré una avalancha de críticas y refutaciones a las profecías del Mesías. Algunos afirmaban que habían sido sacadas de contexto, mientras otros señalaban que algunas de ellas nunca estuvieron destinadas a ser profecías en primer lugar. Muchos de los puntos planteados eran válidos y convincentes individualmente. Era asombroso ver opiniones de polos opuestos acerca de las mismas profecías.

No estaba seguro de que pensar en este momento. Escapé de una decisión al seguir adelante en mis estudios para examinar algunas de las "imágenes."

LAS IMÁGENES DEL MESÍAS

Como mencioné previamente, una imagen es una prefigura o "pre representación" de acontecimientos futuros por ocurrencias en el pasado. Un incidente futuro es descrito indirectamente antes que suceda por una serie de circunstancias y acciones que lo prefiguran. Las imágenes son en efecto profecías por sí mismas, porque describen y representan lo que ocurrirá en el futuro. Si las Escrituras Hebreas contenían imágenes del sacrificio de Jesús en las historias del antiguo Israel, entonces esto sería un fuerte testimonio de que son de origen divino. Para que sean convincentes debería haber muchas de ellas que sean específicas e innegablemente similares a lo que se describe en el Nuevo Testamento.

El Sistema de Sacrificio Judío

Primero examine el sistema de sacrificio judío que supuestamente les fue dado a ellos por Dios. En su sistema religioso, la muerte y sangre de un animal inocente se usada para expiar pecados. La muerte del animal tomaba el lugar del pecador. Recordé las palabras que me dijeron la pareja en Marco Island: "Jesús era inocente y sin pecado. Él murió en tu lugar. Su sangre ha perdonado tus pecados si crees en él, arrepiéntete, y confía en él." La idea era que todos los sacrificios de animales eran un retrato de esto y conducían a Jesús como el verdadero sacrificio final. Esto ciertamente concordaba con la doctrina del Nuevo Testamento. La idea de un sacrificio pagando el precio por un pecado al menos tenía una base firme y no era algo nuevo. No tenía idea que los judíos estaban muy acostumbrados a la muerte y sangre en sustitución como pago por el pecado. *La ilustración y los paralelos son sorprendentes entre las dos creencias*, pensé.

La Pascua Judía

La Pascua Judía era otra ceremonia religiosa declarada como un fuerte simbolismo relacionado a Jesús. La única cosa que sabía sobre este día festivo judío era que mis amigos de la infancia no podían comer pan por una semana. Tenían que comer matzoh. Necesitaba saber

Las Escrituras Hebreas Antiguas
"Viejo Testamento"

más al respecto. Encontré la descripción en el capítulo 12 del Éxodo, el cual es el segundo libro del Viejo Testamento.

La Pascua Judía fue el primer y original día festivo judío. Aún es celebrado por los judíos hoy en día. Fue instituido cuando Moisés guio al pueblo cautivo, quienes luego serían conocidos como judíos o hebreos, fuera de Egipto hacia la "Tierra Prometida." Ellos habían estado cautivos como esclavos en Egipto por cuatrocientos años. Dios envió a Moisés para decirle al Faraón: "Deja ir a mi pueblo," pero el Faraón se rehusó. Entonces Dios envió nueve plagas a la tierra de Egipto, pero a pesar de eso el Faraón no liberaba a los esclavos. Finalmente, Dios le dijo a Moisés que una plaga final convencería al Faraón para dejar libre a su pueblo. Todos los hijos mayores en esta tierra morirían en la noche del juicio. Evidentemente incluía a cualquiera que viviera en esta tierra, incluyendo a los judíos.

Dios, sin embargo, le dio a Moisés instrucciones detalladas de como los cautivos podían ser salvados del juicio. Si seguían las instrucciones de Dios con fe, entonces sus hijos serían perdonados. Tenían que sacrificar un cordero macho perfecto y aplicar su sangre en las puertas de sus hogares. Ellos debían creer que este sacrificio los salvaría. Si aplicaban la sangre a sus puertas, entonces el ángel de la muerte que Dios envió "pasaría por encima" de sus casas y no les haría daño a sus hijos mayores. Así es como el día festivo obtuvo su nombre.

Pensé al respecto. La sangre de un sacrificio macho perfecto puede salvar a personas del juicio de Dios. No podía confundir o ignorar el simbolismo directo a la doctrina cristiana básica que señala que la muerte y sangre de Jesús, quien era libre de pecado, cuando es aplicada, salva a personas del juicio de Dios.

Luego recordé a Juan Bautista diciendo, "*¡Ahí está el Cordero de Dios que quita el pecado del mundo!*" (Juan 1:29 NKJV) Aludía a Jesús como el sacrificio final, una imagen del cordero de Pascua inmolado, que proporcionaría el pago por los pecados del mundo Tenia que admitir que Jesús era justo como el cordero de Pascua. Luego me sorprendí al enterarme que Jesús fue crucificado *durante* la Pascua Judía. Esto parecía ser una coincidencia muy extraña.

Los críticos sostienen que el cordero de Pascua no era una expiación por el pecado. Añaden que los corderos que se ofrecieron para la Pascua tenían que estar sin defectos, y señalan que Jesús fue gravemente golpeado y desfigurado cuando fue crucificado.

Entendía sus argumentos, pero tenía que discrepar. El Nuevo Testamento afirma que Jesús era un hombre perfecto libre de pecado mientras vivía en la tierra. Al igual que las ovejas "no tenían defectos," tampoco los tenia Jesús. El método de muerte no tenía nada que ver con su estado inmaculado, y sentí que los pesimistas estaban forzando esa afirmación. Su cuerpo azotado y desfigurado no negaba la imagen en mi opinión. Lo mismo se aplicaba para su muerte, que según los cristianos nos salva del juicio de Dios, incluso si solo es por el perdón de los pecados.

Al estudiar este día festivo, también descubrí que Dios les dio a los judíos un método exacto de aplicar la sangre en las puertas de sus casas. La sangre del cordero debía ser colocada en la cuenca de la apertura de la puerta. La cuenca era un canal cavado en el piso que fue diseñado para evitar que la lluvia entrara. Un manojo de planta de hisopo debía ser usado como brocha. Se les instruyó sumergir la planta de hisopo en la sangre de la cuenca, luego tocar la parte superior de la puerta (dintel) primero y al final las partes laterales de la misma.

¡Casi me desmayo cuando me di cuenta que la forma en que colocaban la sangre del cordero en la puerta formaba una cruz! ¡Estaban pintando cruces con la sangre de un cordero macho sin mancha cuya muerte y sangre los salvó del juicio de Dios! Esto se sentía surreal. *¿Cómo podía este simbolismo estar incrustado en el día festivo nacional del pueblo judío y haber sido instituido 1,000 años antes que Jesús naciera?* Estaba asombrado. "¿Cuántos símbolos más podrían haber? ¡Esto es una locura!," dije en voz alta una noche en mi oficina.

Abraham e Isaac

El siguiente que encontré me dejó sin palabras. En Génesis capitulo veintidós se le dijo a un hombre llamado Abraham que llevé a su único hijo a la cima de una montaña y lo sacrifique. El hijo subió a la montaña cargando madera en su espalda. El seguía la voluntad de su padre. La montaña llevaba el nombre de Moriah. Por tres días Abraham había considerado a su hijo prácticamente muerto. En los momentos finales Dios proveyó un carnero para tomar el lugar de Isaac.

Después de un poco de investigación, descubrí que la ubicación de este evento estaba en la misma zona donde Jesús fue crucificado, un lugar conocido hoy en día como Calvario, en una colina llamada Gólgota. Jesús cargó una cruz de madera con ayuda hasta la cima del Monte Moriah como el único Hijo de Dios. Jesús seguía la voluntad de su Padre, Dios, al igual que Isaac siguió la de su padre Abraham. Jesús estuvo muerto por tres días y fue un sacrificio para los demás.

Otro versículo que había leído apareció en mi mente.

*Las Escrituras Hebreas Antiguas
"Viejo Testamento"*

Porque de tal manera amó Dios al mundo, que dio a Su Hijo unigénito (único), para que todo aquél que crea en El, no se pierda, sino que tenga vida eterna. Porque Dios no envió a Su Hijo al mundo para juzgar al mundo, sino para que el mundo sea salvo por El. (Juan 3:16-17 NKJV)

Casi 1,400 años antes de que Jesús fuera sacrificado, ¡Abraham e Isaac representaban una imagen idéntica a lo que el Nuevo Testamento dijo que sería el plan de Dios para la salvación en la misma ubicación donde ocurriría! Tal vez la imagen no es perfecta porque Isaac no murió, pero el principio de una muerte sustitutoria estaba claramente presente en que Dios proveyó un carnero para tomar el lugar de Isaac, un carnero que de hecho murió.

Solo he discutido algunos de ellos aquí. Estaba asombrado de descubrir que hay muchos más a lo largo de las Escrituras Hebreas. Traté de pensar en algo que pudiera explicar estos increíbles símbolos prefigurados, pero no se me ocurría nada. Estaba frustrado y emocionado al mismo tiempo. Sentía como si estuviera acorralado y acercándome a algo.

Estas profecías e imágenes no eran generalizaciones vagas que podrían aplicarse a cualquier persona, eran descripciones vividas, exactas, y precisas, directas e indirectas, que coincidían exactamente con la vida de Jesús. Tampoco había manera de que pudiera invocar un motivo o escritura intencional de estas profecías basada en sesgo religioso. Primero, habían sido escritas antes de que los eventos ocurran, y hay copias existentes fechadas mucho antes del nacimiento de Jesús. Segundo, el hecho de que muchos de los judíos no creían que Jesús era el Mesías niega la idea de que ellos cambiaron o alteraron las Escrituras para que Jesús coincida con ellas. Su incredulidad era un fuerte testimonio de que las Escrituras fueron preservadas con precisión.

Una colusión intencional era simplemente imposible para las imágenes. ¿Cómo podrían Abraham e Isaac representar esta escena en la misma ubicación y ser acusados de saber lo que pasaría casi mil años después? Estas profecías e imágenes fueron escritas antes de que Jesús naciera por varios autores diferentes, que no se conocían entre sí, a lo largo de un periodo de mil años. Muchas de las profecías que Jesús cumplió estaban fuera de su control. Era imposible para él cumplir intencionalmente la que se refería a su lugar de nacimiento por ejemplo.

EL RECHAZO DEL MESIAS

Me pregunté a mí mismo, si la evidencia de sus propias Escrituras era tan abrumadora, ¿por qué los judíos rechazaron a Jesús como el Mesías? La respuesta era que no lo hicieron, no todos ellos al menos. Fueron básicamente los líderes religiosos judíos principales los que rechazaron a Jesús. Estaban esperando que un rey gobierne en la tierra y que los libere de la opresión romana. No tuve tiempo de profundizar en los detalles, pero evidentemente estos líderes malinterpretaron algunas de las profecías, y estaban protegiendo su poder y control sobre la gente, que las enseñanzas de Jesús perturbaban y dejaban al descubierto.

El Nuevo Testamento claramente documenta que muchos judíos *si* creían en que Jesús era el Mesías, incluyendo algunos de los líderes religiosos. Jesús fue enterrado por José de Arimatea, por ejemplo, quien era un líder religioso de alto rango. Nicodemo era otro líder religioso que se convirtió en creyente. La iglesia en sus primeros tiempos también estuvo compuesta casi en su totalidad por judíos. El cristianismo evidentemente empezó muy judío.

RESUMEN

El peso de la evidencia del Antiguo Testamento añadía una carga más pesada sobre mi corazón y mi mente. Jesús no solo correspondía a la identidad del Mesías por sobre todas las probabilidades, también descubrí que la base entera para la doctrina cristiana de crucifixión estaba basada en prácticas religiosas judías y en sus propias Escrituras.

Traté de determinar si estaba de alguna manera malinterpretando estas profecías. ¿Estaba leyendo en ellas algo que no estaba realmente ahí? ¿Tenían razón los escépticos, quienes afirmaban que los cristianos habían regresado y alterado las Escrituras Hebreas para encontrar deliberadamente a posteriori similitudes con el Nuevo Testamento? Revisé todo cuidadosamente y tuve que admitir que la respuesta era no. Estaba obsesionado por un hecho. ¿Por qué hay tantas cosas diferentes que cualquier investigador diligente podría encontrar en las Escrituras Hebreas que coinciden con la vida de Jesús? ¿Cómo podía explicar tantas imágenes que realmente no están abiertas a la interpretación?

Quería una salida si decidía dejar de perseguir esto. Sentía como si estuviera viviendo una película. Era un sentimiento muy extraño el encontrar un testigo convincente para la realidad de Dios en un libro que tenía más de dos mil años de antigüedad—un libro al que no le había dado ninguna credibilidad durante la mayor parte de mi vida y que no veía a nadie leyendo. ¿Podría ser esto real? ¿Cómo puede serlo? Lógicamente, me sentí obligado a reconocer el peso de la evidencia, pero otra parte de mi simplemente no podía aceptar lo que esto significaría para mí, mi familia, y el mundo en el que crecí.

No esperé encontrarme con esto cuando salí a buscar munición en contra de mis vecinos cristianos. El Nuevo Testamento y ahora incluso el Viejo Testamento tenían una cantidad abrumadora de evidencia para su veracidad. Sin embargo, si iba a basar potencialmente mis creencias en Dios en estos documentos, necesitaba investigarlos.

El Diagnóstico: Dios

Capítulo Seis

La Investigación Fase IV:

La Evidencia Histórica para el Nuevo Testamento

LOS PROFESORES UNIVERSITARIOS

Decidí examinar la historicidad del Nuevo Testamento. Empecé a analizar la Biblia como un documento histórico, microscópicamente, ya que era un doctor y había realizado una investigación científica. ¡Era tiempo de poner las emociones a un lado! ¿Era la biblia un documento históricamente confiable? ¿Podía confiar en algo escrito casi dos mil años atrás? ¿La biblia que leo hoy en día es la misma que fue escrita por Mateo, Marcos, Lucas, y Juan? ¿Ellos realmente escribieron estos documentos?

Ese mismo día recibí un aviso en el correo de una empresa que vendía clases en audio de los cursos universitarios en las principales universidades. Me sorprendió descubrir que había una sección sobre la Biblia. Tenían dos cursos sobre el Nuevo Testamento de dos universidades distintas. Pensé, *¿Qué mejor lugar para empezar a escuchar clases sobre el Nuevo Testamento que de profesores universitarios en las principales universidades?* Eran jefes de sus departamentos con muchos títulos y publicaciones en su campo. Podía identificarme con su formación académica, y estaba seguro que cualquier persona con un doctorado en el Nuevo Testamento conocería los hechos y diría la verdad.

Empecé a escuchar a ambos en mi iPod, pero rápidamente tuve una profunda sensación de que ellos no creían en que el Nuevo Testamento describe eventos históricos verdaderos. Cuanto más escuchaba, más deprimido me sentía. Mi corazón estaba perdiendo toda posible esperanza de una respuesta a la falta de sentido de este mundo. Mi mente, sin embargo, estaba eufórica. Para de mí se sentía enferma, mientras que paradójicamente otra parte de mi estaba contenta. Era una extraña batalla en curso que no podía controlar.

Mi mente no quería aceptar la responsabilidad que implicaría la creencia en un creador, mientras que mi corazón deseaba respuestas que solo él podría darle. Mi corazón estaba sediento de vida eterna, pero mi mente se aferraba a su propia egocéntrica vida. Mi mente, sin

El Diagnóstico: Dios

embargo, tenía un campeón de peso pesado de su lado: el miedo. Tenía miedo de las implicaciones de una verdad absoluta, como lo muestra la Biblia, ya que fui criado en una cultura que se regocijaba de que una verdad absoluta no existiera.

Un profesor dijo que la evidencia histórica para Jesús era escasa. Declaró firmemente que ninguno de los cuatro Evangelios (Mateo, Marcos, Lucas, y Juan) fueron escritos por testigos presenciales, sino por personas que vivieron después, las cuales inventaron y adulteraron estas historias para convertir gente al cristianismo. Señaló que los primeros documentos no tienen sus nombres en ninguno de ellos. Los títulos como "El Evangelio de acuerdo a Mateo" fueron agregados después y solo aparecen en nuestras biblias modernas.

Mientras escuchaba, él empezó a enumerar muchas discrepancias entre los cuatro relatos evangélicos de la muerte y resurrección de Jesús. Lucas, por ejemplo, declaró que las mujeres vieron a dos hombres en la tumba vacía de Jesús, mientras que Mateo dijo que era un hombre. Él mencionó entre diez a quince ejemplos como este. Cada uno se sintió como una magnum .357 dándome en el corazón.

También dijo que los historiadores solo podían establecer lo que probablemente sucedió en el pasado, y por definición, un milagro es la explicación menos probable. Como resultado, los historiadores no pueden afirmar que un milagro sucedió. Los milagros de la Biblia también invocan a Dios, y él sostuvo que los historiadores no pueden saber nada de Dios.

Sentí como si me hubieran noqueado con una combinación de 1-2-3. Él parecía destruir la credibilidad histórica del Nuevo Testamento al señalar las discrepancias y mostrar que los milagros ni siquiera son objeto de un análisis histórico. Mi corazón estaba devastado porque realmente quería una respuesta para este mundo, la muerte, y la falta de sentido de la evolución, pero mi mente no estaba de acuerdo.

Mi mente razonaba, *Estos profesores saben la verdad. Tienen títulos, publicaciones, y años de experiencia en el Nuevo Testamento. No hay ninguna posibilidad de que se equivoquen sobre Jesús y la Biblia. Seguramente, los escritores de la Biblia fueron sinceros y creían en lo que escribieron, ¡pero eso no significa que esos eventos realmente sucedieron!*

Seguí escuchando. Decidí intentar con el otro profesor. Ella presentó los personajes del Nuevo Testamento como si fueran personajes ficticios, lo cual me pareció extraño. Eran descritos como gente imaginaria en historias agradables que la gente religiosa había inventado. Algo de sus vidas eran verdad, pero otros aspectos habían sido tergiversados a través de los años conforme las historias fueron cambiadas. Algo en mi interior no se sentía bien acerca de sus afirmaciones. ¿Eran mis emociones?, me pregunté. ¿Cómo sabia ella qué era verdad y qué era falso?

Frustrado, dejé de escucharla y volví al primer tipo, desde donde lo dejé. Me di cuenta que en un par de ocasiones fue un poco sarcástico. Era por el tono de su voz y la forma en que hizo un par de afirmaciones. Sentí que tenía un interés personal, pero no podía imaginar la razón. Era muy sutil, pero me di cuenta y estaba sorprendido. Sonaba como si tuviera un motivo escondido. Percibí un sesgo que me crispaba los nervios. La historia debería ser una forma sencilla de presentar hechos sin sesgo ni emociones.

Este profesor luego enseñó de forma fundamental en una de sus clases que Jesús no afirmó ser Dios. *¿Por qué el profesor diría algo que era completamente falso y de fácil verificación?* En ese momento vi una gran bandera roja. Mi corazón saltó desde la lona donde lo dejó el golpe que lo noqueó y proclamó: "¡Esto no es cierto, y lo sabes!" Mi corazón estaba gritándole al profesor y a mí. Yo sabía que no era cierto, y desde luego no había manera de que el profesor podría haber pasado por alto lo obvio. Un pasaje que había leído en la Biblia me vino a la cabeza:

"Mi Padre que me las dio es mayor que todos, y nadie las puede arrebatar de la mano del Padre. Yo y el Padre somos uno"
Los judíos volvieron a tomar piedras para tirárselas. Entonces Jesús les dijo: "Les he mostrado muchas obras buenas que son del Padre. ¿Por cuál de ellas me apedrean?" Los judíos le contestaron: "No te apedreamos por ninguna obra buena, sino por blasfemia; y porque tú, siendo hombre, te haces Dios." (Juan 10:29-33 NIV)

Era perfectamente aceptable que el profesor no creyera personalmente en que Jesús era realmente Dios, ¿pero porque diría que Jesús nunca hizo esa afirmación? ¿Por qué no diría lo obvio y dejar que las personas decidan por si mismas?

Estas pistas eran críticas, ya que estaba cerca de descubrirlo. Algo no encajaba, y sospeché de un motivo escondido en los profesores. Decidí buscar información en otro lado. Se habían planteado algunos puntos muy validos que demandaban respuesta, ¿pero tenía todos los hechos? Tenía planeado revisar este tema con más detalle una vez que tuviera más información.

NUEVA EVIDENCIA QUE DEMANDA UN VEREDICTO

¿Qué hay de ese libro por Josh McDowell, *Nueva Evidencia Que Demanda un Veredicto*? Ya había encontrado bastante evidencia crítica en el libro sobre la resurrección de Jesús, y ni siquiera había leído una cuarta parte del mismo. No estaba impresionado con los académicos y sus evaluaciones del Nuevo testamento. Quería saber cuál era la evidencia adicional que el título del libro de McDowell mencionaba. Quería hechos y un análisis histórico bien fundado.

Hice algunas investigaciones en internet y descubrí que los contenidos, referencias, y conclusiones a las que se había arribado en este libro no se habían librado de los debates. Encontré sitios web dedicados a refutar casi todos los aspectos del libro. Muchos de los comentaristas parecían bastante molestos en sus refutaciones, lo cual me hacía cuestionar sus motivos. Decidí seguir leyendo y mantener la mente abierta a ambos lados de la discusión. Lo que sigue es un resumen de lo que he aprendido de los libros de Josh McDowell, y la crítica de los mismos en el Internet. Si el Nuevo Testamento realmente describía la historia, entonces debería ser evaluado como el resto de ella.

¿Qué pruebas son aplicadas a documentos históricos para determinar si son precisos o confiables? Me enteré de que se utilizan tres pruebas: la prueba bibliográfica, la prueba de la evidencia interna, y la prueba de la evidencia externa.

La Prueba Bibliográfica [34]

Los manuscritos originales del Nuevo Testamento ya no existen. Solo han sobrevivido copias a nuestros días. La prueba bibliográfica responde la pregunta "¿qué tan confiables son las copias?" la respuesta está basada en dos piezas de información: 1. El número de copias existentes. 2. El intervalo de tiempo entre los originales y esas copias. En otras palabras, si Mateo fue escrito en 60 d.C. y la primera copia que tenemos está fechada con 200 d.C., el intervalo de tiempo es 140 años. Un documento antiguo es más confiable si hay muchas copias existentes dentro de un intervalo corto de tiempo. La posesión de una gran cantidad de copias permite hacer comparaciones entre ellas para buscar cambios y determinar con qué exactitud se ha conservado el texto. Mientras más cerca cronológicamente se encuentren las copias del original, menor será la posibilidad de cambios y errores con el pasar del tiempo.

Me sorprendí de inmediato al descubrir que el Nuevo Testamento era el libro antiguo más históricamente atestiguado de todos los tiempos. Literalmente avergüenza a cualquier otra pieza de literatura antigua y por lejos. No solamente existen muchos más manuscritos que cualquier otro escrito antiguo, ¡también la diferencia de tiempo entre los manuscritos originales y sus copias es más corto!

Descubrí que hay más de 20,000 copias de los manuscritos del Nuevo Testamento. No podía creerlo— **¡veinte mil!**[35] ¡La siguiente mejor pieza de literatura, *La Ilíada*, solo tiene 643[36]! ¡Muchos de los escritos antiguos que hoy en día son aceptados como hechos históricos ni siquiera tienen cien copias! Además, las fechas de las copias de la mayoría de las otras obras antiguas datan de más de 1,000 años después que los eventos históricos tuvieron lugar. El intervalo de tiempo para los manuscritos del Nuevo Testamento era de 60 años.[37] Ahora sí estaba *realmente* suspicaz. "¿Por qué no es este un hecho bien conocido y difundido? ¡¿Por qué no se enseña esto en la escuela?!" Grité con fuerza en mi oficina. Solo los datos eran tan profundos que casi parecía un encubrimiento intencional o supresión de evidencia por nuestra sociedad moderna.

También descubrí que las Escrituras tanto para el Viejo como el Nuevo Testamento eran preservadas a través del tiempo con una precisión del 99.5%.[38-39] Si, habían errores de copiado y posiblemente algunos cambios intencionales durante los años, pero ninguno de ellos afectaba para nada el mensaje principal. La gran mayoría de ellos ni siquiera serian notados en la traducción.

Los críticos de McDowell afirmaban que no había originales de puño y letra del supuesto autor, los autores reales eran desconocidos, y que hay una brecha de trescientos años entre el primer manuscrito completo del Evangelio y el tiempo en que se supone que debió ser escrito. También señalaron que una pequeña tasa de error no valida necesariamente la exactitud histórica por sí misma.

Otra objeción importante a la gran cantidad de manuscritos del Nuevo Testamento era la falta de testimonios *independientes* que lo corroboren, debido a que muchas de las copias son simplemente copias de otras anteriores. Bajo su criterio, los cursos de historia antigua dejarían de existir.

La Prueba de Evidencia Interna [40]

Sorpresivamente, la prueba bibliográfica me demostraba que las copias existentes hoy en día son excepcionalmente similares a lo que fue escrito originalmente por los autores del Nuevo Testamento. Estaban bien preservadas y apenas alteradas después de dos mil años. Aho-

El Diagnóstico: Dios

ra podía confiar en que lo que había leído y analizado en mi Nuevo Testamento moderno era muy similar a lo que había sido escrito originalmente.

Si el Nuevo Testamento que leía estaba bien preservado, ¿entonces qué tan confiable era la información en si misma? La siguiente prueba determinaba la credibilidad de documentos históricos. Si la información histórica no era precisa o fidedigna, entonces no importaba cuantas copias tenías o cuan preservadas estaba. Las copias bien preservadas son inútiles si la información histórica que contienen no es creíble.

La prueba de evidencia interna determina la credibilidad analizando a los mismos autores, su habilidad para decir la verdad, la posibilidad de que falsifiquen información, y cualquier error interno, inconsistencias, o hechos que simplemente son falsos en cuanto a la información que registran. Un importante principio aquí es llamado el aforismo de Aristóteles: "Se debe dar al documento el beneficio de la duda; ese derecho no debe ser usurpado por el crítico."[41]

1. Errores, Cambios, y Discrepancias

La prueba bibliográfica había sugerido con claridad que el Nuevo Testamento estaba bien preservado a pesar que contenía errores mínimos de copiado y posiblemente algunos cambios intencionales. La mayoría de estos errores eran imperceptibles después de la traducción, y aquellos restantes no afectaban la doctrina principal presentada. Sin embargo, hubo un gran debate sobre este tema. Algunos críticos de gran prestigio manifestaron que ciertos cambios o adiciones intentaban deificar a Jesús. Analicé a muchos de ellos y no estuve de acuerdo. Incluso si estos versículos eran añadidos, cambiados o incluso eliminados, era evidente que la doctrina básica del Nuevo Testamento aún estaba allí en forma unificada en muchos lugares distintos.

Pero, ¿Qué pasa con las inconsistencias? El profesor universitario había señalado muchas discrepancias entre los cuatro Evangelios cuando describían el mismo evento. Si había múltiples y válidas discrepancias irreconocibles, entonces el Nuevo Testamento no podría pasar esta prueba. El aforismo de Aristóteles no se cumple si hay una razón fuerte para dudar del trabajo examinado.

Investigué cada una de las discrepancias que el profesor mencionó en su conferencia. Las analicé yo mismo y también utilicé un libro que trata de este mismo tema.[42] Me sorprendió mucho descubrir que varios de ellas tenían explicaciones muy simples. Cuatro personas diferentes que reportan sobre el mismo evento frecuentemente describirán ese evento de forma diferente y escogerán incluir o excluir detalles distintos.

Por ejemplo, Mateo, dice que la mujer que llegó primero a la tumba vacía de Jesús vio un ángel. Lucas afirma que vieron dos hombres en "vestiduras brillantes." Entonces son, ¿dos hombres o un ángel? Con rapidez me di cuenta que fácilmente podrían ser ambos. Dos ángeles en vestiduras brillantes estaban en la tumba vacía de Jesús. Lucas decidió no usar la palabra ángel, aunque es inferido al describir sus ropas como "vestiduras brillantes." Mateo, por otro lado, pudo simplemente referirse a las palabras de uno de los ángeles. Además él nunca especificó que solo había *uno*.

También descubrí que ninguna de estas discrepancias estaban en el punto central de la narrativa sino que involucraban detalles menores. Ahora me era claro que el profesor universitario solo había presentado una versión de la historia. El enumeró discrepancias que no eran fundamentales para la historia con el fin de rebajar el mensaje principal. Casi parecía que buscaba una razón para rechazar el Nuevo Testamento. *¿Por qué haría eso?* Si alguien no investigaba por sí mismo tal vez aceptaría lo que el profesor decía.

Simon Greenleaf fue un famoso profesor en la Escuela de Derecho de Harvard quien escribió un libro que examinaba la fiabilidad de los cuatro Evangelios aplicando las reglas de evidencia usadas por el sistema judicial. Después de examinar las discrepancias entre las cuatro biografías de Jesús, él dijo esto:

> *Hay suficiente discrepancia para mostrar que no pudo haber un acuerdo previo entre ellos: y que al mismo tiempo es un acuerdo sustancial para mostrar que todos eran narradores independientes de la misma gran transacción.*[43]

Las discrepancias eran a decir verdad descripciones complementarias por distintos reporteros y de fácil explicación. El señaló que si los cuatro relatos eran exactamente iguales en sus detalles entonces serían criticados por colusión o copia.

La afirmación del profesor universitario sobre las discrepancias entre los cuatro Evangelios como una razón para dudar de su autoría y autenticidad simplemente no era suficiente. Honestamente no podía encontrar un problema con esta parte de la prueba de evidencia interna.

El siguiente aspecto a evaluar eran los mismos autores del Nuevo Testamento, su habilidad para decir la verdad, y la posibilidad de que podrían haber falsificado información.

El Diagnóstico: Dios

2. *Los Autores de los Cuatro Evangelios*

Los escritores originales de un documento histórico son de suma importancia. ¿Cuál era su habilidad para decir la verdad? ¿Qué tan cerca estaban ellos de los eventos que describían? Un testimonio de testigos presenciales es lo mejor. Históricamente, esto es lo más cerca que se puede estar de los eventos y es una razón excelente para aceptar los relatos como legítimos.

La pregunta fundamental para el Nuevo Testamento es "¿Fueron los cuatro Evangelios realmente testimonios de testigos presenciales?" El Nuevo Testamento afirmaba ser escrito por testigos presenciales o gente como Lucas que recopiló testimonios de los mismos, pero el profesor universitario desafiaba rotundamente esta afirmación. También necesitaba determinar "¿Se encontraban los escritores del Nuevo Testamento sesgados por sus creencias religiosas? ¿Falsificaron las biografías de Jesús para apoyar su nueva religión y ganar seguidores? Si los relatos fueron inventados y alterados por gente religiosa, entonces no importaba cuantas copias existieran, cuan bien preservadas estuvieran, o incluso si eran internamente consistentes.

Esto era fundamental para mí. Estaba lidiando con relatos que describían a alguien como Dios, y que tenían respuestas a la eternidad. Debía tener la seguridad de que podía confiar en Mateo, Marcos, Lucas, y Juan como los autores verdaderos y exactos. El profesor Universitario mencionó que ninguno de los cuatro Evangelios contenía el nombre del autor. Afirmó que fueron añadidos después. ¿Qué evidencia había en favor o en contra de que ellos fueran los autores?

Testimonio de la Iglesia de los Primeros Tiempos

Descubrí que la iglesia primitiva atestigua y claramente documenta que estos hombres eran los autores.[44] Esto no era una prueba final de que lo eran pero era documentación. Varios hombres registran y mencionan los autores del Nuevo Testamento en sus escritos. Sin embargo, estos eran autores cristianos, y podrían haber estado sesgados.

Sin embargo, encontré un hecho interesante el cual sugería que estos primeros cristianos no aceptaban cualquier escrito como una Escritura, incluso si decía haber sido hecha por un apóstol de Jesús. La iglesia primitiva, curiosamente, refutó y rechazó muchos otros escritos supuestamente hechos por los apóstoles con sus nombres reales en las obras, ya que determinaron que no eran auténticos.[45]

Esto era irónico. La iglesia aceptó los cuatro Evangelios como escritos por Mateo, Marcos, Lucas, y Juan a pesar que sus nombres *no* estaban escritos en ellos, pero luego rechazaban "Evangelios" en donde *si* lo estaban. Esto era una fuerte prueba de que eran muy cuidadosos y astutos al aceptar una autoría como genuina. La posibilidad de sesgo aún se mantenía, pero me sentía mejor en cuanto a ellos ahora.

También descubrí que no había nada en la historia de lo contrario. No había controversia conocida sobre los autores de los cuatro Evangelios. Nadie durante este periodo de tiempo cuestionó su autoría. Dado que el cristianismo era tan controversial y se enfrentaba a una oposición feroz, me pareció extraño que no hubiera refutación de la autoría o de la legitimidad de los cuatro Evangelios.

Si Mateo, Marcos, Lucas, y Juan no escribieron estos relatos, entonces los conspiradores hicieron un mal trabajo al elegir autores falsos. Mateo, un recaudador de impuestos, seguramente fue odiado por muchas personas, ya que los recaudadores de impuestos eran despreciados incluso por los mismos judíos. Marcos era un discípulo de Pedro que supuestamente escribió el relato de Pedro de la vida de Jesús. Lucas no fue mencionado durante la vida de Jesús y no era un judío. ¿Por qué los seguidores de Jesús no eligieron a Pedro, cuyo nombre tenía mucho peso y notoriedad? Si iban a falsificar los relatos, ¿por qué no usar el nombre del autor en el documento? Este sería el motivo obvio y un método para hacer una mejor falsificación.

Testimonio de Testigos Presenciales

Hasta el momento no había encontrado una razón clara para rechazar la autoría de los cuatro Evangelios. Había documentación transparente en la historia de que estos cuatro eran los autores y nada para contradecirlo. Los alegados autores tampoco encajan en el perfil de falsificadores. Los autores de Lucas y Juan directamente mencionaron que fueron testigos presenciales ellos mismos o que recibieron testimonio de testigos presenciales. El autor del Evangelio de Juan, por ejemplo, indica claramente que él fue un testigo presencial.

Y muchas otras señales milagrosas hizo también Jesús en presencia de Sus discípulos, que no están escritas en este libro; pero éstas se han escrito para que ustedes crean que Jesús es el Cristo, el Hijo de Dios; y para que al creer, tengan vida en Su nombre. Este es el discípulo que da testimonio de estas cosas y el que escribió esto, y sabemos que su testimonio es verdadero. (Juan 20:30-31; 21:24 NIV)

Juan además afirmó esto en una de sus cartas que también es parte del Nuevo Testamento

El Diagnóstico: Dios

> *Lo que existía desde el principio, lo que hemos oído, lo que hemos visto con nuestros propios ojos, lo que hemos contemplado y lo que han tocado nuestras manos, esto escribimos acerca del Verbo de vida. Y la Vida se manifestó. Nosotros la hemos visto, y damos testimonio y les anunciamos a ustedes la vida eterna que estaba con el Padre y se manifestó a nosotros. Lo que hemos visto y oído les proclamamos también a ustedes, para que también ustedes tengan comunión con nosotros. En verdad nuestra comunión es con el Padre y con Su Hijo Jesucristo. Les escribimos estas cosas para que nuestro gozo sea completo. (1 Juan 1:1-4 NIV)*

El autor de esta narrativa que lleva el nombre de Lucas indica claramente en las primeras oraciones que usó relatos de testigos presenciales y que los declaraba personalmente.

> *Por cuanto muchos han tratado de poner en orden y escribir una historia de las cosas que entre nosotros son muy ciertas (y hay plena convicción), tal como nos las dieron a conocer los que desde el principio fueron testigos oculares y ministros de la palabra, también a mí me ha parecido conveniente, después de haberlo investigado todo con diligencia desde el principio, escribírtelas ordenadamente, excelentísimo Teófilo, para que sepas la verdad precisa acerca de las cosas que te han sido enseñadas. (Lucas 1:1-4 NIV)*

Esto no me decía quién las escribió en realidad, pero hubiera sido algo fácil de verificar por los adversarios durante el tiempo en que se escribieron estas obras. Si Jesús realmente hizo todos los milagros en Israel que registra el Nuevo Testamento, entonces una multitud de personas fueron curadas y presenciaron su ministerio. Esto debió ser el evento más grande en la historia de la humanidad.

Si era algo inventado y una mentira, la declaración de Lucas hubiera sido insensata e insostenible en los primeros días de la iglesia, cuando se enfrentaba a la oposición. Lucas el médico claramente viajaba con Pablo, y habría tenido amplia oportunidad de viajar a Israel y llevar a cabo sus investigaciones y entrevistas. Lucas señaló que *muchas* personas habían escrito relatos sobre la vida de Jesús. Esto significa que cuando hizo su investigación, encontró mucho material para examinar. Estos eran relatos de testigos presenciales transmitidos desde los primeros, los cuales serían los discípulos y personas que vieron a Jesús. Si Jesús realmente hacía milagros y era Dios, entonces muchas personas habrían querido documentar lo que sucedía. Fue fácil para mí pretender que estaba ahí y darme cuenta que era una reacción natural.

El Lenguaje Medico de Lucas

Si Lucas realmente escribió este Evangelio y el libro de Hechos, como lo afirma el cristianismo, uno esperaría que use terminología médica. Siendo yo un doctor, sé que nos gusta usar términos médicos, incluso en la vida diaria, porque pueden ser muy descriptivos y llenos de contenido. Descubrí que en 1882 un hombre llamado William Kirk Hobart escribió un libro llamado *El Lenguaje Medico de San Lucas*.[46] Él demostró que, efectivamente, los libros de Lucas y Hechos están llenos de lenguaje médico que no se encuentra en ningún otro lugar en el Nuevo Testamento.

En Lucas capítulo 1 versículo 2, por ejemplo, Lucas usa la palabra Griega "autoptes," que se traduce como "testigo presencial." Esto era un término médico usado para describir a alguien viendo por sí mismo mediante observación de primera mano. Nuestra palabra para autopsia proviene de esta palabra Griega. Los libros de Lucas y Hechos están llenos de forma única con palabras como estas que no se utilizan en ningún otro lugar en el Nuevo Testamento. Estos términos médicos se encuentran sólo en esos dos libros.

Esto no me demostraba que Lucas realmente escribió estos dos libros, pero sí me indicaba que un hombre que probablemente era médico escribió ambos libros. La posibilidad de una coincidencia parecía improbable. Esto era una pieza muy importante de evidencia para el Nuevo Testamento. Un autor posterior tratando de falsificar o inventar historias basadas en un sesgo religioso no sería capaz de sacar esto adelante.

3. *Jesús— ¿Leyenda o Invención Religiosa?*

No podía encontrar ninguna evidencia creíble de que los cuatro Evangelios no fueron escritos por Mateo, Marcos, Lucas, y Juan. Los hechos y circunstancias corroboraban su autoría. La última área para examinar era el contenido de los cuatro Evangelios. ¿Los autores de los cuatro Evangelios inventaron la doctrina de la resurrección y el cristianismo? ¿Era Jesús el resultado de leyendas e historias transmitidas por muchos años por gente religiosa, como afirmaban los profesores universitarios? Esto era crítico, porque incluso si los autores y sus testigos eran auténticos testigos presenciales, los Evangelios aun fallarían la prueba de evidencia interna si los autores falsificaron información.

Tomando en cuenta que Mateo, Marcos, y Lucas fueron escritos durante el tiempo que los testigos presenciales de los eventos aún estaban vivos, incluyendo los testigos presenciales hostiles que querían

El Diagnóstico: Dios

destruir el cristianismo, McDowell y otros alegaron que era poco probable que alguien se saliera con la suya mintiendo sobre los hechos. Los opositores al cristianismo habrían sido capaces de refutar y desacreditar la información escrita en los Evangelios. Muchas personas en Israel habrían visto los milagros y escuchado las enseñanzas de Jesús y estarían en posición para verificar directamente o desafiar lo que estaba escrito.

Realmente esperaba encontrar alguna evidencia de los opositores al cristianismo desafiando las afirmaciones de los apóstoles de Jesús, ¡pero no pude encontrar ninguna! No había evidencia de que la autoría o contenido de los cuatros Evangelios fuese desafiada o cuestionada por alguien. La historia era silenciosa sobre esto. Esto fue impactante para mí porque los cuatro Evangelios registran los supuestos milagros y resurrección de Jesucristo. Estos hechos no fueron acontecimientos históricos normales y cotidianos. Se podría esperar algún tipo de desafío o una refutación de tales afirmaciones.

Los apóstoles, sin embargo, lo llevaron un paso más adelante. Ellos lo restregaron en las caras de sus adversarios quienes también sabían que estas cosas eran verdad.

"Hombres de Israel, escuchen estas palabras: Jesús el Nazareno, varón confirmado por Dios entre ustedes con milagros, prodigios y señales que Dios hizo en medio de ustedes a través de Él, tal como ustedes mismos saben. (Hechos 2:22 NIV)

Tenía que admitir que en el Nuevo Testamento los líderes religiosos Judíos fueron documentados como testigos personales y probaron los milagros de Jesús. Ellos entrevistaron a un hombre ciego de nacimiento que recibió el milagro de la vista. También interrogaron a sus padres para confirmar que había nacido ciego.[47] En el libro de Juan, ellos querían matar a Lázaro después de ser resucitado porque su resurrección causó que muchos judíos creyeran en Jesús.[48] En el libro de Hechos, un hombre lisiado fue curado en el templo por los apóstoles Pedro y Juan[49] Ellos fueron encarcelados por los líderes religiosos. Esto es lo que dijeron los líderes religiosos:

Al ver la confianza de Pedro y de Juan, y dándose cuenta de que eran hombres sin letras y sin preparación, se maravillaban, y reconocían que ellos habían estado con Jesús. Y viendo de pie junto a ellos al hombre que había sido sanado, no tenían nada que decir en contra. Pero después de ordenarles que salieran fuera del Sanedrín, deliberaban entre sí: "¿Qué haremos con estos hombres?" decían. "Porque el hecho de que un milagro notable ha sido realizado por medio de ellos es evidente a todos los que viven en Jerusalén, y no podemos negarlo." (Hechos 4:13-16 NIV)

Este tipo de afirmación sería desafiada vehementemente y expuesta si fuera una historia inventada. Los líderes religiosos Judíos rápidamente declararían que esto nunca sucedió, pero jamás lo hicieron. Debía admitir que el silencio de los líderes religiosos era muy intrigante. Me di cuenta de que si realmente fueron testigos de los milagros de Jesús, entonces eso explicaría su silencio. No había pensado sobre estos eventos en la Biblia de esta manera hasta que Josh McDowell los sacó a la luz para mí. Esto era una fuerte evidencia en contra de la posibilidad de que los cuatro Evangelios contenían información falsificada o exagerada, pero quería más.

Tampoco tenía sentido para mí que los cristianos posteriores inventaran la doctrina de la resurrección. ¿Para qué beneficio o propósito? ¿Por qué motivo? Su propia doctrina insistía en que la resurrección era esencial. El mismo apóstol Pablo afirmaba que si Jesús no hubiera regresado de entre los muertos entonces el cristianismo sería inútil.

Y si no hay resurrección de muertos, entonces ni siquiera Cristo ha resucitado; y si Cristo no ha resucitado, vana es entonces nuestra predicación, y vana también la fe de ustedes. Aún más, somos hallados testigos falsos de Dios, porque hemos testificado contra Dios que El resucitó a Cristo, a quien no resucitó, si en verdad los muertos no resucitan. Porque si los muertos no resucitan, entonces ni siquiera Cristo ha resucitado; y si Cristo no ha resucitado, la fe de ustedes es falsa; todavía están en sus pecados. Entonces también los que han muerto en Cristo están perdidos. Si hemos esperado en Cristo para esta vida solamente, somos, de todos los hombres, los más dignos de lástima. Pero ahora Cristo ha resucitado de entre los muertos, primicias de los que murieron. (1 Corintios 15:13-20 NLT)

Pablo no era alguien que fue convertido por otros cristianos y de alguna manera creía ingenuamente en la resurrección de Jesús basado en tradiciones que había escuchado. Pablo afirmó haber visto a Jesús resucitado en persona. No podía evitar pensar, *¿Por qué fingiría que Jesús resucitó y luego proclamaría que el cristianismo sería una farsa sin la resurrección a menos que en verdad haya sucedido?*

Algo más se me ocurrió. La iglesia cristiana primitiva no tuvo un Nuevo Testamento, como el que tenemos hoy en día, hasta muchos años después. Su "Biblia" eran las Escrituras Hebreas antiguas que fueron discutidas antes. El Nuevo Testamento registra que muchas personas creyeron en Jesús basadas en el cumplimiento de las profecías sobre el Mesías en las Escrituras Hebreas. En otras palabras, muchas personas estaban siendo convertidas sin tener a la mano los cuatro Evangelios para leerlos, estudiarlos, y analizarlos. Cuando se les dijo a estas personas acerca de Jesús, se les enseñó en base a las Escrituras Hebreas.

El argumento convincente y legitimidad para la primera generación de conversiones fueron las Escrituras Hebreas antiguas. Ya había visto por mí mismo como estas profecías del Mesías fueron cumplidas en forma única por Jesús contra todo pronóstico. Eran tan poderosas porque eran *independientes* de las historias del Nuevo Testamento por al menos cuatrocientos años. Esto contradice directamente la noción de los profesores universitarios de que la doctrina del cristianismo fue el resultado de mitos y leyendas desarrollados a lo largo de muchos años por gente religiosa.

Si la doctrina del cristianismo fue inventada por gente religiosa muchos años después, ¿entonces cómo podía yo explicar que esta misma doctrina básica fuese profetizada y descrita en las Escrituras Hebreas? Sería distinto si, de la nada, la gente dijera que Dios visitó la tierra, murió por nuestros pecados, y luego se levantó de entre los muertos. Yo sospecharía mucho más sobre esta repentina y nueva religión si no tuviera absolutamente ninguna base o trasfondo.

Lo que había aprendido y verificado por mí mismo, sin embargo, era que el cristianismo podría encontrar de forma viable sus orígenes y raíces a lo largo de las Escrituras Hebreas, porque Jesús coincidía perfectamente con la identidad del Mesías. Incluso el precedente para un sacrificio de pecado se encuentra en las Escrituras Hebreas. Por lo tanto era complemente falaz afirmar que Jesús era un mito o leyenda que se formó con el pasar de los años.

El Nuevo Testamento afirma que todo se basa en las profecías y las imágenes que se encuentran en las antiguas Escrituras Hebreas. Ellos fueron testigos de la revelación de lo que se había profetizado más de cuatrocientos años antes de que sucediera. El hecho de que yo pudiera verificar hoy en día que esas profecías e imágenes eran reales, legítimas, y cumplidas únicamente por Jesús eliminaba la teoría de que era un mito o leyenda formado con los años. No puedes decir que algo fue inventado muchos años después cuando la historia básica y doctrina que criticas fue profetizada y registrada cientos de años antes de que sucediera.

Era muy aparente para mí que los profesores convenientemente evitaban discutir cualquiera de estas cosas. Ellos actuaban como si estas teorías y doctrinas hubiesen aparecido años después de la muerte de Jesús, y hacían dichas afirmaciones sin fundamentos. Era claro para mí que el análisis del Nuevo Testamento no podía aislarse de las Escrituras Hebreas (Viejo testamento) cuando el Nuevo Testamento dice basarse enteramente en el cumplimiento del mismo. Estos profesores ignoraron evidencia de las Escrituras Hebreas.

> *Porque ante todo les transmití a ustedes lo que yo mismo recibí: que Cristo murió por nuestros pecados según las Escrituras, que fue sepultado, que resucitó al tercer día según las Escrituras. (1 Corintios 15:3-4 NKJV)*

Los primeros cristianos afirmaban que la muerte y resurrección de Jesucristo se produjo "de acuerdo a las Escrituras." Descubrí que Pablo siempre apelaba a las antiguas Escrituras Hebreas cuando le hablaba a alguien de Jesucristo. Pablo escribió el libro llamado Romanos en el Nuevo Testamento, el cual muchos consideran que es el libro más importante de la doctrina en la Biblia. Pablo citó directamente las Escrituras Hebreas 72 veces en este libro. En total, el Nuevo Testamento tiene al menos 343 citas directas de las Escrituras Hebreas y 2,309 alusiones a ellas, ¿y aun así los profesores universitarios afirman que el cristianismo fue el resultado de leyendas y cuentos?[50] El simple hecho de citar Escrituras no probaba nada, pero era claro que la doctrina de los apóstoles estaba íntimamente vinculada a las Escrituras Hebreas.

Debía admitir que estaba estupefacto al encontrar casi todo excepto el nombre de Jesús en las profecías del Mesías. Tampoco podía argumentar que los cristianos leían en las Escrituras lo que ellos querían ver. Las profecías e imágenes eran exactas y claras. Simplemente no tenía sentido afirmar que la doctrina era el resultado de mitos y cuentos.

¡Jesús incluso afirmó ser el Dios de los Judíos del que se habla en las Escrituras Hebreas!

> *"Por esto los Judíos le dijeron: "Aún no tienes cincuenta años, ¿y has visto a Abraham?" Jesús les dijo: "En verdad les digo, que antes que Abraham naciera, Yo soy." Entonces tomaron piedras para tirárselas, pero Jesús se ocultó y salió del templo. (Juan 8:57-59 NIV)*

Aprendí de mi estudio de la Biblia que "Yo Soy" era el nombre de Dios dado a Moisés por Dios.

> *Entonces Moisés dijo a Dios: "Si voy a los Israelitas, y les digo: 'El Dios de sus padres me ha enviado a ustedes,' tal vez me digan: '¿Cuál es Su nombre?' ¿Qué les responderé?" Y dijo Dios a Moisés: "YO SOY EL QUE SOY," y añadió: "Así dirás a los Israelitas: 'YO SOY me ha enviado a ustedes.'" (Éxodo 3:13-15 NKJV)*

Jesús le dijo a los Judíos que él era el gran YO SOY, su propio Dios. Por esto es que trataron de apedrearlo. Su afirmación no la hacía necesariamente verdad ni tampoco me convencía, pero no podía ignorar la íntima conexión entre el Nuevo Testamento y las antiguas Escrituras Hebreas. Esto definitivamente eliminaba la posibilidad de que la doctrina del Nuevo Testamento fuera el resultado de una leyenda y cuentos a través de los años.

No estaba a punto de convertirme en un fanático religioso, pero tampoco estaba dispuesto a renunciar a mi lógica e ignorar los hechos.

Estaba muy irritado de que los profesores universitarios enseñaran un tema de potencial eterno y no presentaran toda la evidencia y hechos. Si iban a plantear estas duras preguntas, ¿por qué no ofrecían también algunas respuestas posibles? Ciertamente ellos esperaban objeciones y tenían refutaciones preparadas. Yo no tengo un título religioso, aun así encontré hechos clave y explicaciones alternativas que ellos convenientemente habían ignorado.

En resumen, descubrí que el Nuevo Testamento pasó la prueba de la evidencia interna. Esto se sentía realmente extraño porque mientras más investigaba, más convincente se volvía la historia. No me esperaba esto para nada. En un primer momento el Nuevo Testamento parecía un cuento de hadas religioso, pero estaba descubriendo que en realidad tenía una base histórica y analítica muy firme. Estos errores y cambios no eran significativos y las discrepancias no eran necesariamente discrepancias en absoluto. Las profecías e imágenes incluso demostraban que había una sorprendente armonía entre las Escrituras Hebreas y el Nuevo Testamento.

No podía encontrar evidencia creíble de que los cuatro Evangelios no estaban escritos por Mateo, Marcos, Lucas, y Juan. No había evidencia de lo contrario, pero sí muchos argumentos convincentes para su autoría de los que no podía escapar. La posibilidad de que hayan falsificado sus relatos debido a sesgo religioso no tenía asidero, aunque parecía en un primer momento una explicación obvia. La ausencia de un motivo lógico y la presencia de testigos hostiles, quienes se quedaron en silencio incluso cuando fueron desafiados por los que querían destruir, era muy convincente. Las cuatro biografías de Jesús incluían muchos detalles que un autor subrepticio evitaría naturalmente, como mujeres descubriendo la tumba vacía.

La teoría del profesor universitario de que estas cuatro biografías de Jesús eran parte de una leyenda y narración de cuentos a través de los años se desmoronó. Tenía que enfrentar el hecho de que Jesús no solo coincidía con la identidad del Mesías del cual se escribió al menos cuatrocientos años antes, sino que también la doctrina del Nuevo Testamento era identificable en esas mismas Escrituras. Me costó aceptar esto porque parecía imposible. Pasé a la prueba fina.

La Prueba de Evidencia Externa [51]

Esta prueba final busca fuentes históricas externas para confirmar o refutar los eventos registrados en un documento histórico. ¿Qué otras fuentes en la historia existían que puedan comentar sobre la autenticidad y precisión de las obras en cuestión? ¿Era Jesús mencionado en la historia fuera del Nuevo Testamento? ¿Los nombres de personas y lugares mencionados en la Biblia pueden ser confirmados mediante la arqueología u otros escritos antiguos? Estas me parecían preguntas excelentes.

1. *Arqueología*

La arqueología fue la primera área que examiné. Me sorprendió descubrir que había libros enteros que documentan cómo la arqueología ha confirmado innumerables hechos, personas y lugares mencionados en la Biblia.[52-53] Estaba intrigado de cómo ningún descubrimiento arqueológico ha probado que una referencia bíblica sea falsa.[54]

¡Y ha habido miles de dichos descubrimientos! Ya había aprendido que Lucas era conocido por haber sido un excelente historiador. Investigue a profundidad en estas afirmaciones.

Lucas, el médico, supuestamente escribió el Evangelio de Lucas y el quinto libro del Nuevo Testamento llamado Hechos. En sus escrituras él menciona lugares específicos, fechas, y nombres de gobernantes. La arqueología ha confirmado y autentificado su material.[55]

Sir William Ramsay se dispuso a refutar las escrituras de Lucas mediante arqueología personal de primera mano e investigación en las áreas que Lucas menciona. Terminó revirtiendo por completo su opinión e incluso hizo varios descubrimientos nuevos para apoyar la historia de Lucas. El trabajo de Lucas era tan detallado y preciso, lo cual confirma que él debe haber sido un contemporáneo de los hechos que describía.[56]

Leí sobre varios incidentes donde los historiadores cuestionaban a Lucas y juzgaban su trabajo como poco fiable ya que no creían en algunos de sus hechos que no podían ser confirmados en ese momento. Eventualmente, los descubrimientos arqueológicos posteriores reivindicaron a Lucas e hicieron que los historiadores modernos reviertan su posición. Otros hechos en la Biblia registrados por otros escritores también han sido corroborados por la arqueología moderna.

Poncio Pilatos, por ejemplo, el hombre que sentenció a Jesús a ser crucificado, no fue aceptado por muchos como una figura histórica precisa en el tiempo de Jesús. En 1961, sin embargo, se encontró una inscripción de piedra que llevaba su nombre y autentificaba su existencia y título en el marco de tiempo adecuado.[57]

Estaba satisfecho de que la arqueología apoyara varios hechos de la Biblia en lo que podía. No probaba que la doctrina religiosa era verdad, pero sí confirmaba que era exacta y confiable en documentar personas, lugares, y fechas.

2. *Otros Escritos Antiguos*

Ahora me dedique a estudiar otros escritos antiguos. Primero examiné escritos cristianos para ver lo que existía, incluso si había un obvio sesgo potencial en ellos. Varios documentos del siglo II documentaron y confirmaron la autoría de Mateo, Marcos, Lucas, y Juan. El escrito de Papías alrededor de 130 d.C. de Hierápolis (actual Turquía), señaló que Marcos registró la información de Pedro y que Mateo también era el autor de uno de los Evangelios.[58]

Ireneo, que fue enseñado por un hombre llamado Policarpo, quien conoció personalmente al apóstol Juan, hizo algunas declaraciones muy fuertes acerca de la autoría de los cuatro Evangelios. Declaró que *"Tan firme es la base sobre la que descansan estos evangelios, que los mismos herejes dan testimonio de ellos".*[59] Ninguno de estos hombres prueba que la autoría era factual, pero si documentan que no había dudas sobre su autoría en ese entonces.

Jesús también es mencionado en antiguas escrituras no cristianas. En las antiguas escrituras judías llamadas el Talmud, él fue acusado de realizar hechicería, lo cual por sí mismo es confirmación de que Jesús estaba haciendo algo extraodrinario.[60] También se documentó que Jesús fue crucificado en la Pascua Judía y que los gobernantes religiosos desearon matarlo. Esto era particularmente convincente, porque fue escrito por gente que no creía que él era el Mesías.

Tácito, un historiador romano, menciona la crucifixión de Jesús a cargo de Poncio Pilatos. Él también registra que los cristianos tenían una "superstición traviesa," lo cual probablemente aludía a la resurrección.[61] Josefo, un historiador judío que vivió en el siglo I, produjo muchos escritos que confirman detalles históricos de la Biblia.[62] Plinio el Joven, un autor romano y gobernador en Asia Menor del siglo I, menciona a cristianos adorando a Jesús como Dios.[63] Luciano, un escritor Griego del siglo II, escribió sarcásticamente sobre cristianos que creían ser inmortales y que su líder fue crucificado.[64]

Los críticos de McDowell desafiaron muchas de estas referencias y su confiabilidad. Las discusiones eran largas y un poco supersticiosas para mí. Parecía que trataban de encontrar cualquier argumento posible para desacreditarlo. Sin embargo, apreciaba leer puntos de vista alternativos en este tema.

El Nuevo Testamento pasó la prueba final en mi evaluación. Existen fuentes arqueológicas y no cristianas para apoyar la precisión del Nuevo Testamento y las descripciones generales de Jesús y la doctrina cristiana primitiva. Estaba frustrado por la discrepancia entre la cantidad de información a la mano comparada con las veces que se me enseñó durante mi vida, las cuales eran casi cero.

Simplemente parecía que esta información se me debió haber enseñado en algún momento durante mi educación. Algo no se sentía bien dentro de mí. Era fascinante para mí aun cuando no era un cristiano. ¿Por qué los cristianos no estaban hablando sobre esto y proclamándolo? *¿Siquiera lo sabían?*, me pregunté.

RETOMANDO EL CASO DE LOS PROFESORES UNIVERSITARIOS

El Nuevo Testamento claramente había pasado por todas las pruebas que se utilizan para la historia regular e incluso sobrepasó otros antiguos documentos históricos de forma sorprendente e impresionante. Era extraño para mí que teníamos más documentación sobre la vida y acontecimientos de Jesús que cualquier otro en toda la historia antigua, ello constituía una victoria aplastante. Daba la impresión de que no debía o no podía ser cierto, pero ciertamente parecía que lo era.

Mi siguiente pasó fue mandar un correo a uno de los profesores universitarios del Nuevo Testamento que había escuchado, quien no creía que el Nuevo Testamento era una realidad histórica. Ahora sabía mucho más y quería saber lo que ella diría. Le pregunté, "¿Por qué no cree que el Nuevo Testamento es literalmente verdadero como está escrito?" La profesora fue amable al responder mis preguntas.

Ella afirmó que los escritores del Nuevo Testamento no eran objetivos. Sus creencias religiosas afectaron la visión que tenían de la realidad histórica. Esto me sorprendió porque los discípulos de Jesús no tenían idea de lo que iba a suceder. Sus creencias religiosas en el momento que Jesús fue crucificado fueron destrozadas. Ellos esperaban que

El Diagnóstico: Dios

Jesús fuera un Mesías militar que salvaría a Israel del gobierno de Roma. Ellos no esperaban que Dios en carne propia fuera el sacrificio para los pecados del mundo. Ellos no se enfocaron en el pecado y la eternidad sino en sus vidas actuales. A lo mucho, sus creencias religiosas fueron puestas de cabeza. Proclamar que Jesús era Dios era una blasfemia al sistema religioso judío. Su afirmación no tenía sentido en absoluto y no encajaba con los hechos.

Le pregunté a la profesora, "¿Qué cree usted?" Ella dijo que no podía saberlo ya que no estuvo ahí. El problema era que no enseñaba el Nuevo Testamento como si no supiera. Ella no presentaba todos los hechos en sus clases. Aprendí que su posición de "No puedo saberlo" se llama agnosticismo. Básicamente, los agnósticos creen que ellos no pueden saber la verdad sobre Dios. Esto también me pareció muy extraño. Si el Nuevo Testamento era de leguas el escrito más atestiguado y más sólido que cualquier otro antiguo documento histórico, ¿por qué ella no creía? Si los mismos métodos y normas usados para documentar otros eventos históricos fueron aplicados al Nuevo Testamento, debería ser aceptado sin lugar a dudas por alguien experto en esta área. La mayoría de cosas que son aceptadas como un hecho sobre la antigua Grecia y Roma, por ejemplo, tienen una escasez de datos y soporte comparados al Nuevo Testamento, y aun así esos eventos históricos no son cuestionados.

La Guerra de las Galias de Julio César, por ejemplo, solo tiene diez copias y la más antigua es de novecientos años después que los eventos ocurriesen.[65] Bruce Metzger, un experto en el Nuevo Testamento, escribió "Las obras de varios autores antiguos son preservadas para nosotros mediante el hilo más delgado posible de transmisión... Por el contrario... El fundamento textual del Nuevo Testamento es avergonzado por la riqueza de su material."[66]

Era claro que había un cambio de estándares usados para evaluar la historia bíblica. ¿Por qué? Porque Dios y los milagros y muchas otras cosas que la gente *no quiere creer* son descritas en la historia del Nuevo Testamento. Esto se volvía cada vez más sospechoso para mí, porque acababa de descubrir como el Nuevo Testamento supera por mucho a cualquier otro documento que describe la historia antigua.

Echemos un vistazo a la afirmación de la profesora de que no se puede saber la verdad, si no estás ahí. He aquí un ejemplo: ¿Cómo murió Julio César?

    A.   Se ahorcó.
    B.   Tuvo un ataque cardíaco en cama.

C. Fue asesinado a puñaladas en el Senado Romano.
D. Tuvo un accidente de carroza.

C es la respuesta correcta. A, B, y D son falsas. La respuesta correcta excluye a las demás. Nosotros no decimos como sociedad: "No hay respuesta correcta conocible" o "Está bien si crees en la A y yo creo en la D y otro en la B. Es agradable que tengamos opiniones distintas." La verdad es exclusiva por naturaleza. Estaba frustrado con esta profesora, porque yo sabía que bien Jesús se levantó de entre los muertos o no. Sólo un juego de acontecimientos históricos ha tenido lugar en esta tierra.

Ahora era claro para mí que estos profesores que había escuchado no eran objetivos en absoluto. Ellos ignoraban la historicidad de la Biblia, y uno de ellos negaba la doctrina entera del Nuevo Testamento donde Jesús afirma ser Dios. Los estándares usados para definir la historia antigua eran cambiados de repente y sospechosamente, me pareció que era debido a que el Nuevo Testamento contenía milagros y eventos supernaturales. Algo estaba mal pero no sabía qué. Me sentí muy raro interiormente, ya que parecía una negación intencionada de hechos evidentes encubierta y apoyada por el aura de la academia, los títulos, y la erudición. Realmente sentía que era una conspiración, ¿pero por qué?

Un último punto abrió aún más mis ojos para ver que algo gracioso ocurría en los salones de clase universitarios donde enseñaban el Nuevo Testamento. Un profesor dijo que los historiadores no pueden saber nada de Dios y que los milagros no pueden ser probados históricamente, ya que son la posibilidad menos probable. El problema con esta declaración es que Jesús supuestamente fue levantado de entre los muertos por Dios. Si el profesor no podía saber nada de Dios, entonces el profesor ciertamente no podía decir que no sucedió, o que era la posibilidad menos probable. Se tiene que optar por lo uno o por lo otro.

Yo tampoco era un creyente de Jesús, pero me di cuenta que si Dios existía entonces los milagros no serían realmente milagro. Serian nada para Dios y para nada improbables. ¡La creencia del profesor y su declaración destruían su propia posición! ¿No era esto lógica básica? Estaba molesto porque sentí que casi me habían engañado. ¿Qué tal si la resurrección de Jesús es verdad? ¡A causa de sus enseñanzas sesgadas, estos dos profesores podrían haber arruinado mi potencial descubrimiento de la verdad! Estaba enfurecido de que estuvieran falsamente legitimadas por el manto de la academia.

Me pregunté si ellos querían evitar rechazar a Jesús como Dios, tratando de ocultar el hecho de que Jesús hizo esta afirmación. En otras

El Diagnóstico: Dios

palabras, si pudieras convencer a ti mismo de que Jesús nunca afirmó ser Dios, entonces te sentirías mejor al rechazarlo. ¡Sabía esto simplemente porque había cruzado mi propia mente! Algo dentro de mí no quería tener que tomar una decisión sobre Jesús. El me presentó una decisión que nadie más en la historia ha tenido o podría tener. Yo tenía un motivo interno para esconderme de esta decisión. Es cierto, me encontré condenando a estos profesores por no aceptar el Nuevo Testamento como historia literal, basada en una avalancha de información, aun así yo mismo no lo había aceptado. ¿Por qué? ¿Qué me detenía? No estaba seguro.

¿Los profesores estaban tratando de ser políticamente correctos? Tal vez no era una decisión popular que un profesor universitario apoye abiertamente a Jesucristo como su Dios, especialmente en una época donde la gente presenta demandas sobre la visualización de escenas del pesebre en Navidad. Tuve un pensamiento intrigante: *¿Quién se dedica a una carrera tratando de probar que algo no es cierto?* No podía pensar en ninguna otra profesión en el mundo donde este sea el caso. ¿Quién saca un título en algo que no cree? ¿Cómo una persona puede tener un título en el estudio del documento más atestiguado en la historia antigua y luego declarar que no cree en el o que no es preciso?

Mi instinto y mi corazón sabían que algo estaba drásticamente mal aquí. Me costaba mucho aceptar que este tipo de comportamiento y tergiversación de la verdad estuviera ocurriendo en nuestras universidades. Ellos ni siquiera presentaban la evidencia y dejaban que las personas decidan por sí mismas. Yo investigué esto con una mente abierta y un corazón imparcial e incluso había empezado en contra del cristianismo y la Biblia. Mientras contemplaba todo esto, pensé que tal vez me había dado cuenta de lo que sucedía en realidad.

La evidencia de que el Nuevo Testamento era verdad y que representaba hechos históricos precisos era abrumadora. Todo lo que podía encontrar confirmaba que Jesús en realidad se levantó de entre los muertos. Esto era algo que yo nunca esperé ni tampoco lo había escuchado. Pensé profundamente en las implicaciones de que todo esto sea verdad en nuestro mundo y cultura. Fue entonces cuando los motivos de atacar e incluso tergiversar esta parte de la historia humana se volvieron aparentes para mí. Si el Nuevo Testamento era verdad entonces sabía que nuestro mundo estaba lejos de su base. Me pregunté, si deambulas lo suficientemente lejos de la verdad, ¿podría esto causar que hagas casi cualquier cosa para esconderte de ella? Tenía miedo y sentía incredulidad.

Es cierto, no estaba listo para aceptarlo como verdad tampoco, a pesar de que todo en mi corazón y mi investigación me decía que lo hiciera. También me di cuenta de que si no podía decidir en ese momento, en efecto, aún estaba rechazando a Jesús. Estaba incómodo con esta verdad debido a sus afirmaciones de ser Dios quien murió para salvarme. Incluso había una parte de mí que deseaba creerles a los profesores y encontrar una escotilla de escape para mi conciencia en sus enseñanzas. Sin embargo, yo estaba de acuerdo, que debido a las posibles implicaciones de que Jesús sea Dios, la Biblia se merecía el máximo escrutinio. Como yo no estaba preparado para aceptar todo, seguí leyendo.

EL CASO DE CRISTO

Quería escuchar a expertos que presentaran evidencia justa e imparcial. *El Caso de Cristo* por Lee Strobel era mi libro final.[67] Me cautivó de inmediato porque Lee no era inicialmente un creyente en Jesús. Eso sonaba inquietantemente familiar. Él era un reportero que investigó "el caso de Cristo." Su esposa se convirtió a la religión cristiana y él temió que su vida se volvería aburrida.

> *Temía que iba a convertirse en una especie de mojigata reprimida sexual que cambiaría nuestro estilo de vida buscando ascender socialmente por vigilias de oración toda la noche y trabajo voluntario en sucios comedores de beneficencia.*[68]

Lee Strobel no era un cristiano, y él investigó todas las dificultades del cristianismo de forma imparcial. Entrevistó a trece académicos de primer nivel y muy respetados en todas las áreas del cristianismo. Cada uno aborda un aspecto diferente de la evidencia de Jesús y respondió preguntas importantes acerca del mismo.

El libro de Strobel se resume en el siguiente cuadro.

Tipo de Evidencia	Pregunta Respondida	Experto Entrevistado
1. Evidencia de Testigos Presenciales	¿Puede confiarse en las biografías de Jesús? ¿Las biografías resisten el escrutinio?	Craig L. Bloomberg, Ph.D.
2. Pruebas Documentales	¿Las biografías de Jesús fueron preservadas de forma confiable para nosotros?	Bruce M. Metzger, Ph.D.
3. Corroborando Evidencia	¿Hay evidencia creíble sobre Jesús fuera de sus biografías?	Edwin M. Yamauchi, Ph.D.

El Diagnóstico: Dios

4. Evidencia Científica	¿La arqueología confirma o contradice las biografías de Jesús?	John McRay, Ph.D.
5. Evidencias de Refutación	¿El Jesús de la historia es el mismo que el Jesús de la fe?	Gregory A. Boyd, Ph.D.
6. Evidencia de Identidad	¿Estaba Jesús realmente convencido de que él era el Hijo de Dios?	Ben Witherington III, Ph.D.
7. Evidencia Psicológica	¿Estaba Jesús loco cuando afirmó ser el Hijo de Dios?	Gary R. Collins, Ph.D.
8. Evidencias de Perfil	¿Jesús cumplía con los atributos de Dios?	Donald A. Carson, Ph.D.
9. Evidencias Dactiloscópicas.	¿Jesús, y solo Jesús coincidía con la identidad del Mesías?	Louis S. Lapides, M.Div., Th.M. (Master en Teología)
10. Evidencia Médica	¿Fue la muerte de Jesús una farsa y su resurrección un engaño?	Alexander Metherell, Doctor en Medicina, Ph.D.
11. Evidencia del Cuerpo Perdido	¿Estaba el cuerpo de Jesús realmente ausente de su tumba?	William Lane Craig, Ph.D., D.Th. (Doctor en Teología)
12. Evidencia de Apariciones	¿Jesús fue visto con vida después de su muerte en la cruz?	Gary Habermas, Ph.D, D.D. (Doctor en Divinidad)
13. Evidencia Circunstancial	¿Hay datos de apoyo que apunten a la resurrección?	J. P. Moreland, Ph.D.

Estaba sorprendido por su presentación de evidencia y sus respuestas a tantas preguntas difíciles y mordaces, muchas de las cuales ni siquiera había considerado. Sus respuestas eran creíbles y lógicas y más que satisfacían mi mente crítica. También me sorprendió encontrar que había gente académica que creía en Jesús.

Después de terminar el libro del Sr. Strobel todas mis preguntas y objeciones habían sido respondidas. Estaba aliviado, emocionado, y también aprensivo al mismo tiempo. Justo cuando me había dicho a mí mismo "¡Uf! ¡Se acabó!" mi mente fue bombardeada con pensamientos. *¿Estaba listo para el siguiente paso? ¿Qué significaría eso? ¿Tendría que llevar una Biblia a todos lados si lo aceptaba como verdad? ¿Cómo podría enfrentar a la Mujer de la Biblia en el trabajo? ¿Tendría que ponerme de rodillas y rezar todos los días? ¿Tendría que ir a la iglesia? ¿Y sobre beber, lenguaje soez, e ir de fiesta? ¿Esto sería aburrido? ¿La gente pensaría que soy raro? ¿Sería como los vecinos que detestaba? ¿Qué estaba haciendo?* No tenía las respuestas, pero sabía que era tiempo de tomar La Decisión.

Capítulo Siete

La Decisión

¿Cariño? ¿Qué estás haciendo? No has hecho nada más, que trabajar en tu computadora y leer por semanas. ¿No puedes dejar eso a un lado y venir a hablarme? Mi esposa Ruth dijo con tristeza desde el dormitorio.

"OK. Ahora subo," respondí. Troté por las escaleras con mi mente a punto de estallar por la sobrecarga de información. La presión me recordó a la escuela de medicina, donde teníamos que aprender cientos de nuevos datos y conceptos a la semana.

Entré en el dormitorio y la vi sentada en la cama. Los niños estaban sentados en el piso viendo televisión.

"¡Ya terminé!" exclamé.

"¡Bien! ¡Finalmente! ¿Qué has estado haciendo todo este tiempo?" preguntó ella sin rodeos.

"He estado leyendo el libro que me diste," dije con timidez.

"¿Libro? ¿Qué libro?"

"Ese sobre el tipo que no creía en el cristianismo. Se propuso probar que no era verdad y luego se convirtió en creyente," murmuré. Ruth había estado mirando desinteresadamente algo en la cama y estaba hablándome con su cabeza agachada hasta que mencione cual libro había estado leyendo. Ella inmediatamente levantó su cabeza y me miró con sorpresa. La mayor parte de mi lectura había sido realizada en la computadora o tarde por la noche, y ella no sabía lo que yo había estado haciendo.

Ella me estaba mirando fijamente. "¿Qué piensas?" preguntó, una gran mueca curiosa se extendía por su rostro.

Empecé a sentirme incómodo. "Tengo mucho que pensar," respondí. Hubo silencio por quince o veinte segundos. Creo que ella esperaba que diga más, pero no lo hice. ¿Por qué hacía muecas?, me pregunté.

"Tienes una mirada graciosa en tu rostro, y has estado muy callado últimamente. ¿Estás bien?" indagó.

"Estoy exhausto y necesito ir a la cama," le respondí bruscamente. Yo había estado muy sumiso y pensativo durante las últimas semanas, y ella se había dado cuenta. Todo lo que leía e investigaba estaba tan

El Diagnóstico: Dios

lejos del mundo en el que crecí que me había afectado. Fui a la cama sin mayor explicación y me quedé dormido enseguida.

El día siguiente era sábado y dormí hasta tarde. Me desperté por los sonidos de los tractores de juguete. "Rrrrrrrr. Rrrrrrrrr. Ehhhhh. Ehhhhh," nuestros dos niños gruñían y refunfuñaban. Los niños tenían que ir a una fiesta de cumpleaños y nosotros estábamos emocionados. Yo tenía ganas de quedarme en casa. Ellos se fueron alrededor de las once de la mañana. Me desperté, baje las escaleras, y encendí la chimenea de gas.

Estaba ansioso de pensar sobre todo mientras hubiera paz y tranquilidad en la casa. Inmediatamente me di cuenta que el sentimiento extraño seguía conmigo y en todo lo que me rodeaba. Podía sentir que algo era diferente a mi alrededor, pero no sabía qué. Se sentía como si alguien estuviera ahí, pero sabía que solo era yo siendo raro. Miré las llamas parpadear y bailar en la chimenea mientras empezaba a revisar todo.

Mi lectura e investigación había terminado. Era tiempo de decidir. ¿Qué iba a hacer con Jesús? Me encontré en un lugar que nunca esperé estar. Empecé como un vecino molesto buscando probar la hipocresía de los cristianos desde su propia Biblia y había terminado con la decisión de si Jesucristo era Dios.

El Nuevo Testamento me había tomado completamente por sorpresa. No estaba esperando el mensaje de que Dios se volvió un hombre y visitó la tierra para morir por mis pecados porque me amaba. Al principio esto parecía escandalosamente descabellado, pero mientras más ahondaba, se volvía más y más creíble. Tenía relatos de testigos presenciales que resistieron con firmeza a las preguntas más inquisitivas que pude pensar o encontrar. Las profecías de las antiguas Escrituras Hebreas eran un testigo ineludible de que un Mesías (salvador) iba a venir. Jesús coincidía con la identidad de este Mesías más más allá de toda probabilidad.

Aunque la historia de la resurrección a primera vista parecía ser una ilusión o un cuento de hadas religioso, rápidamente se volvió un intrigante e ineludible dilema. ¡La mejor explicación para la evidencia que rodea a la resurrección era que *Jesús si se levantó de entre los muertos*! Yo no podía dar cuenta de las circunstancias que rodean este supuesto acontecimiento en la historia humana. Los hombres eran trasformados, las vidas revertidas, y los adversarios eran silenciados sin ninguna explicación lógica excepto la desalentadora conclusión de que Jesús realmente se levantó de entre los muertos. Sorprendentemente, los profesores universitarios lo tenían completamente al revés. Después de examinar honestamente y a profundidad la evidencia, la resurrección era claramente lo más probable.

Era muy difícil tener que admitir esto porque lo sobrenatural estaba involucrado. Mi mente trataba de encontrar alguna manera de desacreditar la resurrección, pero mi búsqueda solo profundizó la convicción en mi corazón de que realmente sucedió. Mientras más trataba de refutar la resurrección de Jesucristo, más convencido estaba de que sí lo hizo.

La Biblia, de manera sorprendente, era el documento antiguo más históricamente atestiguado en toda la historia. Pasó todas las pruebas, estaba bien preservada, y era capaz de soportar las preguntas e indagaciones más difíciles. Me seguía preguntando a mí mismo, *Si la evidencia es tan inequívoca, ¿por qué no somos todos cristianos?* Mi mente y mi corazón estaban consumidos con todo lo que había leído y aprendido. Aunque quería que sea verdad en mi corazón, mi mente insistía en que investigue cada escotilla de escape posible. Sin embargo, cada vez que pensaba en una, se cerraba ni bien la encontraba.

Estaba desgarrado porque mi investigación, lógica, y los hechos me llevaron a creer que el cristianismo debía ser verdad. Otra parte de mí, sin embargo, seguía preguntándose porque no había escuchado más de Jesús y el cristianismo en una forma real, excepto por unas cuantas veces, en treinta y seis años. *¿Podía algo de infinita importancia y a la mano ser ignorado o perdido en nuestro mundo?* Me pregunté a mí mismo. Esto parecía ridículo. *¿Qué hay de la evolución? ¿Cómo podía explicar todas las otras religiones en el mundo? ¿Me convertiría en uno de esos tipos raros como los chiflados del Viaje de Esquí? ¡No puedo volverme Cristiano! La gente se reirá de mí*, pensé.

Estaba más asustado de lo que esto significaría para mi vida personal que de la decisión intelectual en sí misma. No quería la etiqueta de "cristiano" o el estilo de vida de santurrón que pensaba que involucraba el cristianismo. No quería tener que enfrentar las preguntas de la gente si me veían en la iglesia. ¿Aún podía salir y divertirme? ¿Cómo le podría decir a la gente que había decidido hacerme religioso? ¿No pensarían que era raro, débil, o que estaba tratando de esconder un gran error?

Me sentía como un columpio intelectual subiendo y bajando. Cada vez que me sentía cómodo con un lado del argumento, revertía de vuelta al otro. Algo no estaba bien. No podía reconciliar la evidencia, las Escrituras, y el fuerte argumento del cristianismo con el mundo en el

El Diagnóstico: Dios

cual había crecido. Era una de dos: Jesús no era realmente Dios o el mundo estaba lejos del camino correcto. La discrepancia me turbaba.

Mi corazón y mi mente estaban en guerra acerca de creer en el Nuevo Testamento. ¿Y qué pasaba con los milagros? Los milagros eran difíciles de aceptar y parecían imposibles o ficticios. Tenía dificultades para aceptar una explicación sobrenatural cuando el mundo en el que había crecido era completamente naturalista. Aunque un milagro era la mejor explicación de la evidencia para la resurrección y el surgimiento del cristianismo, algo en mi mente no quería aceptarlo.

Luego, como una tonelada de ladrillos, me cayó encima. ¡Había sacado a Dios de la ecuación! Estaba analizando la biblia como si él no existiera, porque la experiencia de mi vida entera en el mundo me había mostrado que Dios era irrelevante y desconocido. Sin embargo, si él existía, y Jesús era realmente Dios, entonces los milagros ya no eran milagros. Si la Biblia era cierta, entonces Dios podría fácilmente "hablarle" al universo en existencia. No sería difícil para Dios hacer nada en absoluto. Lo "imposible" era ahora fácilmente posible.

Todas las preguntas difíciles desaparecían *si* Dios era un hecho. Era completamente ilógico para mi evaluar un libro que trataba sobre Dios sin considerarlo real. Esto me ayudó a aceptar la idea de los milagros. El único problema era que si Dios era real, entonces ¿por qué el mundo lo ignoraba, discutía por él, y llegaba a tantas ideas diferentes sobre quién era?

Estaba cansado, frustrado, y confundido. Me sentía raro dedicando gran parte de mi tiempo a leer acerca de Jesús y la resurrección. Nadie que conocía mencionaba jamás la Biblia o Jesús, y ahora estaba invirtiendo todo mi tiempo libre en cosas religiosas. Cada vez que postergaba la decisión me atormentaba. Porque sabía que decidir "que no podía decidir" era realmente rechazar a Jesús, porque la indecisión *es* una decisión. No podía detenerme a pensar sobre cada cosa que había leído y estudiado. Decidí que era tiempo de ir por un camino o el otro. Sabía que no estaba contemplando un suicidio intelectual o salto a ciegas de una fe sin fundamentos. Estaba asombrado de la cantidad de información, hechos, y evidencia que respaldaban el cristianismo y la Biblia. Sin esto, lo habría descartado como cualquier otra religión. Sin embargo, si decidía creer, podía sentirme muy cómodo con la base de mi nueva fe.

Luego algo dentro de mí dijo, *Todo esto solo es un ejercicio intelectual. ¿Cuál es el problema si decides creer en Jesús y empiezas a ir a la iglesia? Si has decidido que es verdad a causa de tu análisis, ¿en-*

La Decisión

tonces no es eso suficiente? ¡No hay ninguna realidad actual a todo esto de todos modos! Estás debatiendo sobre historia antigua y doctrinas sobre Dios. El conflicto dentro de mí se intensificaba.

"¿Greg? ¿Greg?, ya estamos en casa," gritó Ruth mientras abría la puerta de la cochera. No respondí ya que seguía sumido en mis pensamientos. Ella me vio en el sofá y continuó, "¿Qué haces? ¿Por qué no me respondes?."

"Lo siento, estaba soñando despierto. ¿Se divirtieron?" El sonido de pequeños pasos ahora llenaba la habitación mientras mis dos niños corrían desde la cochera sosteniendo sus bolsas de regalo de la fiesta. Ellos inmediatamente las tiraron en la mesa de la cocina y saquearon el contenido como osos hambrientos.

"Los niños la pasaron genial. ¿Qué hiciste tú?"

"Me quede en el sofá y me relajé."

"Estás un poco extraño y callado. Nunca te relajas," respondió Ruth.

En realidad no quería hablar de esto con nadie, ni siquiera con Ruth. No estaba listo para discutirlo.

"Estoy bien. Solo estoy pensando en muchas cosas. Te lo diré luego."

"Ok. Iré de compras con Kim por unas horas. Cuida a los niños por mí." Jugué con los niños por el resto del día. Mi mente necesitaba un buen descanso y distracción.

Esa noche tenía que ir al aeropuerto. La hermana de Ruth estaba fuera de la ciudad y debía llegar en un vuelo. Eran casi las seis en punto y yo estaba en el sótano leyendo la Biblia otra vez en mi laptop. Reflexionando sobre un pasaje en particular de Juan, leía las palabras una y otra vez.

Tomás, al que apodaban el Gemelo, y que era uno de los doce, no estaba con los discípulos cuando llegó Jesús. Así que los otros discípulos le dijeron: ¡Hemos visto al Señor!
Mientras no vea yo la marca de los clavos en sus manos, y meta mi dedo en las marcas y mi mano en su costado, no lo creeré — repuso Tomás.
Una semana más tarde estaban los discípulos de nuevo en la casa, y Tomás estaba con ellos. Aunque las puertas estaban cerradas, Jesús entró y, poniéndose en medio de ellos, los saludó. ¡La paz sea con ustedes! Luego le dijo a Tomás: Pon tu dedo aquí y mira mis manos. Acerca tu mano y métela en mi costado. Y no seas incrédulo, sino hombre de fe.

El Diagnóstico: Dios

> *¡Señor mío y Dios mío! —exclamó Tomás. Porque me has visto, has creído —le dijo Jesús—; dichosos los que no han visto y sin embargo creen.*
> *Jesús hizo muchas otras señales milagrosas en presencia de sus discípulos, las cuales no están registradas en este libro. Pero éstas se han escrito para que ustedes crean que Jesús es el Cristo, el Hijo de Dios, y para que al creer en su nombre tengan vida.*
> *(Juan 20:24-31 NIV)*

Si este relato es cierto entonces este es un hombre que realmente vio a Dios en persona y vivió con él. Él le había escrito al mundo para que sepan lo que sucedió. Debió haberlo impactado posteriormente en la vida mientras lo recordaba y se daba cuenta de lo que había visto.

Yo me sentía como Tomas que quería a decir verdad ver para creer, pero luego me enfoqué en lo que dijo Jesús. Sentí como si me hablara a mí. *Yo soy alguien que no ha visto a Jesús, pero aun puedo creer,* pensé.

Finalmente decidí, OK, lo *creo. Puedo aceptar intelectualmente el cristianismo. Ahora puedo ir a la iglesia. No me matará. ¿Qué tengo que perder?* Estaba un poco nervioso cuando di este paso en mi mente. Mi corazón se aceleraba, y me sentía muy inquieto al hacer esta decisión.

"¿Greg? ¡Greg!, debes ir a recoger a mi hermana," gritó Ruth hacia el sótano.

"OK. Ya voy." Mientras conducía el auto estaba oscuro afuera y el auto en silencio. Por lo general tenía la radio encendida haciendo bulla. Aún seguía sumido en mis pensamientos. Tenía la urgencia de decirme a mí mismo en voy alta "Yo creo," a pesar que no había nadie a mi alrededor. El sentimiento que me rodeaba era más fuerte que nunca. Por alguna razón, dudé en decir las palabras en voz alta, aunque las había dicho en mi mente justo hace un momento.

Mientras entraba en la carretera principal dije en voz alta dentro del auto, "Yo creo. Yo creo que Jesús murió en la cruz por mis pecados y se levantó de entre los muertos." El momento en que dije esto me sentí extraño y tranquilo al mismo tiempo. ¿Me había vuelto religioso? Me dirigí al aeropuerto y pensé sobre como mi vida podría cambiar.

Decidí que iría a la iglesia, usaría las vestimentas apropiadas, aprendería de los sermones, y trataría de ser un tipo más amable. Dios vería que estaba siendo un buen hombre y me dejaría entrar al cielo algún día. El vería y entendería que estaba haciendo un esfuerzo consciente por ser un cristiano, y Dios estaría complacido. No hay problema. ¿Qué era tan raro sobre eso? Mientras lo pensaba me sentía mejor. ¡Puedo hacer esto de ser cristiano!

No pensé que había algo más detrás del cristianismo. Todo lo que había leído ocurrió hace tanto tiempo atrás que simplemente no podía saberlo—con absoluta certeza, al menos—hasta que falleciera. Sabía que debía tener fe. Simplemente necesitaba confiar en mi propia investigación y corazón y aceptarlo. Estaba contento de que finalmente había terminado, ¿pero estaba en lo cierto? No tenía ni idea de que esto solo era el principio.

El Diagnóstico: Dios

Capítulo Ocho

El Despertar

Era lunes por la mañana y me apresuraba para ir al trabajo. El semáforo cambió a verde y el carro que estaba delante no se movió en seguida. "¡Idiota! ¡Verde significa avanzar! ¡Sólo pisa el acelerador y muévete!," grité al vehículo que iba delante. Él, finalmente, avanzó tomándose su tiempo. En mi fastidio, le seguí de cerca hasta que hubo un claro. ¡Por fin! Volteé para el carril izquierdo y le adelanté. "¡Sí!" exclamé. Le enseñé como se hace.

Paré en el siguiente semáforo y había otro carro a mi derecha. Miré fijamente al semáforo en rojo y, soslayadamente, observé la luz de aviso en la intersección para cruzar el tráfico. Eso me indicaría cuándo estaría la luz a punto de cambiar y me daría ventaja. La vi ponerse ámbar, aceleré el motor con un pie y mantuve el otro pie en el freno. Tan pronto como nuestro semáforo se puso en verde avancé y salí disparado hacia delante. Eché un vistazo por el espejo retrovisor y vi que, al chico de mi derecha, lo había dejado atrás tragando polvo. Me metí al carril derecho esgrimiendo una sonrisa triunfal.

¿EL ESPÍRITU SANTO?

Llegué al trabajo y me fui directamente al laboratorio, a mi computadora. Tammy, La Mujer de la Biblia, estaba en su escritorio leyendo. Se levantó, lentamente volteó hacia mí, y preguntó: "¿Cómo va con la lectura de la Biblia?" Me imaginé que iría a preguntar sobre eso cuando la vi aproximarse, y tenía lista una respuesta. Todavía no estaba dispuesto a decirle a nadie que había decidido hacerme cristiano o que creía en la Biblia.

Mi respuesta fue breve y al grano, "Bien. He leído un montón y ahora lo estoy asimilando."

Con una mirada de curiosidad en el rostro, con sus cejas ligera pero perceptiblemente levantadas, dijo en forma airosa: "Oro para que Espíritu Santo se le revele a usted." Luego, se fue. Era como si me estuviera insinuando que ella sabía que algo estaba por suceder. No tenía idea de lo que quiso decir, pero sentía demasiada vergüenza como para preguntarle. Al reflexionar en su comentario, las palabras me fastidiaron durante el resto del día. *¿Qué quiso decir?*

Tarde, aquella noche, estaba trabajando en mi oficina de casa después que todos estaban acostados. Sus palabras resonaban en mi mente. "Oro para que el Espíritu Santo se le revele a usted." De repente, me espanté un poco. *¿Qué Espíritu Santo?* Seguía teniendo esa intensa sensación de una presencia que me rodeaba, pero ahora parecía ser más notable desde que ella había dicho eso. Estaba aterrado. *¿Me va a suceder algo a mí? ¿Va a aparecérseme algo?*, me preocupó. *¿Me estaré volviendo loco?*

De pronto, di un giro con mi silla y miré rápido detrás de mí para cerciorarme de que no había nada allí. *¡Ufff! La costa está despejada*, pensé, suspirando de alivio. Minutos más tarde, levanté la mirada al techo para ver si podía divisar alguna cosa. No sabía qué esperar y me comportaba como si estuviera loco. *¡Contrólate!*, me reprendí mentalmente. No recordaba nada significativo acerca del Espíritu Santo de mi lectura de la Biblia, del Viaje de Esquí, ni durante el incidente en Marco Island.

Posteriormente, todas las noches cuando trabajaba tarde a solas en la oficina de casa, pensaba en lo que Tammy había dicho. Tenía la sensación de que algo iba a ocurrir, pero no sabía qué.

EL PACIENTE

La semana siguiente, tuve un nuevo paciente que realmente me hacía dar vueltas a la cabeza. Llamémosle, simplemente, El Paciente. Era lunes por la mañana y la consulta ya estaba llena con el bullicio de pacientes y enfermeras. La enfermera me dijo: "Tenemos un 'adicional' para hoy." Miré la programación y noté el nombre de un hombre escrito en tinta azul por debajo de la lista regular digitada con nombres de pacientes. Mi rutina normal era atender primero a los pacientes regulares programados. Eso lo completé en aproximadamente treinta minutos y luego procedí a ir a la habitación número cuatro, donde se encontraba esperándome el "adicional."

Era alto y esbelto, y estaba sentado incorporado en la camilla, mirándome. Tenía cincuenta años de edad, con cabello corto de color castaño con canas y con entradas. Sus larguiruchas piernas y sus pies colgaban por el borde de la camilla, balanceándose de forma casual, y tenía los brazos cruzados sobre su regazo. Sus ojos eran de un azul intenso con un brillo inusual y luz en ellos, lo cual llamó mi atención inmediatamente. Miré más de cerca y recibí una sacudida mental cuando sus ojos me recordaron a los chiflados del Viaje de Esquí. Sus ojos se posaban fijos en mí de una manera que resultaba incómodo, pero, a diferencia de eso, tenía una sonrisa cálida y acogedora.

Dirigí mi atención a su tarjeta médica. Se trataba de un paciente con cáncer de piel, lo cual era mi especialidad. Inicié la rutina normal, revisando la información pertinente en su documentación y en su historial médico. Noté que trabajaba para una iglesia. Eso atrajo mi atención por un motivo distinto—debido a mi decisión de hacerme cristiano.

"¿Así que usted trabaja para una iglesia?" pregunté.

"Sí, señor," contestó de forma simple, mostrando poca emoción. Sus resplandecientes ojos intensos parecía que mirasen a través de mí, haciéndome sentir incómodo.

Cuando empecé a examinar su piel, él simplemente estaba echado allí con su mirada fija en el techo. Se percibía una sensación de paz muy inusual a su alrededor. Él no sentía la más mínima preocupación ni curiosidad acerca de su cáncer de piel; eso me pareció muy poco usual. La mayoría de las personas se ponían nerviosas, sentían curiosidad, o se movían de manera inquieta en sus sillas y tenían un montón de preguntas.

"¿Tiene alguna pregunta o preocupación?," le pregunté.

"No, señor, todo va a estar bien," respondió, todavía con la mirada fija en el techo.

Había algo en él fuera de lo común. La enfermera, que estaba de pie detrás de él (él no podía verla), se encogió de hombros dándome una mirada de *No tengo ni idea de lo que le pasa a este tipo.*

Salí de la sala mientras la enfermera le preparaba para la cirugía. Tenía un pequeño cáncer de piel en su sien izquierda. Cuando volví para realizar la primera fase del procedimiento, ahí estaba él, acostado pacíficamente, mirando fijo hacia arriba sin preocuparse en lo más mínimo. Estaba calmado y tenía una sonrisa y apariencia relajada. Se volvió y me miró mientras yo empezaba a poner el paño sobre su rostro. No dijo nada, pero me dirigió una mirada extraña. Sus ojos y expresión irradiaban una compasión inmensa.

¡Este hombre me está mirando como alguien que está lleno de amor!, pensé. No de un amor pervertido, sino de un amor comprensivo. Me recordaba la calidez de mi abuela y de cómo solía ella deleitarse en mí. Mi ritmo cardíaco se aceleró al instante, e inmediatamente tuve deseos de alejarme de este hombre. Cuando puse el paño sobre él, que sólo expondría una pequeña área de su frente, la enfermera percibió mi

aturdimiento y me miró perpleja. *¿Qué pasa con este tipo? ¿Por qué me afecta?*, me pregunté.

Retiré la primera fase del cáncer de piel y salí de la sala. Después de aplicársele el vendaje, no regresé a su sala, para ver cómo le iba, como normalmente habría hecho. Estaba un poco espantado por este tipo. La muestra de cáncer de piel removida de su piel fue enviada directamente a nuestro laboratorio de patología. Unos treinta minutos más tarde, la patología estaba lista para que yo pudiera analizarla bajo el microscopio. Afortunadamente, su cáncer de piel había sido removido en su totalidad durante la primera fase y ya no precisaba de cirugía adicional. *Saquémoslo de aquí*, pensé.

Le dije a la enfermera: "Prepárelo para el alta médica. La herida es tan pequeña que vamos a dejar que se cure sola. No necesitará puntos de sutura."

Cuando fue la hora para su alta médica, tuve que volver a la sala. Él estaba sentado, incorporado en la silla de enfermería, esperándome. Tenía un pequeño vendaje en su sien izquierda. Le conté la buena noticia, y todo el rato siguió mirándome con *esa mirada*. Es difícil de describirla con exactitud, pero con toda seguridad yo la sentía. Él no dijo, ni preguntó nada. Tan sólo me miraba fijamente. Luego, de repente y de forma imprevista me miró con honestidad en su mirada y me preguntó: "¿Ha aceptado usted al Señor Jesucristo como su Señor y Salvador personal?"

Me quedé pasmado y, por una vez, sin palabras. Se me cayó el alma al suelo. Me sentí como si estuviera bajando en bicicleta por la peor montaña rusa de mi vida. Se me heló el rostro; me puse pálido y sentí una presión interna que iba en aumento dentro de mí. Y todo ello estaba sucediendo tan repentinamente. *¡¿Por qué me está preguntando él esto?!* Yo no podía articular palabra. Estaba petrificado. Él me miraba como si de algún modo supiera qué me había estado sucediendo durante las semanas anteriores. Por encima de su hombro, miré a la enfermera que estaba de pie detrás de él. Tenía las cejas muy levantadas y la boca abierta. Estaba totalmente atónita. En mis diez años de médico, nunca un paciente me había dicho nada como esto tan completamente de improviso.

"Eh. Este. Eh. Me tengo que ir, o sea, de vuelta al, quiero decir, laboratorio," dije tartamudeando. Salí volando de la sala tan rápido como pude y me fui derecho a la cocina. Allí, me dejé caer en una silla. Tenía sudores fríos y mi corazón latía, como saliéndoseme del pecho. Me serví un vaso de agua fría y me lo terminé en un solo trago. De nuevo, empecé a sentir aquella misma presencia alrededor de mí. Se me puso los vellos de punta, pero estaba en el trabajo y me esforcé por recuperar la compostura.

"¿De qué se trataba?" preguntó la enfermera, cuando entró en la cocina. Llevaba la tarjeta del paciente en las manos.

"¿Se ha ido?" pregunté.

"Se ha ido. Yo misma le acompañé afuera."

"Bien, necesito volver al trabajo" dije, luego me puse de pie. No quería hablar de eso con ella y me excusé con el apretado programa de trabajo para escabullirme. Por suerte, se trataba de un día particularmente agitado, lo cual me ayudó a sacarlo de mi mente. Sin embargo, la sensación de una presencia constante, nunca me abandonó desde aquel día en adelante.

Aquella noche, cuando llegué a casa, Ruth sabía que algo andaba mal. "¿Que te está pasando? Te estás portando de una manera extraña," inquirió ella. Debe haber sido mi silencio. Normalmente llegaba a casa bastante hablador. No le respondí y simplemente la dejé allí parada desconcertada. Salí al porche a reflexionar en todo lo había estado ocurriendo. Empecé a concentrarme en lo que La Mujer De La Biblia me había dicho aquel día: "Espero que el Espíritu Santo se le revele a usted." *¿Qué quiso decir? ¿A qué se refería?*, me pregunté. "¡Probablemente, ni ella lo sabe!," murmuré consolándome.

Sentía algo en el aire, en especial cuando estaba a solas—como si algo o alguien estuviera allí. Giraba en torno a mí en un aura extraña que sólo yo podía sentir y percibir. Se sentía pacífico y cálido, pero al mismo tiempo, yo estaba un poco ansioso ya que no sabía qué era. No se lo conté a nadie, en particular, a Ruth. Sabía que todos iban a pensar que estaba loco si se lo contaba. Felizmente, me dejó en paz y no insistió en el tema, pero sabía que ella sentía curiosidad.

Normalmente, cuando yo llegaba a casa, quería paz y calma, pero, en esta ocasión, nuestros alborotados hijos, por una vez, fueron una distracción deleitable. Ruth y yo nos fuimos pronto a la cama. No le dije a ella que parte del motivo por el que me iba a dormir temprano era para no tener que estar a solas en mi oficina. Estaba un poco espantado por "la presencia."

EL VECINO DE AL LADO

Al día siguiente, me encontraba fuera en el patio y el vecino de al lado se me acercó. Conversamos y me invitó a su iglesia ese domingo. "Quiero que pruebe la iglesia a la que he estado asistiendo. Sólo enseñan la Biblia y adoran a Dios," me dijo. Yo estaba sorprendido, porque no habíamos conversado acerca de Dios ni él sabía acerca de La Investigación.

"No sé," respondí tímidamente.

"No es necesario que usted vista un traje. Si quiere, puede ponerse pantalones vaqueros y un polo," agregó con su emoción en aumento. Creo que notó mi alivio cuando mencionó la vestimenta requerida. Se hizo a la idea de que yo estaba un poco más interesado ahora. Continuó: "¡Hasta tienen cafetería y máquina para hacer café espresso!"

Eso es todo cuanto necesitaba oír. Me encantaba el café, no me apasionaba disfrazarme, y ya había decidido ir a la iglesia, pero me daba vergüenza empezar a ir por mi cuenta. Tampoco quería aparecer por ahí y que, personas que me conociesen, me hicieran un puñado de preguntas como "¿Qué hace usted aquí?" No quería que la gente supiera que había estado leyendo la Biblia e investigando el cristianismo.

"Está bien. Iré," respondí.

"Genial. Puede venir conmigo. Está justo a la vuelta de la esquina."

"Le veo más tarde."

Entré en casa y me pregunté cómo se lo diría a Ruth. Me sentí avergonzado y raro por tenerle que contar. Ella estaba en la cocina sentada a la mesa con los niños. "David me ha pedido que vaya a la iglesia el domingo. No sé si quiero ir."

Yo estaba mintiendo, ya que, realmente, deseaba ir, pero quería que sonase inseguro y no demasiado animado.

"¿De verdad? ¿Vas a ir?" preguntó ella, con la sorpresa impresa por todo su rostro. Creo que estaba gratamente sorprendida.

"¿Qué opinas tú?" respondí, adhiriéndome a mi táctica de dejar que pensase que podría ser que yo no quisiera ir, dejándole a ella la decisión final.

"Creo que deberíamos ir todos," dijo ella.

"De acuerdo. Voy a decírselo a él."

Me apresuré al patio, sabiendo que ella pensaría que iba a darle mi respuesta a David. No quería que supiera que yo ya le había dicho que sí.

LA IGLESIA

Llegó el domingo y me puse un par de pantalones vaqueros y una camiseta polo. Ruth se puso un par de pantalones deportivos y una blusa. Reuní a los niños y nos metimos todos en el carro. Comencé a manejar detrás del vehículo del vecino, quien ya estaba esperándonos. De camino para allá, estaba un poco tembloroso y sentía cosquilleos en el estómago. Después de todo, nuestras experiencias anteriores con la iglesia no habían sido muy buenas.

Tan sólo había un trayecto corto hasta la iglesia; de hecho, estaba justo bajando la calle. Cuando David giró para entrar en el estacionamiento, pensé que había hecho un giro equivocado. "Cariño, se está metiendo en un pequeño centro comercial," dije.

Ella señaló y dijo, "No. Mira allí. El cartel dice 'Capilla del Calvario'. Aquí hay una iglesia." Era una iglesia, no había campanario, ni vidriera de colores, ni grandes puertas principales blancas. El edificio era una estructura grande, alargada, de una planta, con gente que afluía al interior por dos entradas frontales. El estacionamiento estaba abarrotado, e incluso tenían chicos dirigiendo el tráfico. *¿Realmente va toda esta cantidad de personas a la iglesia?*, me preguntaba. También noté que casi todos llevaban una Biblia. ¿Por qué llevarían una Biblia a la iglesia? Yo había acudido sólo unas cuantas veces en toda mi vida, pero no recordaba a personas que llevaran sus propias Biblias.

Cuando subimos para entrar, inmediatamente me sentí como en casa. *No podía creer que no me sintiera incómodo*, pensé. Las personas de aquí no se parecían a ninguna con la que hubiera tenido trato antes. Una señora me saludó en la puerta con una sonrisa radiante. "Bienvenido," me dijo mientras me entregaba un volante.

Olí un aroma bueno a café recién molido y me encaminé directamente al mostrador de la cafetería, que estaba justo a la izquierda una vez que ingresé en el edificio. Podía oír y oler la máquina preparando café espresso y la leche haciendo espuma. *¡Aaaah, música celestial!* No parecía totalmente correcto dentro de una iglesia, pero ¡era el cielo enviado para mí!

Pedí un café con leche y observé como entraban todos. Rostros sonrientes, abrazos jubilosos, y un ambiente pacífico y cálido que me envolvía. Instantáneamente me sentí celoso. *¿Por qué están tan felices estas personas? Yo lo tengo todo y, no obstante, me siento miserable.* Desconcertado, traté de analizar a algunos y a juzgarlos para sentirme mejor.

Ese tipo es un friki. ¡Oh, mira! Aquí viene la muñequita Holly Hobby con su vestido. ¡Y llena de gracia! Mira bien a ese tipo. Él es un maricón exultante, me regodeé por dentro. Empecé a sentirme un poco preocupado en cuanto a si podía sacar esta cosa eclesiástica. Yo no era como estas personas.

El Diagnóstico: Dios

Empezó la música. Venía fluyendo de por debajo de las puertas cerradas que estaban justo delante de mí. Me encaminé en esa dirección, abrí las puertas, y entré en el santuario con Ruth y David, nuestro vecino.

Instantáneamente percibí una inmensa sensación de energía y gozo. Todos parecían emocionados e involucrados. Durante el culto, la gente cerraba sus ojos y levantaba sus manos. En ocasiones, todos daban palmas. Se podía decir que estaban experimentando algo, pero no sabía qué ni cómo. Parecía muy extraño, pero al mismo tiempo era fascinante y me atraía. Era, no obstante, muy ordenado. Parecían sentir mucho agradecimiento y reverencia por Dios. Podía notar que se sentían realizados y satisfechos, algo que yo nunca había alcanzado y que siempre había estado buscando. *¿Cómo podía ser esto?*, me preguntaba.

Volvieron los celos. La mujer de la plataforma estaba cantando, con los ojos cerrados, y el chico del bongo miraba al techo con una enorme sonrisa en su rostro. No puede ser que esta gente tenga lo que yo tengo. *Ellos no tienen ni la educación, ni la capacitación, ni el conocimiento que yo tengo*, pensé. La música era interesante, pero parecía no terminar nunca.

Finalmente, salió el pastor después de acabar la última canción. Dio un sermón de cuarenta y cinco minutos directamente de la Biblia. Fue versículo por versículo a través de un pasaje del libro llamado Mateo. Todos le iban siguiendo con sus propias Biblias. ¡Ahí fue cuando me di cuenta de por qué todos tenían una! Yo había ido a la iglesia solamente dos veces en mi vida, pero su mensaje era distinto. Los tipos anteriores hablaban mucho, pero este hombre se asemejaba más a un maestro. Él explicaba cada oración y ayudaba a todos a comprender lo que decía la Biblia. No comentó mucho sobre sus propias opiniones, lo cual me gustó. Se basaba estrictamente en lo que la Biblia decía.

Al final, habló acerca de "recibir a Cristo." Siguió utilizando esa frase, como si fuese necesaria una transacción entre el hombre y Dios. Para mí eso no tenía sentido. *¿A qué se refiere él al decirnos que recibamos a Cristo de manera personal?* Jesús murió hace dos mil años y está arriba en los cielos. *¿De qué manera puedo recibirle yo?*, me pregunté. *De hecho, ¿acaso no había hecho esto ya cuando decidí que la Biblia era verdad y concordé en venir a la iglesia?*

En general, de verdad que disfruté del servicio religioso. Estaba irritado por el gozo y paz colectivos de la congregación, pero no dejé que eso enturbiara lo mejor de mí. Nadie daba empujones, nadie era intrusivo, ni me miraba como si yo fuese nuevo o diferente. Me gustaba el tema de lo de la cafetería y me encantaba poder vestir ropa de diario. Siempre había pensado que era de hipócritas el que las personas se vistieran con traje para ir a la iglesia y luego fueran a casa a comportarse como cualquier otra persona. Le dije a mi esposa: "Pienso que puedo venir acá una vez a la semana." Ella estaba contenta y David estaba eufórico. *¿Por qué está él tan feliz por mí? ¿Qué importancia tiene eso? ¿Por qué habría de importarle a él si yo voy a la iglesia?*, me preguntaba.

LA CRISIS

Al día siguiente, pasó algo extraño. Estaba trabajando tarde en la noche en la oficina de casa. Todos estaban durmiendo. No podía concentrarme, porque no podía dejar de pensar en Jesús y en la Biblia. Todavía estaba un poco horrorizado acerca del Espíritu Santo. Aún sentía en mí la presencia, e iba haciéndose más fuerte. Era extraño y reconfortante a la vez. Las palabras del Paciente me venían a la mente: "¿Ha aceptado usted al Señor Jesucristo como su Señor y Salvador personal?" *¿No era eso lo que el predicador nos había pedido también que hiciéramos?*

De repente, empecé a pensar en mis malos hábitos, recordando incidentes específicos del pasado cuando había ofendido a alguien o había dicho cosas malas. Empecé a recordar en detalle, empezando desde la infancia hasta la adultez, llegando a horrorizarme y disgustarme conmigo mismo más a medida que reflexionaba. Las escenas empezaron a fluir de forma ininterrumpida a través de mi mente. Intenté quitármelas de la cabeza, pero seguían llegando—en todo su esplendor gráfico. Observé, viendo con claridad, paralizado, y sabiendo que todo era verdad.

"¡Eres un perdedor y un cobarde! ¡Te vistes como un mariquita!" Arremetí contra un chico nuevo en el patio de la escuela primaria. "No queremos que juegues con nosotros," dije de forma cortante. El chico se alejó a toda prisa y llorando. "¡¿Qué pasa?! ¿Te vas corriendo adonde tu mamá?" Grité tras él.

"Oye, Doug. Vamos a deshacernos de Chris. Él está en el baño y no sabrá adónde nos fuimos," dije a mi amigo cuando estaba en cuarto grado.

"Eres fea. ¡Ningún chico te va a querer nunca!" increpé a una chica en octavo grado. Su rostro se contrajo como si le hubieran dispara-

El Diagnóstico: Dios

do. Me miró fijamente con incredulidad y empezó a estremecerse de pena. Yo sonreí ante su malestar.

"¡No puedo creer que me engañaras!" Dijo sollozando mi enamorada de décimo grado. "¿Cómo pudiste hacerme eso? ¿No entiendes que te amo?" preguntó mientras las lágrimas corrían por su rostro. Estaba llorando tanto que no podía respirar. Yo ni me inmuté.

"Ella me gusta más," respondí con frialdad.

"Yo puedo hacer un trabajo mucho mejor para su discoteca. ¡Este DJ que usted tiene apesta! Contráteme y yo le mostraré cómo se debe hacer," le dije a un empleador potencial. En esa época yo estaba en la universidad. Obtuve el empleo. El chico perdió el suyo.

"Papi, ¿vas a salir a jugar conmigo?" me preguntó mi hijo de cuatro años, con una pelota en las manos.

"¡No en este momento! ¡¿No puedes ver que estoy ocupado?!" grité. Él dejó caer la pelota y se alejó llorando.

"¡¿Qué pasa contigo?!" me preguntó Ruth.

"No pasa nada. ¡Cállate y déjame en paz! ¿Por qué sigues fastidiándome?" repliqué. "Siempre estás nerviosa y de mal genio."

"Todo el tiempo me hablas con severidad," dijo ella sollozando.

"Deja de llorar y sal de aquí. ¡No puedo ocuparme de ___ en este momento!"

"¡Está bien!" gritó ella mientras cerraba la puerta de golpe detrás de mí.

"Las mujeres son un grano en el ___" murmuré para mis adentros.

"¡Imbéciles! ¡Qué rayos están haciendo! ¡Suban por las ___ escaleras a sus cuartos ahora mismo!" Les grité a mis dos hijos, de edades de cuatro y cinco años. Corrieron escaleras arriba, llorando y gimiendo.

"¡Mami! ¡Mami! Papi nos está gritando otra vez." Yo estaba abajo, tratando de recoger sus juguetes esparcidos por todo el piso. Ruth bajó las escaleras corriendo.

"¿Qué pasa contigo? Siempre les estás gritando."

"He tenido un día difícil en el trabajo. ¡Déjame de una ___ vez en paz," repliqué.

Uno por uno, el carrete siguió desenrollándose en mi mente, justo como pasa en una película. Era una película de terror y yo era el protagonista. Empezaba a ver cómo había sido yo de cruel, falto de bondad, celoso, soberbio, implacable y desamoroso durante todo el tiempo que podía recordar. Entendí y me vi a mí mismo desde una nueva perspectiva. Apoyé los codos en la mesa, y descansé la frente en las manos. Empecé a llorar ante el monstruo que había sido por tanto tiempo en tantísimas situaciones. Era como si alguien me estuviera mostrando quién era yo realmente. No me gustó lo que vi.

El dolor de la verdad me atravesó y aplastó mi corazón con pesar. Mis lágrimas se convirtieron en un torrente y mis sollozos se tornaron en gemidos de angustia y aflicción. Entonces, sentí la presencia de Dios por primera vez en mi vida de un modo inexplicable. Él estaba de pie delante de mí en mi mente, y yo estaba asustado. Sentí terror dentro de mí, porque sabía que era un pecador, muerto en mis pecados ante un Dios santo. Me estremecí ante lo caído que yo estaba y empecé a temblar.

Corrí a la cama que estaba detrás de mí y me hinqué de rodillas. Lo dejé salir todo tan audiblemente que no puedo creer que no despertase a toda la casa. Temblaba lleno de temor y de pena. Tartamudeaba entre sollozos: "¡Oh, Dios! Perdóname. Por favor, perdóname. Estoy tan equivocado. Soy tan inicuo. ¡Lo siento tanto, tanto! ¡Jesús, por favor, ayúdame!"

Yo seguía sin parar: "Ya no quiero ser más de esta manera. Cámbiame. ¡Oh, Jesús, por favor, cámbiame! Haz de mí la persona que tú quieres que yo sea. Creo que moriste en la cruz por mis pecados. He pecado contra ti. No lo sabía. De verdad que no lo sabía..." decía llorando angustiado.

Eso continuó por al menos diez minutos. Lloraba tanto que mis palabras sonaban inconexas. Me había rendido. Me había arrojado delante de la misericordia de Dios, y le rogaba que me perdonara tal como lo haría un criminal condenado delante de un juez. De algún modo, yo podía sentir el poder de Dios, lo cual me hacía llorar más fuerte. Yo no había planeado tener un episodio emocional y, ciertamente, como hombre orgulloso, exitoso, profesional y adulto, no era eso lo que quería. Las palabras, simplemente, salieron. Algo vino sobre mí que me hizo arrepentirme, rendirme, y suplicar por misericordia. Yo no tenía ni idea de que estuviera desarrollando otra cosa que no fuera una crisis emocional personal. Esa oración, no obstante, fue un importante punto de inflexión en mi vida.

Al final, mis emociones cedieron. Lo había dejado salir todo. Lentamente, me recompuse. Me sentí realmente extraño y abochornado, inclusive a pesar de estar a solas. Me fui de puntillas al dormitorio, seguramente, Ruth me estaría esperando para preguntarme qué estaba pasando. Ella estaba dormida. Subí a la cama, y me preparé para dormir.

El Diagnóstico: Dios

Mientras estaba allí echado, sentí una inmensa sensación de profunda paz. Se trataba de algo más que una paz corriente y era algo que nunca había experimentado. *Vaya. No tenía ni idea de lo que un buen llanto y crisis emocional podría hacer por mí,* pensé. Me acosté sin saber que hubiera ocurrido algo especial. Dormí como un bebé. No tenía idea de que nunca más despertaría siendo el mismo.

Capítulo Nueve

La Transformación

LOS PRIMEROS MOMENTOS

Cuando desperté por la mañana, todo era enteramente diferente de toda forma imaginable. Nunca seré capaz de explicar adecuadamente cómo era. En magnitud, se podía comparar a ver por primera vez después de haber sido ciego desde el nacimiento. Me sentí como si hubiera despertado de un sueño que hubiera durado treinta y seis años.

"¡Uh-uh-uh-uh!" sonó el reloj de alarma a las 5:30 a.m. Me estaba despertando lentamente, pero estaba aturdido y confundido. Estiré la mano y desconecté la alarma. Me incorporé sobre mi lado de la cama y sentí que había algo radicalmente distinto. *Siento una paz enorme. No me siento preocupado ni estresado por el día que tengo por delante, como normalmente me pasa. La tensión parece haberse cortado y la presión ejercida sobre mí se ha disipado,* pensé.

Me desplacé por el dormitorio aún oscuro hasta la ducha. El agua temperada me daba en la cabeza y bajaba fluyendo por mi espalda y mi estómago. *¿Qué es tan diferente?* Me enjaboné y me apliqué champú en el cabello. Cerré los ojos y dejé que el agua enjuagase la espuma del champú. De repente, me vino a la cabeza. *¡Mi mente está en silencio!* ¡El habitual embotellamiento de tráfico de pensamientos y ansiedad habían desaparecido!

En ese momento, me di cuenta de que durante la mayor parte de mi vida, desde el instante en que despertaba, mi mente empezaba una carrera frenética con todo tipo de inquietudes y preocupaciones. *Se me vence la hipoteca; los niños están enfermos; mis acciones están bajando; tengo que ir al banco, recoger la ropa de la lavandería, ir al gimnasio, preparar diapositivas para un discurso, hacer que arreglen el inodoro, e ir a que me cambien el aceite del carro...*

Este tipo de pensamientos bombardearon mi mente por años en cuestión de segundos después de abrir los ojos. ¡Hoy se habían esfumado! ¡Por primera vez, que yo pueda recordar, la confusión, el estrés y las frustraciones de una vida de competencia feroz dejaban de estar en mi mente y se sentía genial! La normalmente súper congestionada pista

El Diagnóstico: Dios

de mi mente estaba pacífica y serenamente silenciosa y vacía. "Esto es extraño, pero increíble," murmuré para mis adentros.

Exprimí la última porción de pasta dentífrica en el cepillo y empecé mi secuencia del cepillado. Tenía la costumbre de cepillarme los dientes dentro de la ducha. Movía el cepillo hacia arriba y hacia abajo, mientras el agua temperada continuaba fluyendo sobre mi cabeza. Fue entonces cuando hice otra observación asombrosa. *Me siento como si estuviera contento, pero, ¿de qué se trata?* Una flamante y nueva felicidad, a la cual no le encontraba sentido, se había instalado en mi corazón. *Simplemente había despertado. No había comprado nada ni me había ocurrido nada que me hiciera sentir de esta manera. ¿Por qué me estoy sintiendo así?* La sensación me era familiar, pero en un contexto distinto.

Se siente como el día que estuve detrás de las ruedas de un nuevo carro convertible BMW M-3 por primera vez. Cuando por primera vez tuve esa increíble pieza de ingeniería de carreras, tenía entusiasmo por la vida y mis pasos marchaban a un ritmo increíble. Esperé con ilusión vivir cada día, porque sabía que conduciría y sería visto en mi flamante carro nuevo. El problema fue que, esa sensación duro sólo unas semanas, y a decir verdad, empezó a desvanecerse a los pocos días.

¡Pero ahora me siento del mismo modo, sin motivo alguno y en cuestión de minutos después de levantarme de la cama! Normalmente me levanto de la cama gruñón, desencantado de la vida, y horrorizado por un nuevo día de trabajo. Esto era extraño, pero, debe admitirse que era deseable, tal como lo sería tener una mente clara y serena.

La última parte de mi rutina de ducha era el afeitado. Empezaba acariciando cada lado de mi cara y le daba unos golpecitos a la maquinilla de afeitar en los azulejos para limpiarla. Me maravillaba de lo diferente que era todo ahora. Había experimentado sentimientos similares en el pasado, pero siempre estuvieron relacionados con algo que había comprado, había ganado, o que me habían regalado—alguna cosa tangible.

Enseguida pensé en otra sensación que fuese similar. *¡Era como estar "animado!"* *Me siento como si me acabara de tomar dos vasos de vino—¡los primeros dos!* Me sentía relajado con una leve euforia y emocionado por mi situación, como si me hubieran traído un buen vino. *Este es un momento poco comprensible para sentirme así—¡Sólo me estoy dando una ducha!*

El vino fue siempre lo único que parecía aliviar mi tensión, me despejaba de las preocupaciones de la vida, y me traía felicidad y una sensación de gozo. Parecía llenar mi vacío en la vida, pero nunca era duradero. Para agravar el problema, al día siguiente estaba con dolores de cabeza y tenía resaca. Hoy era distinto. Me estaba dando la ducha normal de siempre y me estaba sintiendo fenomenal sin ningún motivo apreciable. ¡Desconcertante! No había tomado nada de alcohol. Simplemente había despertado. Me encontraba a principios de mi semana laboral y no era un viernes—un día en el que, al menos, pudiera esperar con ilusión el fin de semana. No había ningún carro nuevo en el garaje, ni vacaciones previstas dentro de poco. *Quizá sólo necesite un buen sorbo de café espresso*, pensé. *Una dosis de cafeína me podría despejar la mente para averiguar de qué se trata todo esto.*

Salí de la ducha, me vestí, y subí las escaleras. Seguí esperando que mi mente se bloquease y volviera la tensión, pero eso no sucedió. Preparé rápido una taza de café y me la bebí de un sorbo. Estuve allí de pie durante un minuto o dos, esperando a que el torrente de la cafeína me despertase de este placentero y, no obstante, extraño nirvana. No hubo ningún cambio. En seguida me preparé otra taza, la bebí, preparé mi mochila y me metí en el carro. Sentí como si me estuviera alistando para un viaje que hubiera estado esperando ansiosamente durante todo el año, pero me dirigía al trabajo, no a Las Vegas. En los pocos días previos a unas Magníficas Vacaciones, siempre experimentaba una euforia, gozo y emoción similares con respecto al viaje en ciernes.

EL PRIMER DÍA EN EL TRABAJO

Me metí en el carro y empecé el trayecto hacia el trabajo. La urgencia de la carrera para llegar allá había desaparecido. El tráfico no me fastidiaba. Un tipo me cerró el paso por la parte de delante y no hice sonar la bocina ni le mostré el dedo medio. Me había olvidado mi teléfono celular, pero no me sentía frustrado. Cuando me paré en el semáforo en rojo y con las luces a punto de cambiar, no sentí la necesidad de adelantar a toda velocidad al tipo que estaba a mi costado. "Esto es extrañísimo," dije en voz alta. ¿Acaso Mario Andretti se ha convertido en Mister Rogers?

Cuando llegué al trabajo, esos sentimientos se hicieron más intensos, y mis cambios inexplicables de personalidad se hicieron más perceptibles. La programación de pacientes estaba saturada, pero no me importó ni culpé a las enfermeras. Incluso tuve un paciente exigente, pero no perdí la paciencia con él.

Ella era la primera paciente del día. Abrí la puerta y vi a una pequeña dama anciana sentada en la silla para diagnóstico con un pedazo

El Diagnóstico: Dios

de papel en blanco que apretaba con la mano. Sus ojos estaban fijos en mí con una mirada apremiante. En el momento en que entré en la sala, ella tomó el dominio de la conversación.

"Ahora, Dr. Viehman, tengo una lista de cosas que quiero que revise," dijo de modo exigente agitando la lista delante de mi cara. Una lista así es siempre mala señal para los médicos. Sin embargo, en vez de pensar, *¡Oh no! ¡Una lista!* dije, "Claro, ¿qué puedo hacer por usted?" Lo increíble del asunto es que yo sabía que estaba siendo realmente sincero. Quería ayudarla y responder a sus preguntas. ¡No me sentía irritado, ni me lamentaba, ni me sentía molesto por ella!

Sentí un amor muy intenso y una actitud cariñosa para con ella. Era como si algo dentro de mí me empoderase para ser bondadoso con esta paciente difícil y exigente. No tuve que actuar, ni tampoco fingir. ¡Era genuino! Normalmente, yo *actuaría* de manera agradable si pudiera, pero en mis adentros estaría pensando *¡Sáquenme de aquí!* En cambio, me quedé perplejo. *¿Por qué me agrada esta mujer?*

La enfermera se dio cuenta de que ese no era mi comportamiento típico y me miró como si me preguntara: "¿Qué le pasa a usted?" No me sentía, ni actuaba como normalmente lo haría, pero este era yo. Era una sensación muy extraña, de repente me sentía como una persona nueva, viviendo en el mismo cuerpo.

Después del trabajo, volví a casa muy perplejo. Ya no llevaba a cuestas mi usual mochila diaria llena de ansiedad, frustración, vacío, impaciencia, amargura y egoísmo. Sin embargo, me sentía como si me hubieran quitado de mi vida un enorme peso. Estaba contento sin motivo. En el pasado, siempre dependía de algo, de alguien, o de algún lugar que me mantuviera satisfecho. Pero ahora, sentía gozo en mi corazón respecto a mi vida sin ningún motivo específico para ello. Tenía la extraña convicción de que, de algún modo, el vacío, el hambre y la sed en mi vida por algo más grande, mejor y en mayor cantidad se había esfumado. ¿Podría realmente ser así?

Siempre salía temprano por la mañana antes de que alguien más se hubiera levantado. Cuando llegué a casa, vi a Ruth por primera vez después de haberme ocurrido esto. Entré por la puerta del garaje y ella estaba en la cocina.

LA PRIMERA NOCHE EN CASA

"Hola, cariño. Ya estoy en casa," dije. Ella estaba preparando la cena y los niños estaban jugando en el piso. Cuando se dio la vuelta y me miró, la vi de un modo enteramente distinto. Sentía deseos de pasar tiempo con ella y de conversar, lo cual no era lo normal del caso. Percibí un aprecio por ella que era nuevo. En el pasado, la había dado a ella por sentado. Todo eso ocurrió en un instante.

Lo mismo pasó cuando vi a los niños. "¡Papi!" gritaron ellos y vinieron hacia mí corriendo. Los abracé y, de súbito, tuve una percepción muy potente de que yo era *papá* de dos niños preciosos. Mis pensamientos se enfocaron en ellos y en sus necesidades en lugar de en mis típicos impulsos egocéntricos.

Tenía pensamientos profundos, extraños y nuevos. Los chicos volvieron a sus juegos mientras Ruth continuó cocinando. Yo estaba sentado pacíficamente en la cocina y lo tomaba todo con naturalidad. Contemplaba a mi familia y mi papel por primera vez, desde una nueva perspectiva que estaba lejos del vivir momento a momento. Era casi como si alguien me estuviera mostrando mi vida y lo corta y frágil que esta era. Tenía deseos de aprovechar al máximo cada momento, en lugar de despilfarrarlo. Entonces, caí en la cuenta. *¡Me siento como Emily Gibbs de* Nuestra Ciudad *o Ebenezer Scrooge de* Un Cuento de Navidad*! Es como si estuviera contemplando la vida con una nueva apreciación de las rutinas diarias que tan fácilmente se dan por sentado. Me estoy acercando a los cuarenta y mi vida ha transcurrido en un abrir y cerrar de ojos. No puedo creer cuán fácilmente he dado por sentado mi vida y mi familia,* me lamenté para mis adentros. Nunca antes había pensado que no apreciara la vida durante esos preciosos momentos, pero, ahora, de cierto modo, la verdad me había sido revelada—con todo su vigor. Mi corazón estaba quebrantado y tan sólo podía observar a mi familia y maravillarme.

Mientras estábamos cenando, un terror súbito se apoderó de mí a medida que los pensamientos iban escalando. Culpa, vergüenza y pesar llenaban mi corazón mientras observaba a Ruth y a los niños en la mesa del comedor. Algo tan simple como una cena juntos podía perderse por el milagro de lo que realmente era. *¿Por qué estoy pensando de este modo? ¿Qué me ha pasado?*, me preguntaba. Continué mirándolos fijamente mientras asimilaba todo. Empecé a pensar en el pasado, y comenzó a desarrollarse un nuevo conjunto de regresiones. Estábamos allí nosotros cuatro, pero yo era el único que podía ver las visiones acusadoras que llegaban en un plano mental.

"Greg, vamos a ir a ver a tu abuela este fin de semana," me decía *mamá en la secundaria.*

"Yo no voy. Me voy a quedar a dormir en la casa de JB," respondía.

El Diagnóstico: Dios

"Realmente deberías ir. Está envejeciendo y probablemente ya no la verás muchas veces más."
"No. No quiero ir. Allí se la pasa uno aburrido."

"Greg, tu abuela ha muerto. El funeral es el próximo fin de semana," dijo mamá por teléfono. Yo estaba en Durham, NC, durante mi residencia en la especialidad de dermatología.
"No puedo ir. Estoy demasiado ocupado y está demasiado lejos," dije.
"¡Greg! Ella es tu abuela."
Yo quería ir, pero no quería ver a otra persona fallecida. No quería ver su casa vacía, la cual había llenado mis bancos de memoria por años. Egoístamente, me escondí de la muerte y no fui.

"Cariño, ven adentro y pasa tiempo conmigo. Tan sólo háblame," dijo Ruth en una fiesta.
"No, me voy a quedar fuera con los chicos. Vuelve adentro. Nos la estamos pasando bien," respondí. Ella regresó adentro. "¡Chico! ¿No podemos tener un poco paz y tranquilidad aquí?" le dije al grupo mientras me bebía una cerveza.
"Sí. Las mujeres son un grano en el ___" dijo un chico burlonamente. Todos se rieron.

"Greg, me olvidé de traer tu ropa de la lavandería hoy. Lo siento," dijo Ruth tímidamente.
"¿Qué, ___, pasa contigo? ¿No puedes hacer nada por mí? ¡Ni siquiera tienes que ir a trabajar!" protesté.

"¿Cuántos hot dogs vas a querer para cenar?" me preguntó Ruth mientras estaba estudiando con diligencia para el examen de la junta de dermatología.
"¡No importa! Sólo hazme algunos. Estoy ocupado estudiando," respondí furioso.
"¿No me puedes simplemente decir cuántos quieres?" imploró.
"Estoy ocupado y no me importa. ¡No me preguntes otra vez!" dije apretando los dientes y agarrando la taza del café.
"Greg, cálmate. Necesito saber cuántos te vas a comer," contestó ella amablemente.
Me puse de pie lleno de rabia. "¡Si me lo preguntas una vez más, voy a derramar este café en tu alfombra blanca!"
Ella no se inmutó. "¿Cuántos hot dogs?" preguntó calmadamente.
La miré desafiante y vertí el café negro en la alfombra blanca. Cayó como una cascada negra. "¡Te dije que me dejaras en paz!" grité.

"Papi, ¿podemos jugar con los tractores hoy?" preguntó nuestro hijo de tres años de edad.

"No, hijo, esta noche no. Tu mamá y yo vamos a salir con unos amigos."

"Papá, ¿vas a bajar con nosotros donde la caja de arena?" preguntó uno de nuestros dos hijos.

"Ahora no. Hoy tengo que entrenar para un triatlón."

Las visiones de mi pasado se desvanecieron y de repente, no sentía hambre—incluso habiendo ingerido pocos alimentos. En cuestión de segundos, me di cuenta de lo increíblemente insensible, arrogante, egoísta y exigente que había sido durante muchos años. Mi corazón se estrujaba y las lágrimas empezaron a brotar de mis ojos. Las combatí levantándome de la mesa y poniendo el plato en el lavadero. Pasé el resto de la noche jugando con nuestros dos hijos y conversando con Ruth. Me sentí mejor.

Todos se fueron a dormir y yo me quedé despierto hasta tarde en la oficina, que estaba en una habitación para invitados. Me sorprendí de lo que me había estado pasando en tan sólo un día. *Me siento como si hubiera estado drogado. Es como si mi antiguo yo hubiera muerto y hubiera vuelto como una persona nueva. ¿Qué me está pasando?* Estaba confundido y un poco asustado, pero al mismo tiempo contento. *Mi familia es joven. Todavía soy joven. ¡No es demasiado tarde! Todavía puedo hacer cambios en mi vida,* me prometí a mí mismo.

LOS SIGUIENTES TRES DÍAS

Me fui a la cama y dormí como un bebé apacible por segunda noche consecutiva. Al día siguiente, pasó lo mismo que antes. Me sentía más cómodo y, no obstante, más familiarizado con algunos de los cambios. Estaba disfrutando del sentimiento de paz y serenidad, ya que antes, siempre me habían herido con tanta fuerza. Aún seguía siendo difícil para mí creer que no lo estaba soñando. Era evidentemente real. Al tercer día, empecé a levantarme aterrado. Tenía miedo de regresar a mi antiguo yo. Pensé que no podría durar mucho más, lo que sea que esto fuere.

"Uh-uh-uh-uh!" sonó el reloj despertador a las 5:30 a.m. Con los ojos entrecerrados, lo alcancé y apagué aquel horrible ruido. *¿Sigue aquí el sentimiento de paz? ¿Sigo siendo diferente?* Inmediatamente pensaba en eso cuando me empezaba a despertar. *¿Qué pasa si ha des-*

El Diagnóstico: Dios

aparecido? ¿Qué hay si vuelvo a mis antiguos modales y a mi antiguo yo? ¿Qué haré?, me preocupaba.

Me levanté, fui al baño y estuve parado, mirándome en el espejo. Los calzoncillos que llevaba puestos estaban girados. Un mal día se avecinaba. Me veía como un rockero punk. En cierto modo, nada de eso me desconcertaba. *Me siento en paz y no estoy ansioso por tener que ir al trabajo. Esa es buena señal,* pensé. En seguida me di cuenta que seguía siendo el nuevo hombre. "¡Sí!" exclamé. "¡Sí!"

Todas las mañanas me quedaba esperándole *a él*, al viejo yo que ya no me gustaba, a que regresara, pero nunca lo hizo. *¿Qué rayos pasa?*

UNA NUEVA LENGUA

El cuarto día, percibí que otra cosa muy profunda me había sucedido. No me había dado cuenta de ello durante los primeros tres días, porque estaba muy confundido y desbordado. Era temprano por la mañana y me estaba alistando para ir al trabajo. Me bebí el usual café espresso de la mañana y empecé a cargar una mochila para el trabajo. "¡Mi billetera! ¡¿Dónde está mi billetera?!" dije en voz alta con desesperación. ¡Puse la casa y el carro patas arriba en un frenesí y no pude encontrarla! Revolví la mochila, rebusqué por todas las casacas y ropa y saqueé la cocina, donde habitualmente guardaba mis llaves y mi billetera.

En el pasado, aborrecía muchísimo perder mi billetera o mis llaves. Me hacía salir de mis casillas. Sin embargo, esta vez era diferente, no estaba tan molesto, pero no fue eso lo que me llamó la atención. Por alguna razón, ya no maldecía. Mi lengua de marinero estaba silenciosa cuando normalmente habría estado disparando toneladas de comentarios irreverentes. De repente, se detuvo mi misión de búsqueda llena de pánico, y me paré en seco por un momento. ¡Repasé mentalmente los últimos tres días y me di cuenta de que no había proferido ninguna palabra irreverente! Estaba tan sorprendido que simplemente me metí en el carro y empecé el trayecto al trabajo, sin preocuparme por la billetera.

Palabras maldicientes habían formado parte de mi vocabulario habitual diario desde que estaba en quinto o sexto grado. Mis pensamientos tuvieron una regresión al campamento "cristiano" de verano, donde aprendí la mayoría de las palabras.

"¡Oye, Andy, me pasarías las ___ arvejas, por favor!" Estábamos comiendo en un gran salón comedor lleno de mesas para ocho. Todos los chicos de una cabaña comían juntos en su propia mesa.

La Transformación

"___ tú, Viehman. ¡Ve por ello tú mismo!" respondió él.
"Está bien, tú ___," arremetí.
"¡Cuida tu lenguaje, Viehman, o te patearé tu ___!" respondió el consejero."

Yo había utilizado malas palabras como adjetivos, sustantivos y adverbios *todo* el tiempo. Ni siquiera lo pensaba. Cuando algo salía mal, profería blasfemias utilizando la palabra "Dios" o "Jesús" incluso aunque no creía en Dios. Sin pensar en lo que decía, las palabras me salían automáticamente.

Cuando llegué al trabajo, me senté en mi escritorio. Moví el *mouse* para activar la pantalla de la computadora, pero no ocurrió nada. Normalmente, de inmediato habría dicho alguna palabrota o habría mentado a Jesús de manera despectiva, pero yo estaba callado.

Me metí por debajo del escritorio para tratar de ver cuál era el problema con la computadora y me golpeé en la cabeza cuando traté de volver a levantarme. Pareció como si hubiera recibido un mazazo. "¡Ay! ¡Ay!" Aullé de dolor, pero ya no me salieron las groserías usuales. De pronto, me di cuenta de que tampoco me estaba reteniendo intencionadamente de decirlas. No me estaba mordiendo la lengua, ni concentrándome para no decir tales frases. ¡Simplemente habían desaparecido de mi vocabulario tras veintitrés años de entrenamiento!

Me quedé en el piso, frotándome la cabeza y preguntándome qué estaba pasando. Seguía debajo de mi escritorio. Estaba tan asombrado que no me levanté. "¿Qué me ha pasado? ¿Cómo puede ser posible esto?" susurré para mí en tono bajo. Intenté pensar en las posibles causas para todo cuanto había estado experimentando durante los últimos cuatro días. *¿Por qué me siento contento? ¿Por qué se han esfumado las palabras irreverentes? ¿Por qué estoy teniendo una actitud genuinamente agradable para con las personas que normalmente me irritan? ¿Por qué tengo un sentimiento de paz y serenidad?* Una pregunta tras otra cruzaban veloces por mi mente. Permanecí debajo del escritorio por al menos cinco minutos reflexionando en todo y buscando respuestas.

Mi primera intuición fue que esta nueva personalidad era consecuencia de una euforia auto-inducida a partir de un buen llanto. *Quizá me siento así, porque me deshice de un montón de chatarra de mi corazón cuando tuve la "crisis."* Recordaba que, a menudo, me había sentido mejor y más relajado después de un buen llanto. No había tenido demasiados episodios de llanto emocional dignos de mención en mi vida, pero los pocos importantes que había tenido parecían aliviarme la tensión. No obstante, estos nuevos cambios y sentimientos que estaba experimentando, eran demasiado radicales para que esa explicación tuviera sentido.

A continuación, lo consideré un efecto farmacológico. *Quizá la tableta del betabloqueador que tomo todos los días para evitar la migraña se haya confundido por error con Valium*, pensé. Esta parecía ser una buena hipótesis, pero, ¿qué tan probable era que el farmacéutico hubiera cometido este tipo de error? El Valium es un medicamento que puede producir serenidad, un sentimiento de paz y una ligera euforia. Sólo lo había tomado una vez antes, durante un procedimiento con láser para corregir la miopía, una operación que necesitaba para no tener que usar lentes. El Valium me hacía articular mal las palabras al hablar y me volvía un poco lento, sin embargo, no estaba experimentando esos síntomas en absoluto, así que esta posibilidad no encajaba con nada de lo que estaba experimentando actualmente. Sin embargo, no podía pensar en ninguna otra cosa que tuviera el poder de afectarme de un modo tan fuerte. Durante todo el día, mientras estaba en el trabajo, intenté pensar en otras explicaciones, pero no me venía a la mente nada más.

Cuando llegué a casa, inmediatamente subí corriendo las escaleras a fin de verificar el frasco recetado para la migraña, para ver si había confundido las pastillas de forma accidental, ya que esta era la mejor teoría de la que disponía. Me apresuré al baño y abrí el armario. Rebusqué, con impaciencia, entre los frascos. Cogí el frasco en cuestión y lo abrí rápidamente. Lo vacié en el mostrador, derramando unas cuantas en el piso con la prisa por examinarlas. Me incliné para mirar de cerca las marcas en unas cuantas tabletas. Eran betabloqueadores, ¡no Valium! Yo estaba medio desconcertado, medio emocionado. Quería una respuesta, pero no quería que mi nueva conducta estuviera meramente relacionada con fármacos.

Me quedé allí, sosteniendo el frasco por unos minutos. La mejor idea que se me había ocurrido, que explicase todo, se había desintegrado. Aunque era médico, no tenía diagnóstico para mí mismo. Me quedé pasmado. ¿No debería una persona a mi edad conocerse, realmente, a sí misma—lo suficiente como para saber por qué se produciría un cambio tan dramático?

Pensé en la Biblia, pero imaginé que los cambios radicales no tenían nada que ver con la religión. ¿Cómo podían serlo? Yo había decidido creer en Jesús e ir a la iglesia, pero tal decisión no lograba explicar lo que me había sucedido. Si Dios era real y Jesús murió por los pecados de las personas hace casi dos mil años, ¿cómo podría tener alguna relación directa conmigo en el año 2003? ¿Cómo podía eso explicar lo que me estaba pasando?

LA PRUEBA
De acuerdo, Greg, pon tu mente de médico a trabajar, me obligué a pensar. *¿Cómo puedo distinguir un cambio específico que he sufrido y desarrollar una manera de probarlo?* Dejé el frasco, reflexioné por un momento, y caí en la cuenta. Sometería mi "trastorno de maldecir" a desafíos extremos.

La Prueba de la Televisión
Bajé las escaleras y me puse a ver un partido de fútbol. Me encantaba ver fútbol. Me resultaba fácil involucrarme en el juego inclusive aunque no se tratase de mi equipo favorito. Era una conducta habitual mía la de maldecir, chillar o silbar a la televisión cuando el equipo que me gustaba estaba perdiendo. Por suerte, estaba jugando un equipo que me gustaba muchísimo. Ya estaban perdiendo y justo estaban en el primer cuarto del partido, pero no salía nada de mi boca. Su defensa estaba paralizado, ¡pero allí estaba yo sentado mudo! No sentía deseos de proferir palabras soeces al *quarterback*.

En el segundo cuarto, hubo una intercepción por parte del otro equipo, pero, dentro de mí, aún no se estaba gestando reacción alguna. ¡Era una locura! Los impulsos, la ira y las palabras habían desaparecido. Hasta traté de hacer acopio de esas cosas, pero no pude. Ya no estaban dentro de mí. Me sentí como si estuviera viendo el partido con alguien más.

La Prueba del Vecino Menospreciado
Los siguientes días fueron igual de extraños. Mi viejo yo iba a volver y las explicaciones seguían siendo efímeras. Decidí llevarme a nuestra perra amarilla de raza Labrador, Daisy, a dar un paseo para pensar las cosas detenidamente.

"Vamos, chica. Nos vamos de paseo. ¿Quieres ir de paseo?" le dije. Estaba echada de costado, como una vaca muerta, pero se incorporó al oír la palabra "paseo." Ladeó la cabeza hacia mí la segunda vez que se lo dije, y luego empezó a mover su cola. Se fue directamente a la puerta. "Vámonos, Daisy," dije, y nos fuimos.

En principio, yo quería estar a solas con Daisy para poder pensar, pero, inesperadamente, nos tropezamos con un vecino—uno al que yo menospreciaba. Cada vez que había visto a este tipo antes, había senti-

El Diagnóstico: Dios

do animosidad contra él y quería evitarlo. Yo iba caminando, en medio de una profunda reflexión sobre mi desconcertante situación, cuando de repente allí estaba él, justo frente a mí.

"Oye, Greg. ¿Cómo te va?" me preguntó con una sonrisa. Hubo una larga pausa mientras yo le miraba fijamente. No podía comprender por qué no me sentía furioso, malévolo, ni estaba insultando a este tipo en mi mente. De forma desconcertante, ¡fue incluso peor que eso! *¡Oh, no! Siento amistad por este tipo, un vínculo, ¡sin absolutamente ninguna razón!* Traté de reunir algún sentimiento de envidia o de algo inicuo para hacer surgir las emociones más corrientes que usualmente sentía por él, pero estaban ausentes. *Ahora había una parte dentro de mí que sentía simpatía por este tipo,* me maravillaba. *Pero vamos. Sé que no le tengo simpatía. ¡Yo sé que no!*

Quince minutos más tarde, estábamos aún conversando y pasándola bien. Me fui, sintiéndome como un alien. *¿Estaba yo poseído por un friki cursi? ¿Era yo ahora un bobo conversador, alegre, interesado en pasar tiempo con la gente?* No tenía planes de contarle a nadie lo que me estaba ocurriendo, o, de lo contrario, pensarían que estaba loco. Temía que el consejo médico me retirase mi licencia—señalando esquizofrenia o alguna enfermedad psicológica.

La Prueba de la Compra por Internet

Al día siguiente, percibí que mi deseo de estar constantemente en busca de cosas se había esfumado. Esa urgencia por el correo nuevo entrante había desaparecido. En el pasado, hacía compras en línea todo el tiempo para encontrar la última emoción. Yo estaba, o bien esperando que algo llegase, o bien buscando adquirir el próximo artículo. Decidí probar mis nuevos sentimientos ingresando en línea. Prendí la computadora e ingresé a Polo.com, un lugar de compras favorito.

¡De acuerdo! Un nuevo conjunto azul de rugby acababa de llegar, no me atraía. No lo quería. Tenían camisas de polo personalizadas que estaban en oferta, pero no estaba interesado. Había zapatos que tenían un 25% de descuento, pero ni siquiera hice clic en el icono. Sin importar lo que mirase, la motivación y la emoción no afloraban. "¡Esto es de locos!" dije. "Sé que debería desear comprar algo."

Eso es todo lo que podía hacer. Tenía que poner a prueba esto una vez más. Yo me conocía mejor que nadie, de modo que ideé la última prueba definitiva. Si superaba esta, entonces, estaría convencido de una cosa. ¡Iba a ir a visitar a mi médico de medicina interna! Debía de existir una respuesta médica.

La Transformación

La Prueba de los Establecimientos Walmart

Era época de Navidad, y en las tiendas se volvían *locos*—había clientes por doquier. Me metí en el carro y fui al pequeño centro comercial local. Podía oír el tema de *Misión Imposible* sonando en mi mente. Cuando paré, los carros estaban por todos lados y los lugares para estacionar parecían estar a una milla de distancia. Normalmente, me habría ido, pero la congestión no me molestaba en absoluto. No estaba enfadado, frustrado, ni maldiciendo. Un tipo casi chocó conmigo, pero no me preocupé. Mi dedo medio estaba paralizado por alguna razón—¡No conseguía levantarlo! Estacioné en Timbuktu e inicié la larga caminata para entrar.

Hice una rápida verificación. La tensión estaba ausente. La amarga actitud purulenta se había evaporado. Incluso ni aparecía el deseo de entrar y de salir de allí *a toda velocidad*. Paseé por el estacionamiento, esquivando a los compradores navideños alocados. No sentía la más mínima preocupación del mundo. Seguí esperando a que levantara su fea cabeza tan sólo uno de mis antiguos modales, pero, extrañamente, se mantenían a raya.

Entré en Walmart. ¡Era un caos! Largas filas, carritos que se chocaban, padres que se peleaban y rostros con el estrés a flor de piel llenaban el lugar. ¡Cualquiera que viniera a comprar aquí en temporada alta debía de estar loco! La música de *Misión Imposible* empezó de nuevo. ¡Eso era! ¡Esta era La Prueba! Yo odiaba las filas y las multitudes, y era sumamente impaciente. Mi antiguo yo no sobreviviría a esto sin un berrinche o sin arrebatos de cólera ni de frustración. ¡Estaba en marcha! El alboroto en mi interior empezó ahí mismo.

Los niños se chocaban conmigo. Los carritos de la compra me atropellaban. Las voces y expresiones de frustración y de estrés me rodeaban. Esto debía provocar que mi viejo yo volviese, ¡pero no fue eso lo que ocurrió! No pensaba, *¡Tú, pequeño imbécil!* O *Ese hijo de___*. No dije: "¡Quítate de en medio!" o "Ganso. ¡Sólo túmbame la próxima vez!"

Le daba unos minutos, pero no hacía erupción. De acuerdo, finalmente acepté que había pasado la primera parte de la prueba, así que decidí comprar algo y hacer la prueba de la caja registradora. Cogí el artículo más barato que pude encontrar—un paquete de chicles. Las cajas registradoras estaban tan abarrotadas de gente que apenas podía ver la zona de salida. Los extremos de las filas apenas se veían y se extendían hacia atrás hasta la sección de ropa. Una horda de gente se abría paso a empujones hacia las cajas registradoras como cuando se llama al ganado. Bajo circunstancias normales, mi presión sanguínea se habría elevado muchísimo—hasta salir por el techo—pero ahí estaba yo al final de la fila, ¡sin la más mínima preocupación del mundo!

Mis puños no estaban apretados. Mi mandíbula no estaba moliendo mis dientes para convertirlos en polvo ni sintiendo odio, instantáneamente, por la gente que estaba delante de mí. De hecho, esto me parecía tan gracioso que ¡me empecé a reír! Estallé en risotadas histéricas, enfadando a todas las personas a mi alrededor. "¡No me importa!" dije, sonriendo en respuesta a sus miradas burlonas. "¡De verdad que no me importa!" dije en voz aún más alta. El hombre que estaba delante de mí se preocupó. Se volteó, entrecerró los ojos, frunció los labios y me miró con severidad. ¡Eso tampoco me perturbó!

Salí en busca del carro después de unos treinta minutos en la cola y me sentía estupefacto, mareado y confundido. Siempre había odiado estar tenso por cosas estúpidas, pero nunca lograba controlarme. *¿Cómo podía esa impaciencia y ese poco aguante haber desaparecido simplemente?*

Fui todo el trayecto en un trance, asimilándolo todo. Esos pocos primeros días después de haber experimentado esos cambios, fueron los días más extraños que jamás he vivido. Mentalmente, empecé a usar el razonamiento médico para analizarlo todo. *La misma naturaleza de mi existencia había empezado a cambiar,* pensé. La religión, las emociones, los sentimientos, los deseos e incluso la más profunda de las añoranzas no podían producir esto. Decidí que necesitaba un Diagnóstico.

Capítulo Diez

El Diagnóstico Diferencial

Llegué de Walmart a casa y encontré a Ruth y a los niños arriba viendo televisión. "¿Qué estuviste haciendo, cariño?" preguntó ella.
"Fui a Walmart," respondí.
"¿Qué compraste?"
Titubeé sin responder de inmediato. "Un paquete de chicles."
"¿Un paquete de chicles?" preguntó ella.
"Es una larga historia."
"Greg, estás actuando de manera extraña. ¿Qué te pasa? Has estado tranquilo, agradable y hablador últimamente, pero también has pasado un montón de tiempo a solas. No lo entiendo."
"Estoy bien. Tan sólo tengo muchas cosas en mi mente. Me voy un rato a la oficina."
Ella sabía que yo era diferente, pero no sabía hasta qué punto había llegado yo. No estaba listo para hablar de eso todavía. Quería obtener primero un diagnóstico, y necesitaba estar a solas para pensar en ello. Entré en la oficina y me senté en una silla. Saqué un bloc de papel y un lapicero y los puse sobre el escritorio.
La mente analítica y científica de médico dentro de mí empezó a trabajar. Decidí analizar la situación como si fuera cualquier otra cuestión médica. En el campo médico, un diagnóstico se hace tomando primero una historia detallada para dilucidar los signos, los síntomas y las circunstancias de la enfermedad. Luego, se realiza un examen médico completo para buscar pistas y hallazgos que ayudarán a identificar el diagnóstico. Tras un examen detallado del historial y físico, se formula un diagnóstico diferencial. El diagnóstico diferencial es una lista de posibles enfermedades o causas para los síntomas que el paciente está teniendo. Luego, se pueden solicitar pruebas apropiadas de diagnóstico que ayuden a hallar el diagnóstico correcto.
Me convertí en mi propio paciente. Decidí llevarme a mí mismo a través del proceso de diagnóstico médico para averiguar qué estaba pasando. Los signos y síntomas que estaba experimentando eran tan inusuales que tenía que hacer esto yo sólo. Tuve miedo de que un médico habitual no me creyera, o pensase que me estaba volviendo loco y me reportase a la junta médica. Fui por cada paso rutinario y registré

los resultados y los hallazgos. Empecé con el historial que incluía signos y síntomas.

EL HISTORIAL, LOS SIGNOS Y LOS SÍNTOMAS

Los síntomas habían empezado de súbito, hacía dos semanas, después de despertar, tras una rendición emocional por la que había pasado la noche anterior. Primero, experimenté una paz, un contento y una satisfacción inexplicables, que eran independientes de las circunstancias. Esa mañana descubrí que no necesitaba a nadie ni nada para estar contento. La carencia, la soledad y el vacío en mi vida habían desaparecido sin ninguna causa aparente. Desde entonces, cada día yo tenía alegría por la vida, aunque no hubiera razón para sentirse de esa manera. A fin de experimentar eso en el pasado, siempre necesitaba un evento específico que esperar con ansias o algo que hubiera recibido. Ahora tenía ese sentimiento todo el tiempo. El deseo constante de comprar y acumular cosas se había desvanecido. La paz y el gozo que sentía aplastaban esos antojos.

La tensión, el estrés, la preocupación y ansiedad constantes que usualmente experimentaba también se habían desvanecido. Mi actitud ya no era una de cinismo y de amargura. La depresión, la miseria y la irritabilidad habían sido reemplazadas con una paz que trascendía todo entendimiento.

Esa misma mañana noté también la paciencia combinada con la ausencia de frustración en situaciones en las que, normalmente, me habría puesto nervioso. Eso iba acompañado por un amor sincero y genuino por las personas que no me agradaban y por aquellas a las que había considerado bichos raros, que normalmente me fastidiaban. Tampoco estaba sencillamente *actuando* de manera agradable y bondadosa. Era auténtico y provenía del corazón. Me sentía como si, de algún modo, tuviese un nuevo corazón. Quería hacer lo correcto incluso aunque eso me incomodara. Mi deseo típico anterior de irritar, rebajar y criticar a otros había desaparecido. A excepción de preguntarme acerca de su ausencia, ni siquiera pensaba en estas cosas, mucho menos actuaba en consecuencia.

Percibía una profunda sensibilidad para con Ruth y nuestros hijos que era nueva y transformadora. De repente, fui consciente de lo mucho que los había desatendido y cómo había desperdiciado momentos preciosos egoístamente. Estaba profundamente afligido, tenía fuertes deseos de cambiar y de ser mejor esposo y padre. Quería concentrarme en ellos en lugar de en mí mismo. Los motivos sutiles detrás de mis acciones, los cuales eran egoístas y tortuosos, también eran revelados a mi conciencia de un modo extraño.

Había sido un dador y un beneficiario egoísta toda mi vida. Mis acciones externas podrían haber parecido agradables, pero el verdadero ímpetu detrás de ellas era egoísta. Yo daba con astucia a fin de conseguir algo o para promover mi propia agenda. Egoístamente tomaba de la vida lo que quería. Hacía lo que quería cuando quería a expensas de todos los demás. Todo había girado en torno a mí.

Esa parte de mí parecía estar ahora ausente. De súbito fui consciente, por primera vez, de las motivaciones egoístas, de un modo que me afligía. En el pasado, en mi subconsciente sabía lo que estaba haciendo, pero lo hacía de todos modos. No sólo me molestaban esos comportamientos, sino que era capaz de detenerlos y hacer cambios. Tenía un recién encontrado poder para no ser egoísta, el cual no podía explicar.

Aquella primera noche que llegué a casa, por poner un ejemplo, pasé tiempo con mi esposa e hijos en lugar de desperdiciar el tiempo a solas en la computadora o frente a la televisión. No lo hice para evitar ir a dormir "a la caseta del perro" ni para añadir tiempo en el "reloj de tiempo de calidad como padre" para conseguir puntos, sino porque mi corazón verdaderamente lo deseaba.

Esa sensibilidad y consciencia de egoísmo también estaban presentes cuando cometía errores. Incluso aunque pasé por un cambio radical en una sola noche, estaba lejos de la perfección. En ocasiones, seguía teniendo malos pensamientos y no siempre hacía las cosas correctas. Mejoré sustancialmente, pero aún estaba plagado de problemas. La diferencia era que, ahora, era *consciente* de mi conducta reprensible. En el pasado, no sólo estaba ciego ante ello, sino orgulloso de ello. Pero, ahora, si decía algo incorrecto, me venía un sentimiento horroroso hasta que rectificaba la situación. Es como si el sentimiento lo *supiera*, ya que el horror solamente se iba después de que yo hubiera pedido disculpas. Era bastante más fácil ahora decir "Lo siento" y "por favor, perdóname." Antes, rara vez pronunciaba yo estas palabras.

El signo más perplejo, no obstante, era una completa exclusión de todas las palabras soeces de mi vocabulario. Solía usarlas todo el tiempo en oraciones como sustantivos, verbos y adjetivos. Salían volando de mis labios automáticamente, pero ahora no salían ni siquiera estando en situaciones de estrés. Todos estos signos y síntomas aparecieron de súbito, en el mismo día.

No me sentía mal, cansado, ni sistemáticamente enfermo. De hecho, mi energía y bienestar general habían mejorado. No había signos de enfermedad mental, problemas cognitivos, ni de pensamientos o conducta inusuales—más allá de mis cambios positivos. La medicación que tomaba a diario para la migraña no había sido cambiada por error en la farmacia. Ni mis hábitos alimenticios ni el consumo de alcohol habían variado. No existían historias de viajes ni de exposición a sustancias o situaciones inusuales. No estaba tomando drogas ilegales ni suplementos a base de hierbas. Ninguna otra persona de mi familia ni de mi lugar de trabajo me había mencionado que hubiera experimentado síntomas similares.

Lo único distinto que había antes de que los síntomas comenzasen era el reciente interés en la Biblia y en Jesucristo. Había pasado incontables horas estudiando y contestando cada pregunta que me venía a la mente mientras examinaba la validez de la Biblia. Justo antes de que empezaran los síntomas, yo había tomado la decisión intelectual reciente de ser cristiano.

Durante la noche inmediata anterior a la aparición de los síntomas, había tenido una crisis emocional y había clamado a Dios por ayuda y perdón. Era un momento de introspección y de concienciación de mis pecados. Tome la decisión consciente de creer que Jesucristo era Dios y de que él murió por mis pecados personales y resucitó de manera literal. Reflexioné en mi crisis y recordé que me había comprometido personalmente con Jesús al suplicarle por un cambio y por perdón.

Sin embargo, en ese momento no me di cuenta, ni sentí nada diferente. Imaginé que me había puesto emocional debido a mis estudios religiosos. Esa noche había dormido como un bebé por primera vez en muchos años. A la siguiente mañana fue cuando los nuevos síntomas aparecieron repentinamente.

Los signos y síntomas no parecían ser temporales, pero habían persistido durante dos semanas sin ningún cambio notable. Ni estaban mejorando ni empeorando, sino que se mantenían estables. No eran intermitentes; los experimentaba todo el tiempo. Los síntomas eran totalmente originales; nunca antes los había experimentado. Otras personas, en especial en el lugar de trabajo, donde la personalidad de uno se muestra plenamente y es puesta bajo el microscopio, podían darse cuenta de que había algo distinto en mí.

EL EXAMEN FÍSICO

La siguiente parte del proceso de diagnóstico era el examen físico. Este es un examen directo de mi cuerpo real en busca de pistas para el diagnóstico. Yo tenía un juego de repuesto de instrumentos médicos en el armario de la oficina. Los guardaba a la mano para cuando estaba de guardia.

El examen físico fue totalmente normal. Me examiné a mí mismo, ya que ni podía, ni quería contarle a nadie qué pasaba. La presión arterial, la temperatura y la frecuencia cardíaca eran normales. Los ganglios linfáticos no estaban agrandados, y la glándula tiroidea no se palpaba (normal). El corazón y los pulmones sonaban normales, y no se halló nada en el abdomen. No tenía ninguna erupción, ni áreas de sensibilidad, ni otros hallazgos visibles. El examen neurológico autodirigido también fue completamente normal. Los reflejos, el equilibrio y otras pruebas para el cerebro resultaron sin hallazgos anormales. Los resultados del examen físico fueron irrelevantes.

LA PRUEBA

La siguiente parte del proceso era la prueba. La prueba es un modo de reproducir signos y síntomas o medir o examinar partes del cuerpo de forma directa. Tenía miedo de visitar a nuestro médico de cabecera y de contarle lo que me estaba ocurriendo. Sabía que él pensaría que yo había perdido el juicio. Por tanto, no podía solicitar ningún examen sanguíneo ni estudios radiológicos. Quería que me hicieran una resonancia magnética de la cabeza para buscar un tumor en el cerebro, pero tendría que resignarme sin ello.

Sin embargo, ya había sometido a prueba cada síntoma para ver si se podían reproducir y eran consistentes. La Prueba de Walmart demostró varias cosas: yo tenía paciencia, lo cual era totalmente nuevo. No había sido afectado de manera negativa por las largas filas ni por los locos compradores navideños. La ira, el odio, la frustración y el mal genio no habían aflorado ni siquiera en circunstancias de estrés.

Aprendí unas cuantas cosas sobre mí durante el proceso. ¡Yo era egoísta! Mi impaciencia era, en realidad, una expresión externa de un corazón egoísta. Yo soy especial y no debería tener que esperar—¡ya! ¡Quiero servicio inmediato! Incluso la ira, la frustración y el mal genio, todos estaban relacionados con una personalidad egocéntrica. Odiaba a la gente que estaba delante de mí en las filas, porque me hacían esperar. La frustración y la ira, eran de igual modo, la manifestación del egoísmo cuando no era atendido ni satisfecho inmediatamente. Por primera vez comprendí que todas esas características estaban ligadas con una personalidad narcisista en la que todo se trataba de mí mismo.

La Prueba del Vecino Menospreciado demostró que yo sentía amor y preocupación por las personas que antes no me agradaban. Mi reacción ante una ancianita exigente en la consulta con "una lista," confirmaba esta nueva actitud hacia las personas. Estaba totalmente fuera de mi carácter típico. Sentía amor por los indignos de ser amados y no me perturbaban las cosas ni las personas que eran irritantes.

La desaparición de las palabras soeces fue examinada cuando me golpeé la cabeza, cuando perdí la billetera y cuando vi en televisión que el equipo favorito de fútbol iba perdiendo. Ninguna de estas situaciones suscitó ninguna palabra irreverente.

La paz, la calma, la sensación de serenidad y satisfacción que yo sentía también permanecían. Niños que gritaran, enfermeras que fastidiaran e incluso conductores arrogantes que me cerraran el paso en el tráfico no evocaban a mi antiguo yo. En realidad estaba siendo probado continuamente, ¡no obstante pasaba! Casi cada situación de la vida se había constituido en una validación para esta nueva persona en la que yo me había convertido.

Finalmente, la Prueba de la Compra por Internet no evocó el más ligero impulso por comprar. El deseo de comprar cosas constantemente estaba, extrañamente, ausente.

Ahora era el momento para un análisis de los datos que había recopilado. Fui arriba y me hice una taza de café espresso para poder trabajar hasta tarde. Fui al sótano y cerré la puerta. Mi esposa y mis hijos estaban durmiendo y no quería despertarlos. Traje mi libro de texto de enfermedades médicas y quirúrgicas para tenerlo como referencia.

EL ANÁLISIS DE LOS SÍNTOMAS

Este era un problema desconcertante, pues todos los cambios que había notado eran, a primera vista, ¡deseables! Trataba de diagnosticar qué pudo haber causado mi cambio para mejorar de forma tan repentina y dramática.

Empecé por analizar los síntomas con detenimiento. Los anoté todos y busqué patrones o modos de agruparlos. Descubrí que los síntomas podían dividirse en dos categorías: los síntomas nuevos que habían aparecido súbitamente y los antiguos síntomas que se habían desvanecido de pronto.

No sólo había perdido comportamientos malos, sino que, en cierto modo, había ganado al mismo tiempo conductas nuevas y buenas. Nunca había considerado a mis antiguos modales como "síntomas" hasta ahora. Siempre pensé que la preocupación, la ansiedad, la ira y el sentido de vacío, por poner un ejemplo, eran normales. Sin embargo, ahora que habían desaparecido, pensaba que era importante considerarlos en el proceso de diagnóstico. En algunas enfermedades, es posible tener síntomas por tanto tiempo que llegan a convertirse en algo normal. Una vez curada la enfermedad, estos desaparecen, y se evidencia que fueron síntomas todo el tiempo. Todo cuanto había cambiado en mí, antiguo y nuevo, era ahora parte del rompecabezas del diagnóstico.

Puse en una lista cada uno de los aspectos que habían cambiado. Reflexioné en la lista por un tiempo y me di cuenta de que podía subdividirse en dos categorías: síntomas que afectaban o involucraban a otras personas y aquellos que, mayormente, me afectaban a mí o que experimentaba a nivel interno.

Organicé todo en un cuadro para que me ayudase en el proceso de diagnóstico. Sume en la parte inferior todos los síntomas, antiguos y nuevos, para cuantificar los cambios.

El cuadro aparece en la siguiente página.

I. Síntomas Relacionados Conmigo Mismo	
Antiguos Síntomas Desaparecidos:	**Nuevos Síntomas Presentes:**
Carencia, Vacío, Insatisfecho, Descontento, Desencantado (vida es vana)	Paz, Plenitud (vida completa), Satisfecho, Contento
Soledad, Desolación	Amor, Paz
Miserable, Deprimido, Desanimado, Cínico	Gozo
Preocupación, Ansiedad, Tensión, Presión	Paz, Calma
Impaciencia, Exigente, Intolerante	Paciencia
Codicia, Avaricia (adquirir para sí mismo), Autoindulgente, Glotonería	Benevolencia (dar a otros), Paz
Negativo, Pesimista	Positivo, Optimista
II. Síntomas Relacionados con Otras Personas	
Antiguos Síntomas Desaparecidos:	**Nuevos Síntomas Presentes:**
Ira, Mal Genio/Berrinches, Precipitado	Gozo, Autocontrol
Insensible, Cruel, Indiferente, Ofensivo, Desconsiderado, Brusco	Bondad, Cariñoso, Interés
Odio, Aversión, Envidia, Celos, Menosprecio, Desdén, Esnobismo, Condescendencia, Ridiculez, Despreciativo, Burlón, Grosero, Desamoroso, Hostil, Antagonista, Animosidad, Enojo, Crueldad, Calumniador	Amor
Desagradecido, Ingrato, No Apreciativo	Amabilidad
Amargura, Irritabilidad	Complaciente, Agradable
Obstinado, Inflexible	Amor
Orgullo Competitivo (deseo de sobrepasar a otros)	Humildad No Competitiva (deseo de los demás)
Total # Síntomas Diferentes: 62	**Total # Síntomas Diferentes: 16**

El Diagnóstico: Dios

Mientras estudiaba el cuadro noté varias cosas. Primero, los antiguos síntomas eran malos y nocivos, mientras que los nuevos eran buenos y beneficiosos. En mayor profundidad, los antiguos síntomas eran más complicados y numerosos que los nuevos. ¡Sesenta y dos antiguos habían sido reemplazados por sólo 16 nuevos! Los nuevos síntomas eran más sencillos.

Yo me había sentido, por ejemplo, miserable, deprimido, furioso, negativo, con mal genio e infeliz, pero, ahora, tan sólo el gozo los reemplazaba a todos ellos. La preocupación, la ansiedad, la tensión, la frustración, la soledad, el sentimiento de carencia y el de no sentirse pleno, y el desencanto con la vida eran reemplazados con una paz indescriptible que trascendía mi comprensión. Dos nuevos síntomas substituían a una plétora de los antiguos.

No podía entender cómo era posible, pero era cierto en casi toda categoría. Parecía haber muchas más formas de hacer las cosas mal o de experimentar la vida negativamente que al contrario. ¡Los nuevos síntomas simplificaban mi vida! Parte de la paz que estaba experimentando parecía emanar de la simplicidad de mi mente, corazón y relaciones.

Era una información interesante, pero notaba que había algo más por descubrir en el cuadro. Lo revisé por treinta minutos y busqué respuestas. Sentí que estaba trabajando con un rompecabezas compuesto por muchos síntomas distintos que, de algún modo, encajaban juntos para formar una imagen. El cuadro ponía las piezas en orden, pero no las juntaba. Yo sabía que los síntomas estaban interrelacionados, como las piezas de un rompecabezas, pero no era capaz de juntarlas todavía.

Yo había vivido con los antiguos síntomas por largo tiempo y con los nuevos durante sólo dos semanas. Sabía que la desaparición de los antiguos estaba, en cierto modo, directamente relacionado con la aparición de los nuevos. Finalmente, me vino a la mente algo que desentrañó el misterio y solucionó el rompecabezas.

LA REVELACIÓN DE LOS SÍNTOMAS

La esencia misma de mis síntomas antiguos era el primer agrupamiento del cuadro. El sentido de carencia, el vacío y el sentimiento de que la vida carecía de significado eran el núcleo y la fuerza motriz para todos los síntomas antiguos, tanto en lo personal como en las relaciones. Todo se originaba con ese conjunto básico. Ese grupo de síntomas antiguos era el núcleo que controlaba a todos los demás. Empecé haciendo un diagrama para vincularlos e interrelacionarlos. Las piezas encajaban juntas a la perfección.

El vacío y el sentimiento de carencia me hacían codiciar cosas y tener avaricia, ya que pensaba que las experiencias del materialismo y de la vida eran la cura. Esas cosas, sin embargo, requerían dinero, lo cual me obligaba a concentrarme en mi carrera y en mi realización personal. Si conseguía un buen empleo que pagase mucho dinero, podría comprar y experimentar las cosas que me faltaban para llenar el vacío. Finalmente, una vez que las tenía, terminaba frustrado, irritado, y amargo, porque no llenaban mi corazón del modo que pensaba que lo harían. Eso despertaba el deseo por cosas más grandes, mejores y en mayor cantidad, lo cual solamente agravaba el ciclo entero.

Mi anhelo por cosas más grandes, mejores y en mayor cantidad requería cada vez más dinero para comprarlas o experimentarlas. Cada vez que no lograban satisfacerme ni llenarme, el resultado era más agitación, frustración y miseria. Eso se convirtió en el círculo de retroalimentación de nunca acabar. Este ciclo era el impulso para cada hobby, vacaciones, carro, reloj de pulsera, artículo de vestir, concupiscencia e interés en mi vida. Todas las cosas, directa o indirectamente, eran el resultado de sentirme desolado e insatisfecho en la vida. Nunca me había dado cuenta de eso hasta ahora.

Este proceso interminable y fútil para llenar la vacante de mi corazón causó una vida egocéntrica y autoindulgente que resultó en insensibilidad y despreocupación por los demás. No tenía tiempo, energía ni espacio para nadie sino para mí mismo.

Una vez que alcanzaba cierto nivel de éxito, empezaba a experimentar preocupación, temor y ansiedad. Ahora era capaz de entender la razón. Todo mi afán por sentirme completo en la vida mediante la autocomplacencia, realización propia y auto-indulgencia era como un fuego voraz que necesitaba ser alimentado constantemente. Cuanto más lo alimentaba, tanto más grande se hacía. Llegado a cierto punto, comprendí que si algo me ocurriese a mí, a mi carrera o al flujo de dinero, ya no sería capaz de alimentar ese fuego más. Si el dinero cesaba o no podía alimentar ese fuego, el vacío quedaría expuesto. Tendría que enfrentar la verdad y estaba insatisfecho con la vida a pesar de tener todo aquello que podría pedir. El temor emanaba del sentimiento de carencia y de vacío. El fuego voraz se mantenía ardiendo para continuar distraído y ocupado a fin de poder olvidarme del vacío en mi corazón.

La combinación de este ciclo vicioso y de sus consecuencias producía tensión, depresión, cinismo y amargura. Había trabajado toda mi vida para alcanzar la cima, pero me parecía más vacía que cuando empecé. Todo cuanto había logrado no conseguía cautivarme ni llevarse el vacío. Siempre había ansiado todas las cosas que podría algún día comprar y experimentar, pero una vez que las poseía no quedaba nada más que me diese esperanza. El resultado era una paradoja de miseria a partir del éxito.

Toda esta situación personal estableció después las bases para mi trato con los demás. Cada característica inicua que mostraba hacia las personas emanaba primero de mi miseria. Mostraba ira, mal genio y sarcasmo, porque depositaba en los demás mi angustia personal. La crueldad, el odio y la crítica eran el resultado de derribar a otras personas para edificarme a mí mismo. El orgullo competitivo era un intento de compararme, superarme y sentirme superior al resto a fin de tranquilizar mi propia aflicción interna. Continué encajando todas las piezas juntas. El vacío y el sentimiento de carencia eran la causa raíz y el origen de todo.

Me asombró la facilidad con la que ahora entendía los orígenes y senderos que me conducían a convertirme en el monstruo que era. Los nuevos síntomas proveían la revelación que interrelacionaba todos los antiguos. Si el origen de lo malo era un estado interno de carencia, entonces, el nuevo estado de sentirme realizado y completo eliminaba la causa raíz para todo lo demás. Eso rompía los ciclos antes de que siquiera pudiesen empezar. El diagrama me ilustraba con qué variación afectaba lo básico a todo lo demás, en lo personal y en las relaciones.

Ahora que sentía gozo, paz y satisfacción en la vida, ya no necesitaba perseguir cosas, personas, dinero o experiencias. Eso eliminaba la frustración, la amargura y la miseria que su incapacidad para satisfacerme siempre había causado. Estaba libre del círculo vicioso y del fuego consumidor que había usurpado todo mi tiempo y energía. El fuego voraz de la codicia, avaricia y auto-indulgencia se había extinguido. Ya no lo tenía que alimentar nunca más. Se había quitado de mí una enorme carga y tensión. Esos cambios simplificaron drásticamente mi vida en tan sólo dos semanas.

La euforia interna, que estaba ahora presente y era independiente de mi situación, que yo definía como gozo, también afectaba mis relaciones drásticamente. Las empoderaba y cambiaba desde adentro hacia afuera. ¡No tenía que atribuirle nada a los demás, derribar a nadie, ni sentirme superior ya que me sentía realizado tal y como yo era! Ya no necesitaba concentrarme en mí mismo. Estaba libre para concentrarme en los demás, en especial en Ruth y en los niños. La paz y satisfacción personal guillotinaban directamente esa parte desgraciada de mi carácter.

Las piezas del "rompecabezas de síntomas" encajaban unas con otras a la perfección. Las junté haciendo un diagrama que interrelacionaba todos los síntomas antiguos (página siguiente). Esta ilustración era el rompecabezas completo de mis antiguos síntomas. Tal como los rompecabezas que había solucionado de niño, las piezas, una vez puestas juntas, formaban una imagen. Veía mi propio corazón. El diagrama ilustraba qué me hacía palpitar en cada aspecto de mi vida. Los síntomas y cambios afectaban mi actitud, motivos, deseos, pensamientos, sentimientos, emociones y conciencia. Cada aspecto de mi vida, personalidad y carácter había sido cambiado. Eso significaba que tenía un corazón nuevo desde el día en que desperté como una nueva persona. ¿Cómo era posible eso? Cualquier diagnóstico debería explicarlo todo. Tenía la corazonada de que no había una respuesta médica, pero aún quería considerar las posibilidades y descartarlas.

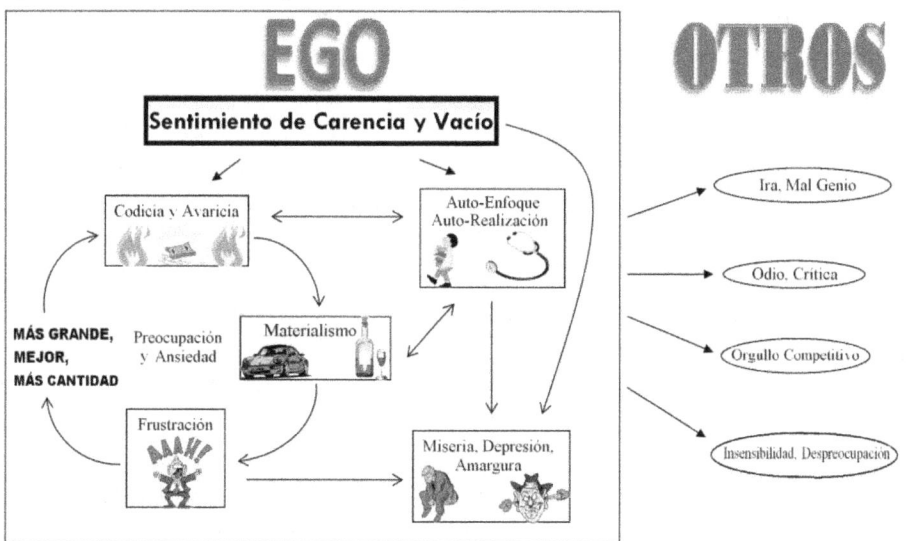

EL DIAGNÓSTICO DIFERENCIAL

Hice una lista de los diagnósticos posibles. Incluí algunos que eran poco probables y lo hice así para asegurarme de que mi análisis estuviera completo.

El diagnóstico diferencial abarcaba lo siguiente: enfermedad psiquiátrica, euforia autoinducida a partir de una crisis emocional, un fármaco o sustancia externa, desequilibrio hormonal debido a una enfermedad endocrina o cancerígena y cáncer en el cerebro.

El Diagnóstico: Dios

La enfermedad psiquiátrica no tenía sentido, porque mi cognición, pensamientos, emociones y acciones eran del todo normal. No estaba frenético, sobreexcitado ni hiperactivo, lo cual puede originar la manía. Mi habla no era rápida, ni tampoco fragmentada, como es característico de esa enfermedad.

Al comienzo, una euforia autoinducida pareció ser una buena candidata, hasta que empecé a pensar en el tipo de síntomas que estaba teniendo. *Tú, simplemente, no puedes cambiar así de esa manera,* dije para mí. Las emociones, sentimientos y reacciones ante situaciones—como la ira, por ejemplo—están profundamente enlazadas dentro del cerebro y del sistema nervioso y van ligadas a sustancias químicas y hormonas. Sabía en mi calidad de médico, que los cambios radicales que estaba experimentando eran equiparables a los cambios radicales en mi cerebro, mi sistema nervioso y mi química corporal. Tales procesos obran en el cuerpo a nivel molecular y celular. Necesitaba un diagnóstico que relacionara los síntomas y que pudiera explicar los cambios en la química corporal y en la actividad nerviosa.

Los fármacos, el alcohol y otras sustancias que pueden alterar los estados de ánimo y aportar una falsa sensación de paz o relajación obran en el cuerpo a nivel celular. Esa era, exactamente, la razón que sospechaba respecto a una sustancia extraña al inicio de mi investigación concerniente a mi nuevo yo. El Valium podría haber sido un buen candidato, pero no había tomado ninguno. Verifiqué mi receta, un beta-bloqueador diario para la migraña, pero eso no podía producir dichos síntomas. También, se había prescrito correctamente y no había sido cambiado en la farmacia por error. La Marihuana era otra sustancia que podría producir temporalmente algunos de esos tipos de síntomas, pero no la utilizaba.

Si, realmente, había sido cambiado en ausencia de agentes externos que ingresaran en mi cuerpo, y habiendo eliminado todos los que eran relevantes, decidí que las sustancias producidas internamente eran los próximos candidatos a examinar.

Los desequilibrios químicos y hormonales de una enfermedad endocrina o cáncer pueden producir muchas alteraciones internamente. Sin embargo, debido a su repentina aparición y a la amplia gama de síntomas dramáticos que estaba teniendo, estos no encajaban. Las enfermedades de la tiroides, la glándula suprarrenal y de la glándula pituitaria pueden causar síntomas emocionales y psicológicos, pero no de modo repentino ni total. No tenía sentido que alguna hormona o sustancia relacionada con el cáncer afectase a tan amplia variedad de emociones y rasgos de personalidad. Ciertamente no explicaba el amor por las personas que no me agradaban. *¡¿Cómo podía algo apuntar de forma selectiva a las palabras soeces?!* Me preguntaba.

El cáncer cerebral era sumamente improbable por esas mismas razones. No tenía dolores de cabeza ni síntomas neurológicos.

Después de todo esto, seguía sin tener diagnóstico ni candidatos que parecieran razonables. ¿Ahora qué? Tenía un corazón nuevo, pero no tenía ni idea de cómo lo había obtenido. No sabía qué hacer ni qué pensar.

El Diagnóstico Preliminar

Capítulo Once

El Diagnóstico Preliminar

Eran las once de la noche. Todos estaban dormidos y yo todavía estaba en la oficina de casa. Miré por la ventana hacia abajo a la calle vacía. Yo era un médico orgulloso que comprendía el cuerpo humano, pero no tenía ni una pista de lo que estaba ocurriendo con mi propia existencia. Mi corazón estaba perturbado y perplejo por este enigma. Estaba cansado y quería ir a dormir, pero me parecía que me estaba perdiendo algo. Estaba cautivado por el modo en que todos mis síntomas encajaban juntos, aunque no tenía un diagnóstico. Decidí seguir adelante hasta la medianoche y después dejarlo todo ahí. Volví a los conceptos básicos del diagnóstico médico. El historial siempre es importante. Me pareció que era importante revisar una vez más las circunstancias que rodeaban el inicio de mis síntomas, en caso de que me hubiera perdido algo.

La última vez que yo era "normal" o era mi antiguo yo, fue cuando me acosté aquella noche después de clamar a Dios, pensé. La Biblia y el Cristianismo eran lo único nuevo introducido en mi vida, pero yo no lo había tenido en cuenta en El Diagnóstico Diferencial. Decidí coger la Biblia para leer un poco. Esta era la primera vez que leía la Biblia después que empezaron los síntomas. Habían pasado unas dos semanas. Abrí al azar, el Nuevo Testamento en Romanos capítulo seis y empecé a leer.

Inmediatamente me di cuenta de que la Biblia estaba más clara, entendible e interesante. Muchos pasajes que leí la primera vez, no tenían sentido o me parecieron extraños. Ahora, sin embargo, me parecía que podía entender lo me estaba enseñando. Las palabras se tornaron vivas y su mensaje estaba más claro. Tenían una aplicación e impacto personal que eran nuevos. Había un sentimiento extraño e intangible dentro de mí. Era parecido a obtener uno su primer par de lentes. Ahora podía "ver" y leer con mayor claridad que antes. Eso era extraño. Una vez que empecé a leer, no podía parar. Tenía un impulso nuevo de seguir leyendo las Escrituras.

Me intrigó instantáneamente, porque Romanos capítulo seis enseña que algo literal le sucede a una persona cuando se convierte en creyen-

El Diagnóstico: Dios

te. El Apóstol Pablo, autor del libro, declaró que el "viejo hombre está muerto" y que el cristiano ha sido "liberado del pecado." Seguí leyendo este pasaje, ya que resonaba dentro de mí. Ambas declaraciones me parecían familiares. Ya había experimentado el ser liberado del pecado, desde que había cambiado. Me pareció que mi antiguo yo había desaparecido o estaba muerto. Durante la semana anterior, había sido una persona diferente en todas las formas imaginables. El antiguo Greg Viehman estaba prácticamente muerto en mi vida. Pablo elaboró este concepto al declarar que el viejo yo ha sido "crucificado con Jesús" y "se ha levantado para caminar en nueva vida." De manera incomprensible, parecía que esto también describía mis síntomas. ¿Qué rayos quiso decir Pablo? ¿Podía lo que él estaba describiendo ser la respuesta?

Mi corazón iba a toda velocidad y me sudaban las palmas de las manos. Tenía una honda sensación de estar en lo cierto. Las cosas que estaba leyendo parecían describir lo que estaba experimentando. Leí Romanos capítulos siete y ocho en busca de más información. El capítulo siete enseña que Jesús es la respuesta para esta lucha contra las malas actitudes que una persona no puede controlar normalmente. Este concepto se correspondía con mis síntomas, pero no entendía cómo pudo Jesús estar involucrado en ello hasta que leí el capítulo ocho.

Este capítulo seguía mencionando que el Espíritu de Dios vive *dentro de* los cristianos. Incluso definía a un verdadero cristiano como alguien que tiene el Espíritu de Dios viviendo en su interior. Leí este pasaje una y otra vez.

> *Pero ustedes no son dominados por su naturaleza pecaminosa. Ustedes son dominados por el Espíritu si tienen el Espíritu de Dios viviendo dentro de ustedes. (Y recuerden que los que no tienen el Espíritu de Cristo viviendo dentro de ellos no le pertenecen a él en absoluto.) Y Cristo vive dentro de ustedes, de modo que aun cuando su cuerpo morirá debido al pecado, el Espíritu les da vida, porque ustedes han sido justificados con Dios. El Espíritu de Dios, que levantó a Jesús de los muertos, vive dentro de ustedes. Y tal como Dios levantó a Jesucristo de los muertos, él dará vida a sus cuerpos mortales por este mismo Espíritu que vive dentro de ustedes.*
>
> *Por lo tanto, queridos hermanos y hermanas, ustedes no tienen obligación de hacer lo que la naturaleza pecaminosa les insta a hacer. Pues si viven por sus dictados, ustedes morirán. Pero si, mediante el poder del Espíritu, hacen morir las obras de su naturaleza pecaminosa, ustedes vivirán. Pues todos los que son conducidos por el Espíritu de Dios son hijos de Dios.*

> *De modo que ustedes no han recibido un espíritu que les hace esclavos temerosos. En lugar de eso, ustedes recibieron el Espíritu de Dios cuando él les adoptó como sus propios hijos. Ahora le llamamos: "Abba, Padre." Pues su Espíritu se une a nuestro espíritu para afirmar que nosotros somos hijos de Dios. (Romanos 8:9-16 NTV)*

¿Qué significaba eso de que el Espíritu de Dios vive dentro de ellos? ¿Cómo podía ser eso? Busqué más versículos y encontré este. Mi Biblia de estudio tiene referencias para versículos sobre temas similares, lo cual me hacía fácil investigar estos conceptos.

> *Y ahora ustedes, los gentiles, también han oído la verdad, Las Buenas Nuevas de que Dios les salva. Y cuando ustedes creyeron en Cristo, él les identificó como suyos propios al darles el Espíritu Santo, el cual él les prometió largo tiempo atrás. El Espíritu es la garantía de Dios de que él nos dará la herencia que prometió y de que él nos ha comprado para ser su propio pueblo. Él hizo esto de modo que le alabemos y le glorifiquemos. (Efesios 1:13-14 NTV)*

Repasé esto varias veces e intenté aplicármelo a mí. Me concentré en la frase clave "cuando ustedes creyeron en Cristo." Este momento de creer parecía ser un punto crítico en el tiempo en que un cristiano recibe el Espíritu Santo, lo que sea que esto significase. Revisé mi viaje cristiano en busca de pistas.

Primero había creído *intelectualmente* en Jesús, pero, luego, una semana más tarde, personalmente clamé a él por perdón y por un cambio. Después de la creencia intelectual no me sentía significativamente distinto, pero desperté como una persona diferente tras arrepentirme y rendirme a Jesús con corazón completo la noche anterior. *¿Significa esto que tengo el Espíritu de Dios viviendo dentro de mí?! ¿Es eso posible? ¿Existe una realidad actual para el Cristianismo? ¿Podría esto explicar mi cambio?* Me pregunté. Mi corazón palpitaba de emoción. Seguí indagando. Encontré otro versículo donde Jesús hablaba del Espíritu Santo.

> *"Si me aman, obedecerán mis mandamientos. Y yo pediré al Padre, y él les dará otro Abogado, que nunca les abandonará. Él es el Espíritu Santo, que les guía a toda la verdad. El mundo no puede recibirlo, porque no lo busca y no lo reconoce. Pero ustedes lo conocen, porque ahora vive con ustedes y más tarde <u>vivirá dentro de ustedes</u>." (Juan 14:15-18 NTV, subrayado añadido)*

La Biblia estaba diciendo de forma expresa que yo era salvo y que el Espíritu de Dios estaba ahora viviendo dentro de mí. Esa era una posibilidad alucinante. *Si la salvación realmente resulta en un cambio literal en la existencia de una persona, entonces, esta podría ser la respuesta*, pensé. Yo tenía un diagnóstico preliminar de "salvo," pero necesitaba comprender cómo funcionaba y si eso podría explicar mis síntomas. ¿Qué significaba "salvo?" ¿Cómo había sido salvo yo? Jesús se refirió al Espíritu Santo como "él," una persona. ¡Vaya! ¿Cómo podía estar él dentro de mí? ¿Quién es el Espíritu Santo? ¿De qué modo podía eso explicar los síntomas que yo estaba teniendo?

Se había hecho muy tarde y yo necesitaba dormir. Estaba tan embelesado que quería continuar, pero mis pestañas se me cerraban por el peso de la fatiga. Me metí en la cama. Mi mente galopaba con pensamientos y preguntas. No podía esperar hasta el día siguiente. Yo sabía que estaba ante algo grande, pero no tenía ni idea de lo insondablemente colosal que era eso.

Capítulo Doce

La Enfermedad del Pecado

A la mañana siguiente tenía medio día de trabajo. Tan pronto terminé me fui a la librería local. Quería averiguar algo más sobre el Espíritu Santo. Entré y me dirigí a la sección de libros religiosos. Me encantó encontrar un libro llamado *El Espíritu Santo* por Billy Graham.[69] Lo compré y me apresuré hacia casa para estudiar un poco. Apenas pasaba del mediodía y los niños no llegarían a casa hasta las tres en punto, y mi esposa estaba fuera, de modo que tenía la casa para mí sólo. Subí a la oficina y revisé todo lo que había descubierto el día antes. Tomé algunas notas rápidas en preparación para la lectura.

Abrí el nuevo libro y empecé a revisar rápidamente los capítulos en busca de la información pertinente. La Facultad de Medicina me había enseñado a encontrar y asimilar hechos rápidamente. Yo estaba demasiado emocionado como para empezar a leer desde el comienzo. Inmediatamente encontré unos cuantos conceptos nuevos que lo cambiaron todo.

El Sr. Graham declaraba que la raíz del problema de toda la humanidad era el pecado. Cuando una persona es "salva," él o ella es rescatada del estado del pecado. Yo no entendía plenamente lo que era el "pecado," pero me daba cuenta de que él implicaba que el pecado era el resultado de los malos comportamientos y acciones de las personas. Jesús era como la "cura" para la "enfermedad" del pecado. Si Graham tenía razón, entonces lo que me había acaecido era en realidad una cura, y no una extraña enfermedad. Si era así, quería empezar el análisis completamente de nuevo, porque si la Biblia era verdad, entonces yo había efectuado todo el proceso de diagnóstico al revés.

Antes de que La Transformación tuviera lugar en mi vida, pensaba que yo estaba sano y normal. No obstante, la primera mañana en que desperté como una nueva persona, me preocupé de que estuviera enfermo y de que no estuviera normal debido a los síntomas que estaba teniendo. Supuse que mi nuevo comportamiento, personalidad y conciencia apuntaban a un estado patológico, ya que había sido tan repentino, radical e inexplicable. Traté de diagnosticar qué estaba mal conmigo por los síntomas que estaba teniendo.

El Diagnóstico: Dios

Sin embargo, si Billy Graham tenía razón, entonces, yo tenía todo al revés. Antes de ser salvo, yo había estado realmente enfermo y afectado por el pecado, durante toda mi vida, sin saberlo. Los síntomas que estaba teniendo después de La Transformación eran en realidad signos de la curación de Jesucristo. Estuve evaluando los resultados de mi salvación como una enfermedad, ¡sin saber que había sido salvo o sin siquiera saber lo que significaba "salvo!"

Si el pecado es como una enfermedad, entonces, en realidad, ¡yo había empezado estando enfermo e infectado por el pecado, pero pensando que estaba normal, y terminé curado y salvo sin saberlo, y no obstante, interpretaba estos cambios como anormales! ¿Podría yo haber vivido una vida entera con una enfermedad del pecado sin diagnosticar, pensando que yo era normal? ¿Era posible, entonces, que yo hubiera sido salvo y curado del pecado sin saberlo, pensando que era anormal?! Esta posibilidad estaba tan fuera de todo alcance que jamás hubiera esperado o hubiera podido entender que yo estaba en estado de shock. Si eso era cierto, entonces, todo el concepto de mi existencia habría estado equivocado desde que era un niño. Debía averiguar si eso era realmente posible. Necesitaba realizar un análisis más detallado de mí mismo con anterioridad a de La Transformación, cuando, (como yo ahora entendía), supuestamente tenía la enfermedad del pecado.

Actualicé el diagnóstico preliminar a "salvo" de la enfermedad del pecado. ¿Realmente podía este diagnóstico tener sentido y explicar todo a tal punto que yo pudiera creerlo? Me sumergí en el libro del Sr. Graham y en la Biblia y busqué respuestas e información. Encontré una plétora de información para ayudarme a renovar el proceso de diagnóstico. Necesitaba redefinir la enfermedad, los síntomas, la cura, el mecanismo de la cura y los resultados de la cura. Una vez que tuve estas definiciones y descripciones, sería capaz de relacionarlas con mi situación y ver si explicaban de manera adecuada lo que me había ocurrido.

LA NATURALEZA DE MI EXISTENCIA

La enfermedad original que la Biblia afirmaba que yo padecía desde el nacimiento, sin ser consciente de ello, era el "pecado," pero, ¿qué es el pecado? Yo ya había admitido que tenía acciones pecaminosas, pero era evidente que había mucho más envuelto en ello que sólo el mal comportamiento, según la Biblia. A fin de entender plenamente la enfermedad del pecado, primero necesitaba aprender lo que la Biblia declaraba sobre mi propia existencia. ¿De qué se compone un ser humano?

Descubrí que los seres humanos están, supuestamente, hechos de un cuerpo físico carnal con un espíritu/alma interna que existe para siempre. Por tanto, el hombre se compone de un cuerpo y de un espíritu/alma. El cuerpo es físico y tangible. Nos permite interactuar en un mundo físico. El espíritu/alma, como se explica en la Biblia, es intangible. Si el hombre tenía un espíritu/alma, esta sería la fuente de la persona real. Pensé en una analogía que hacía que esto fuera más fácil de entender.

El cuerpo físico es como el hardware de una computadora, mientras que el espíritu/alma es análogo al software. El hardware es la carcasa exterior, visible y física que interactúa con el mundo como lo hacen nuestros cuerpos físicos. El espíritu/alma del hombre, o "software," se manifiesta por medio de vivir dentro del cuerpo físico, o "hardware." El hardware de una computadora se averiará y sufrirá desgaste y se desgarrará como lo hacen nuestros cuerpos. Sin embargo, el software que actúa dentro de la computadora no causa la avería física y puede ser insertado en un nuevo y flamante "cuerpo" de computadora.

El software contiene la información y el lenguaje que hace funcionar a la computadora, tal como el espíritu/alma sería la fuente de los pensamientos, emociones y personalidad. El software, o el espíritu/alma, sería la verdadera fuente de la vida. Una computadora con solamente hardware parecería como si estuviera "muerta." No se prenderá ni funcionará, pero si le pones dentro software, entonces, se prende y viene a la "vida."

Hombre = cuerpo de carne + espíritu/alma   u
Hombre = hardware + software

Esta supuesta parte "espíritu/alma" del hombre era algo que nunca se me explicó en el Viaje de Esquí ni en Marco Island. Nunca había considerado siquiera tal concepto. La evolución, las clases de biología y la facultad de medicina me enseñaron claramente que el hombre *únicamente* consistía de materia orgánica altamente evolucionada (el cuerpo físico) y nada más. Yo estaba dispuesto a tolerar temporalmente este concepto de un espíritu/alma dentro del hombre, porque parecía contestar algunas preguntas que yo tenía sobre el cuerpo humano.

En clases de anatomía del cerebro durante la facultad de medicina, siempre me había preguntado cómo un cerebro humano que consistía únicamente de materia orgánica podía tener amor, emociones, sentimientos y una conciencia. Simplemente no tenía sentido ni parecía posible. Esa era una cuestión que nadie me pudo responder tampoco. La ciencia moderna no tiene idea de cómo funciona esto.

Sin embargo, el concepto de un espíritu/alma que vive dentro del cuerpo, tenían sentido y ofrecían respuestas para estas preguntas difíciles. Aunque esto parecía descabellado, paradójicamente, era más plausible que el que las moléculas fueran la única causa para las emociones y las personalidades. Yo sabía que las sustancias químicas y los nervios de dentro del cuerpo *afectaban* a algunas de nuestras emociones y sentimientos, pero no podían ser enteramente *responsables* por estos. ¿Cómo puede la materia química hacer que yo ame a mi familia y que esté dispuesto a morir por ellos? ¿Cómo pueden los nervios y las sustancias químicas saber cuándo he hecho yo algo mal y hacer que me sienta culpable por ello?

De repente comprendí que si los humanos realmente tienen un espíritu/alma, entonces eso significaría que *mi* personalidad, recuerdos, amor, pensamientos y emociones provenían de mi espíritu/alma en la cual habita mi cuerpo. Aunque ese era un concepto radical, tenía sentido—*si* fuera verdad. Además, me di cuenta de que esto quería decir que *yo* era eterno y que era más que "sopa orgánica evolucionada." Eso era muy atractivo para mi corazón, el cual había estado buscando la eternidad y respuestas. ¡*Vaya*! *¿Podría yo ser, realmente, un espíritu eterno?* Reflexioné maravillado.

Ahora, que comprendía lo que la Biblia enseñaba sobre mi existencia, podía comprender la enfermedad del pecado.

LA ENFERMEDAD DEL PECADO

En seguida volví a encontrarme con Adán y Eva en mi búsqueda por comprender el pecado. Leí en Génesis, el primer libro de la Biblia, que las primeras dos personas fueron creadas por Dios literalmente. Cuando desobedecieron a Dios, cambiaron radicalmente para peor. Llegaron a quedar separados físicamente y espiritualmente de Dios. Su conexión previa con Dios fue cortada; fueron desconectados de él. Esta "caída" también resultó en un cambio dramático de sus cuerpos. La separación de Dios dio lugar a un nuevo estado de existencia donde la muerte física entró en el mundo. El cuerpo humano era ahora susceptible al deterioro, lesiones y, eventualmente, a la muerte.

Empecé a comprender, durante mi estudio de Génesis, que desde este punto en adelante, todos los seres humanos nacían separados de Dios en un cuerpo caído que moriría eventualmente. Si el relato bíblico es cierto, entonces, este estado de separación de Dios en un "cuerpo caído de carne" es la condición del pecado o la "naturaleza pecaminosa." A la separación de Dios también se le denomina un estado de muerte espiritual en la Biblia. Si es así, eso querría decir que yo había nacido espiritualmente muerto y separado de Dios en un estado de pecado.

Enfermedad del pecado = separación de Dios = muerte espiritual

Hombre pecaminoso = cuerpo físico caído separado de Dios + espíritu/alma eterna separada de Dios

La analogía de la computadora me ayudó a entender la enfermedad del pecado. Una persona es análoga a una computadora personal que, originalmente, estaba previsto que estuviera conectada a la computadora central gigante todopoderosa (o sea, Dios). No obstante, la conexión se había roto por el pecado. Yo había sido desconectado de la conexión prevista y no podía tener una comunicación apropiada. El pecado era como un virus al que la computadora central no podía tolerar en su presencia. El virus causaba la rotura de la conexión. Yo había sido puesto en cuarentena desde la computadora central, o separado de Dios. A fin de que yo pudiera ser reconectado, el virus del pecado debía ser eliminado por completo.

Aún tenía mis dudas acerca de cómo Adán y Eva causaron la caída de toda la humanidad, separándonos de Dios, y quería entender mejor ese aspecto del pecado. Para mí era un concepto enteramente nuevo. Si bien era cierto que no podía ver a Dios físicamente, me preguntaba sobre su presencia en mi vida. No me resultaba difícil creer que estaba separado de Dios, ya que no le había visto ni sentido, y ciertamente, no había tenido mucho contacto con personas que hablaran de él. Dada esta absoluta falta de contacto, el concepto de la separación tenía, perfectamente, sentido.

Si el pecado fue mi enfermedad original antes de ser salvo, entonces, ¿cuáles eran los síntomas de esa enfermedad? ¿Tenía yo esos síntomas antes de La Transformación? En el estudio por respuestas a estas preguntas, necesitaría examinar los síntomas del pecado.

Los Síntomas del Pecado

Capítulo Trece

Los Síntomas del Pecado

Toda enfermedad tiene síntomas en algún momento de su historia. Los síntomas son señal de un problema más grande dentro del cuerpo. El dolor en el pecho, por ejemplo, es un síntoma de enfermedad cardíaca. Cuando las arterias que nutren el corazón son obstruidas, el corazón no puede conseguir suficiente oxígeno. La sensación de dolor en el pecho es una manifestación de un problema primario subyacente en el corazón.

Si el pecado es como una enfermedad, entonces yo conjeturaba que también tendría síntomas. Si era así, ¿cuáles eran las manifestaciones de la separación de Dios? ¿Se corresponderían los síntomas del pecado con los síntomas que había tenido antes de La Transformación? Esas eran preguntas importantes que necesitaban contestarse.

Busque en la Biblia de estudio y encontré un versículo que específicamente abordaba esta cuestión.

Los actos de la naturaleza pecaminosa son evidentes: inmoralidad sexual, inmundicia y libertinaje; idolatría y brujería; odio, discordia, celos, arrebatos de cólera, rivalidades, disensiones, divisiones y envidia; borracheras, orgías y cosas por el estilo. (Gálatas 5:19-21 NIV)

Estaba en estado de shock cuando leí esto, porque sonaba como mi antiguo yo. Seguí investigando y descubrí que la ira, los celos, la mentira, la lujuria, la impaciencia, la avaricia, el orgullo y muchas más cosas eran todas resultado de la separación de Dios. El egoísmo era la manifestación primaria de la naturaleza pecaminosa. Eso despertó mi interés porque yo ya había descubierto que el egoísmo era un problema serio antes de que yo fuera cambiado. El pecado y sus efectos secundarios parecían corresponderse exactamente con mi situación.

Sin embargo, siempre pensé que esos síntomas del pecado constituían la "naturaleza humana normal," ya que todos los tenían. Me di cuenta de que si "naturaleza humana normal" era realmente una naturaleza pecaminosa que resultaba de la separación de Dios, entonces, los humanos nacen con dos problemas importantes. No sólo estamos separados de Dios, sino que la separación misma resulta en toda una serie de otros problemas como el egoísmo, el orgullo, la soledad y la muerte.

El Diagnóstico: Dios

La Biblia estaba afirmando que este mundo y nuestra existencia han caído (o sea, no se supone que estuviera de esta manera). Si esto es verdad, entonces yo había nacido con algo drásticamente mal dentro de mí. Eso era difícil de admitir. Algo pareció siempre estar errado, pero yo no pondría nunca el dedo en la llaga. *¿Podría ser esta la razón por la que estaba frustrado con la vida?*, me preguntaba.

El concepto intrigante para mí era que las conductas pecaminosas eran el *resultado* de un estado de pecado o de separación de Dios. El mal comportamiento es síntoma de que soy un pecador. Las acciones pecaminosas no son la causa raíz, sino los síntomas de la enfermedad. Tal como el dolor en el pecho, los síntomas del pecado eran señal de que algo andaba mal a un nivel mucho más profundo. El pecado es la raíz y los pecados son los frutos. La separación de Dios tiene efectos secundarios. La computadora personal funciona mal debido a que está desconectada de la computadora central.

Tenía que admitir que nadie me tuvo que enseñar a mentir o a ser egoísta cuando era un niño. También había presenciado personalmente esta conducta temprana en nuestros muchachos mientras eran aún pequeños. Habían nacido con tendencias egoístas y pecaminosas. Tenía evidencia sólida de que los humanos nacían con estas características. Siempre supe que estos comportamientos estaban equivocados, pero ya que todos eran así, supuse que ese era simplemente el modo en que éramos. Jamás consideré que pudiera haber un defecto en nuestra existencia que lo causase.

La separación de Dios es también, supuestamente, la razón por la que la gente se siente vacía, sola, no realizada e insatisfecha. La computadora personal, diseñada para estar conectada a la computadora central, carece de la interacción e intercambio de información que estaba previsto que tuviera. Puede tratar de crear programas para satisfacerse pero nunca lo logrará. La computadora personal estará "solitaria" e "insatisfecha," porque está desconectada. La Biblia afirma que las personas fueron creadas originalmente para vivir con Dios y adorarle. Dice que no fuimos diseñados en un principio para vivir una vida independiente en un estado de separación.

Esta doctrina me impactó realmente, porque por absurda que sonase, la separación de Dios era una razón y explicación para muchas de las cosas que constantemente habían plagado mi corazón. Me había sentido vacío hasta donde logro recordar. Me sentía desconectado e insatisfecho. Tenía de todo, ¡pero nada me lograba satisfacer! *¡¿Por qué?! ¡¿Cómo podía ser esto?!* Me lamenté por años. Seguía preguntándome mientras reflexionaba en el concepto de la separación de Dios, *¿podría ser esta la razón?* Si lo he intentado todo para hallar satisfacción, entonces, tal vez no me estoy perdiendo "algo" sino a *Alguien*. Esta era la primera vez en mi vida que había descubierto una explicación para estos sentimientos.

Inmediatamente volví al diagrama que había hecho (véase el Capítulo Diez), el cual explicaba e interrelacionaba los antiguos síntomas que tenía antes de ser transformado. Este diagrama ilustra cómo un estado de carencia y vacío en mi vida era el centro de control principal de todos mis problemas y síntomas, tanto en lo personal como en las relaciones. Si la separación de Dios resultaba en un sentimiento de carencia y vacío en las vidas de las personas, entonces, tenía pruebas convincentes de que había estado separado de Dios mi vida entera. Todos mis síntomas encajaban con la enfermedad del pecado. Resultaba extraño darse cuenta de que algo pudo haber estado intrínsecamente errado en la naturaleza de mi existencia durante todo el tiempo que había vivido.

A estas alturas, tenía una explicación para la conducta pecaminosa y para el vacío que había experimentado hasta La Transformación. Junto con la posibilidad de un espíritu/alma eterna que formaba parte de nuestra existencia, también había conocido la razón por la que los humanos tienen emociones, amor, una conciencia y personalidades. Estaba asombrado por la coherencia y consistencia interna que tenían esas doctrinas bíblicas. Parecían responder a muchas preguntas y se correspondían con mis circunstancias a varios niveles distintos, lo cual me dejaba sorprendido.

La enfermedad del pecado y sus síntomas eran coincidentes con mi situación, pero, ¿qué hay de la cura? Si mi nuevo yo era el resultado de recibir la cura del pecado, entonces, necesitaba saber si esto explicaba La Transformación. ¿Qué es la cura? ¿Cómo funciona? ¿Cuáles son los resultados? ¿Cómo llega alguien a ser curado? Esas eran las siguientes preguntas que quería responder.

La Cura del Pecado

Capítulo Catorce

La Cura del Pecado

LA CURA DEL PECADO

Ya había estudiado a Jesús como la solución al pecado durante La Investigación. Para refrescar mi memoria, revisé lo que había aprendido. Primero, había admitido que era pecador cuando me di cuenta de que había mentido, robado, engañado y hecho un montón de cosas malas. El castigo por mis pecados era la muerte eterna o separación eterna de Dios. Debido a que Dios es sin pecado y perfecto, él no puede tolerar el pecado en su presencia. Yo no podía ir al cielo a menos que mis pecados fuesen eliminados por completo. Necesitaba un estado de perfección, no pecaminoso, como Dios.

Dios, como juez justo, tenía que juzgar mi pecado, pero, como Dios amoroso, también deseaba perdonarme. Jesús llegó a ser la solución por medio de morir en mi lugar, de modo que Dios me pudiera perdonar, pero aun así castigar el pecado. Entonces, Dios podía, de manera perfecta, hacer borrón y cuenta nueva como si yo nunca hubiera pecado.

Durante mi fase de investigación, aún no me había percatado de que yo *ya* estaba separado de Dios desde el nacimiento—que estaba espiritualmente muerto. No entendía que mis acciones pecaminosas eran un *síntoma* de una naturaleza pecaminosa o la enfermedad del pecado (separación de Dios en un cuerpo de carne caída). El problema era mucho más grande que tan sólo mi mal comportamiento.

La cura para el pecado, por lo tanto, tendría que resolver tres problemas importantes: la pena de muerte por el pecado, la separación de Dios y las conductas pecaminosas que eran el resultado de ello. Una cura para el pecado necesitaría proporcionar el pago por la pena de muerte y una reconexión con Dios, y tendría que establecer una nueva naturaleza. Era evidente que no podía ser reconectado con Dios hasta que la pena fuera pagada y recibiera un estatus no pecaminoso.

La investigación inicial explicaba el primer problema importante, pero no los dos segundos. Jesús pagó la pena por el pecado, y por tanto, la posibilidad de eliminación del registro de pecado, mediante morir en la cruz. Pero, ¿cómo suministró Jesús también la reconexión con Dios y creó una nueva naturaleza que tenía poder sobre el pecado?

Estos últimos dos problemas eran el mecanismo para la cura y sus resultados. Tenía que entender ambos para ver si la cura para el pecado coincidía con La Transformación.

EL MECANISMO DE LA CURA

En las enfermedades médicas es importante entender, a ser posible, el modo en que una cura corrige el problema. Esto permite al médico saber qué esperar y evaluar el progreso.

Si la enfermedad del pecado me separaba de Dios, entonces, la cura me reconectaría con él. Jesús sería La Reconexión con Dios. La computadora personal volvería a ser conectada a la computadora central, permitiendo la comunicación y el intercambio de información. Yo estaba sorprendido de que fuera exactamente eso lo que encontré en la Biblia y en el libro del Sr. Graham. Lo que me impresionó con asombro, temor e incluso un poco de miedo fue el mecanismo de La Reconexión.

Cuando una persona clama a Dios en arrepentimiento por un cambio y por perdón mediante confiar en Jesucristo, muchas cosas suceden en realidad en este preciso momento en el tiempo. Primero, Dios declara a esta persona justa- como si nunca hubiera pecado en absoluto. Debido a que Jesús se convirtió en pecado por toda la humanidad, Dios es capaz de declarar a una persona justa incluso si se trata de un pecador en el pasado, en el presente y en el futuro.

Esta declaración de Dios permite a la computadora personal ser reconectada a la computadora central. La computadora personal no tiene que ser separada ni puesta en cuarentena ya nunca más, porque el virus del pecado ha recibido tratamiento. Lo que me dejaba alucinado era que Dios mismo es La Reconexión. El Espíritu Santo, que es Dios, entra en el cuerpo del creyente y se une al espíritu del creyente para terminar con la separación. Esto significa que en el momento de la salvación, Dios realmente mora dentro de la existencia del creyente. Esta transacción es, en realidad, lo que significa "salvo." Tal como en las enfermedades médicas, la cura ha de ingresar en el cuerpo para producir los resultados.

¡Vaya! Ahora todo encaja, pensé. Cuando hice por primera vez El Diagnóstico Preliminar de "salvo," no comprendía al Espíritu Santo, pero ahora sí.

La salvación no es sólo una oración a Dios, sino que desencadena una real transacción de Dios. El Cristianismo no es sólo algo que uno cree, sino algo en lo que uno se convierte. El momento en que una persona clama sinceramente a Dios, él cambia para siempre la misma naturaleza de la existencia de la persona. Él o ella es reconectado, está vivo y es restaurado por Dios que vive dentro de la persona. *De ser verdad, eso sería increíble,* pensé.

Después de habérseme dicho que Dios no existía, que no se le podía conocer a Él, me maravillé ante la idea de que Él podía realmente vivir dentro de mí. ¡Vaya! Estos descubrimientos me hicieron desear leer y estudiar más. Si la enfermedad del pecado me separaba de Dios, dejándome espiritualmente muerto, entonces, La Reconexión significaba que ¡yo estaba ahora espiritualmente vivo! La vida eterna no sólo significa que viviré para siempre, sino que estoy reconectado con Dios *ahora* mismo. Si eso es cierto, la vida eterna con Dios empezó inmediatamente—desde el mismo momento en que fui salvo. El siguiente versículo de la Biblia reúne muchos de estos conceptos juntos.

Ustedes estaban muertos, debido a sus pecados y debido a que su naturaleza pecaminosa todavía no había sido extirpada. Entonces, Dios les vivificó con Cristo. Él perdonó todos sus pecados. Él canceló el registro que contenía los cargos contra nosotros. Lo tomó y lo destruyó clavándolo en la cruz de Cristo. (Colosenses 2:13-14 NTV)

Salvo = espiritualmente vivo = el espíritu del hombre + Espíritu Santo (unión/conexión)

Salvo = Espíritu Santo en usted = vida eterna = La Reconexión con Dios

Lo que era absolutamente tentador era que si el Cristianismo era realidad y Dios estaba ahora dentro de mí, eso podría explicar fácilmente el imposible conjunto de cambios que había sucedido dentro de mí en una noche. Hasta ahora, no podía entender cómo podía yo ser diferente a nivel molecular con un nuevo conjunto de emociones, sentimientos, conciencia e incluso amor por aquellos que no me agradaban, *pero* el poder de Dios dentro de mí lo hacía fácilmente creíble *si* eso fuera cierto.

Si yo, verdaderamente, tenía el Espíritu Santo dentro de mí y había pasado de muerte espiritual a vida eterna, entonces, *esperaría* en realidad algunos cambios notables a partir de esta transacción. La siguiente pregunta era "¿Cuáles son los resultados observables y tangibles de ser salvo y de tener dentro al Espíritu Santo?" Necesitaba determinar si los resultados de la salvación se correspondían con los cambios que yo había experimentado en La Transformación.

LOS RESULTADOS DE LA CURA

Cuando yo era médico residente, tenía una úlcera estomacal que me provocaba dolores abdominales. Sin embargo, una vez que me curé, el dolor se fue, mi apetito aumentó, dormí mejor y gané peso de nuevo. Experimenté resultados y cambios a partir de la cura.

¿Cuáles eran los resultados que supuestamente procedían de haber recibido a Jesucristo, la cura para la enfermedad del pecado? ¿Tenía yo alguno de estos signos de haber sido verdaderamente sanado por él?

Estaba muy ansioso y sentía curiosidad por estudiar y entender los resultados de la cura. Esto me probaría si la salvación es, o no es, una transacción real que produce resultados procedentes del Espíritu Santo. La enfermedad, los síntomas y la cura por el pecado, son doctrinas bíblicas subjetivas, pero los resultados son objetivos y tangibles. Los síntomas del pecado, por ejemplo, están presentes en cada persona que he conocido, y por eso, era difícil de creer que esto se tratara de un estado enfermizo que estuviera afectando al planeta entero.

Comprendía que Jesús es la cura, pero todo esto podría fácilmente ser una cuestión de opinión o una creencia personal sesgada. Si el Cristianismo no es nada más que el etiquetado de la conducta humana cotidiana como "pecaminosa" junto con una creencia intelectual de que Jesús murió para perdonarnos estos pecados, entonces no hay modo de saber si eso sigue siendo cierto para mí en lo personal actualmente. Yo podría, sencillamente, estar sentado en la iglesia y confiar en mi investigación sobre Jesús y la resurrección a fin de sentirme bien con respecto a mi modo de profesar el Cristianismo, pero, en realidad, no habría forma alguna de saber si eso era cierto.

Sin embargo, si realmente le sucede alguna cosa a un cristiano que recibe la cura de Jesucristo, entonces, cambia todo. Si hay resultados genuinos y observables de la cura, entonces, existe prueba personal de que realmente funcionó. Tal como sucede en el campo de la medicina, los antiguos síntomas de la enfermedad deberían desaparecer y debería haber signos de que la cura está funcionando.

Estaba fascinado ante la posibilidad de que esta cura pudiera, en realidad, estar funcionando en mí. Era algo que nunca había esperado. Debido a que no había esperado ningún cambio, quería probar a ir a la iglesia de nuevo, pero esta vez estaba equipado con una creencia intelectual en la verdad de la Biblia. Dios había estado tan ausente de mi vida y de mis pensamientos que ni siquiera sabía que fuese posible un cambio. A lo largo de toda mi vida y de la cultura que yo había observado, parecía bastar con asistir a la iglesia. No creía que hubiera modo alguno de que la gente supiera con seguridad que había un Dios o que la gente realmente pudiera ser salva del pecado. Todavía no estaba convencido de que mi salvación era una realidad, y suponía que tendría que esperar hasta que muriese para averiguarlo con certeza y, luego, si estaba equivocado, bueno, no habría perdido nada.

Recordaba haber leído el testimonio de Josh McDowell, el cual describía cómo su ira se disipó con el tiempo después de aceptar a Jesús como Señor y Salvador al orar a Dios. Recordaba, con claridad, que no entendía cómo era posible eso. ¿Cómo pudo cambiar su personalidad a partir de una oración? Mi título de médico y conocimiento de la ciencia excluían cualquier vínculo entre una sola oración y un cambio completo de personalidad y emociones. Estos están profundamente interconectados dentro del cerebro y del sistema nervioso en rutas bioquímicas que se entienden con dificultad. La socialización del mundo moderno eliminaba cualquier posibilidad de comprender la relación entre ambos. En mi mente, tenía que ser un cambio psicológico autoinducido facultado por una creencia religiosa. No obstante, yo no entendía nada sobre el Espíritu Santo en esa época. Ahora sentía verdadera curiosidad, porque, tal vez, Josh sí cambió a partir de ser salvo.

Utilicé la Biblia de estudio y el libro de Billy Graham para hallar las respuestas. El Espíritu Santo de Dios no es únicamente el medio de La Reconexión, sino también la fuente de poder para cambiar la vida de una persona.[70] Dios, no sólo vino a salvar a la humanidad de la pena por el pecado, sino que también quería que el creyente en Jesús tuviese el poder sobre el pecado *antes de* que la persona muriese—en realidad, mientras este estuviera con vida. Billy Graham explicó que Dios sabía que, simplemente con perdonar el pecado no bastaba, ya que la misma persona que cometía los mismos errores permanecería.[71] En mi caso, el mismo Greg Viehman vagaría por la tierra con todas sus malas cualidades aún en vigor. Dios sabía que se necesitaba ayuda, guía y poder, ya que no podíamos cambiar por nosotros mismos. El Espíritu Santo es la solución a este problema.

Si Dios que está viviendo dentro de mí es el poder para cambiar, entonces, ¿qué tipos de cambios debería esperar yo?, me preguntaba

El Diagnóstico: Dios

yo. Estos cambios deberían corresponderse con los nuevos síntomas que experimenté después de La Transformación.

El Amor de Dios: Dar Altruistamente

Aprendí que Dios es amor, pero no el tipo de amor al que yo estaba acostumbrado. El amor de Dios puede definirse como el dar altruistamente. El altruismo que se centra en las demás personas debería ser un sello distintivo de la salvación, si Dios estaba, realmente, viviendo dentro de mí ahora. Esto atrajo mi atención de inmediato, porque ya había concluido que tenía un poder nuevo e inexplicable para ser altruista, no sólo en mis acciones, sino en *los motivos* detrás de estas. Recordaba haber sentido un poder dentro de mí para ser una persona distinta. Encontré un versículo que enumeraba algunos de los "síntomas" del Espíritu Santo que vive dentro de una persona.

> *Pero el fruto del Espíritu es amor, gozo, paz, paciencia, benignidad, bondad, fe, mansedumbre y autodominio. Contra tales cosas no hay ley. Aquellos que pertenecen a Cristo Jesús han crucificado la naturaleza pecaminosa con sus pasiones y deseos. (Gálatas 5:22-24 NIV)*

Esta lista me dejó boquiabierto, porque yo realmente había sentido y experimentado todas y cada una de estas cosas. Sentía amor por las personas que no me agradaban. Gozo y paz eran una combinación asombrosa de una euforia y contentamiento que no se podía expresar con palabras. La paciencia es la espera desinteresada, que validó La Prueba de Walmart. Asimismo experimenté y sentí verdadera benignidad, amabilidad desinteresada. Reflexioné en el pasado y me di cuenta de qué tan frecuentemente había actuado yo de manera amable, pero había un motivo egoísta encubierto detrás de ello.

Antes de La Transformación, yo era fiel en mis responsabilidades, pero también tenía el egoísmo como motivo. Ahora, sentía que el altruismo facultaba mi dependencia. Antes de que yo fuese cambiado, carecía de autodominio y de mansedumbre. Era impulsivo, irascible y, a veces, explosivo. No obstante, desde que desperté aquel día después de haber clamado a Dios, he tenido autodominio. No era perfecto, pero era profundamente nuevo y poderoso. Era una fortaleza altruista que estaba bajo control frente al antiguo yo que estaba, de manera egoísta, fuera de control.

El común denominador era una nueva e inmediata sensación del dar altruista centrado en los demás. Cuando uno ha sido, la mayor parte de su vida, totalmente egocéntrico y el epítome del trastorno de la personalidad narcisista, entonces, uno nota, en profundidad, las motivaciones desinteresadas que aparecen en la escena de forma súbita. Podía sentir que provenían de mi interior, pero no sabía cómo ni por qué. Me sorprendía cómo esta lista corta parecía explicar y aclarar muchos de los cambios que yo estaba experimentando.

El Viejo Hombre Está Muerto

Había algo más en este versículo respecto al Espíritu Santo. Estaba impresionado por la referencia que hacía acerca de que la naturaleza pecaminosa estaba muerta. Eso era similar a lo que ya había aprendido en el libro de Romanos en el Nuevo Testamento, capítulo seis. Este capítulo enseña que, cuando una persona es salva, su naturaleza antigua muere. Yo, claramente, sentía que mi antigua personalidad, malos hábitos y deseos malévolos habían desaparecido. Todavía sentía la tentación para hacer y decir muchas de las cosas que solía hacer, pero, ahora, era capaz de decir "no" y tomar mejores decisiones. También era consciente de estas situaciones y era capaz de reflexionar en ellas antes de actuar. Antes de ser cambiado, nunca pensaba en lo que hacía. Actuaba precipitadamente a medida que las cosas surgían, pero ahora, tenía una conciencia aguda de las acciones y pensamientos pecaminosos, algo que era totalmente nuevo.

Resultados Graduales y Progresivos

Descubrí que los resultados de la cura podían ser dramáticos e inmediatos, como fue mi caso, pero que la mayoría de la gente experimentaba un cambio gradual. Yo no fui perfecto de la noche a la mañana de ninguna de las maneras, sino que fui transformado radicalmente. No sabía por qué algunas personas tenían cambios inmediatos mientras que otras experimentaban un proceso más gradual. No podía encontrar una respuesta a esta pregunta ni en mi Biblia de estudio ni en Internet.

También estaba claro que "la cura" no se perfeccionaba hasta que la persona moría e iba al cielo. A pesar de que ahora tenía poder sobre el pecado, aun así seguiría metiendo la pata y cometiendo errores. Las notas de la Biblia de estudio explicaban que los creyentes tenían que seguir creciendo en su caminar cristiano para hacer un progreso continuo y obtener la victoria sobre el pecado en sus vidas. Recordaba partes de la Biblia donde hasta el apóstol Pablo hablaba de su lucha con su naturaleza pecaminosa. Aún no entendía eso del todo, pero, ciertamente, parecía ser verdad ya que nunca antes había conocido a una persona perfecta.

Entendimiento Espiritual

Otro resultado de la cura es la capacidad de entender mejor conceptos espirituales y la Biblia. Supuestamente, el Espíritu Santo que vive dentro de una persona le capacita a él o a ella para discernir y comprender la Biblia misma de una manera nueva.

Pero el hombre que no es cristiano no puede comprender y no puede aceptar estos pensamientos de Dios, que el Espíritu Santo nos enseña. Para él suenan absurdos, porque sólo los que tienen el Espíritu Santo dentro de ellos pueden comprender lo que el Espíritu Santo quiere decir. Otros simplemente no pueden aceptarlo. Pero el hombre espiritual tiene discernimiento de todo, y eso molesta y desconcierta al hombre del mundo, que no le puede comprender en absoluto. ¿De qué manera podría? Pues, ciertamente, él nunca ha sido una persona que conozca los pensamientos del Señor, ni alguien con quien debatirlos, ni para mover las manos de Dios mediante la oración. Pero, por extraño que parezca, nosotros, los cristianos, en realidad sí tenemos dentro de nosotros una porción de los mismos pensamientos y mente de Cristo. (1ª Corintios 2:14-16 La Biblia Viviente)

Esto sonó cierto inmediatamente. El momento en que cogí la Biblia después de haber orado a Dios por perdón y por un cambio, noté una diferencia. La comprendí mejor y ansiaba leerla. No se trataba de que antes no la pudiera entender, sino de que, ahora, parecía más clara, era como pasar de una visión borrosa a ver el cien por ciento. Simplemente, parecía que nunca tenía bastante, y eso nunca desapareció. Llegó a ser como el alimento. No comprendía cómo ni por qué me sentía de este modo. La Biblia afirmaba que esto era señal de que el Espíritu Santo estaba dentro de mí.

Un Final para el Vacío

Finalmente, aprendí que las personas que son salvas experimentan en sus vidas un final del vacío, de la soledad y del sentido de carencia. La razón que se da es que fuimos creados para Dios y que sólo él puede llenar nuestros corazones y satisfacer nuestras vidas. La salvación pone fin a la separación. Es análogo a reunirse con alguien que amas tras muchos años de separación. El momento en que uno se reconecta, todo cambia. Me maravillaba de que esta pudiera ser la razón por la que yo ya no me sentía de ese modo.

La Cura del Pecado

RESUMEN

Todo cuanto yo había estudiado y encontrado en la Biblia acerca de la enfermedad del pecado, los síntomas del pecado, la cura para el pecado y los resultados de la cura, coincidía con lo que me había sucedido temporalmente y experimentalmente. Mi diagnóstico, según la Biblia, era salvación por Jesucristo que provenía de una reconexión con Dios mediante el Espíritu Santo que da como resultado una nueva naturaleza. Yo había sido salvo de la enfermedad del pecado.

Por lo tanto, si alguien está en Cristo, es una nueva creación; ¡la antigua se ha ido, la nueva ha llegado! (2ª Corintios 5:17 NIV)

La cura por el pecado soluciona las tres cuestiones principales: la pena de muerte por el pecado, la separación de Dios y las conductas pecaminosas que resultan de ello. Jesucristo provee el pago por la pena del pecado. El Espíritu Santo es La Reconexión con Dios y establece una nueva naturaleza con poder sobre el pecado.

El único aspecto que todavía necesitaba examinar era la recepción de la cura. Quería asegurarme de que mi historial se alineaba con la definición bíblica de la salvación. Si Jesús era la cura para el pecado, entonces, ¿de qué manera recibía la cura una persona? ¿Realmente había recibido yo la cura, de acuerdo con la Biblia?

RECIBIENDO LA CURA

Recibir la cura es sorprendentemente sencillo. Es casi demasiado sencillo. Una persona debe creer de corazón que Jesús es plenamente Dios, que murió en el lugar de la persona por sus pecados, y que se levantó de nuevo al tercer día. La persona debe admitir que él es pecador, que ha pecado contra Dios y pedir personalmente a Jesús que le perdone. Lo más importante de todo, la Biblia deja claro que una persona debe arrepentirse de sus pecados y desear cambiar. El arrepentimiento es un apartarse del antiguo comportamiento e ir en una nueva dirección. No es un mero remordimiento o sentir pesar por una mala conducta, sino también un deseo de cambiar que culmina en acciones para dicho cambio.

Mientras reflexionaba acerca de esto, reproduje en mi mente lo que me había pasado. Al principio, creí *intelectualmente* en Jesús después de terminar La Investigación, pero no noté ningún cambio. Mediante un análisis histórico y la fe había hallado a un Dios que podía creer que era real, pero al cual mantenía mentalmente en el terreno del intelectualismo. Mi nueva fe, a esas alturas, se basaba en mi viaje personal que ha-

El Diagnóstico: Dios

bía completado un examen completo de la evidencia, porque confiaba en mi propio juicio.

Nada de lo que había visto u oído jamás en el mundo sugería una realidad cognoscible actual de Dios. Crecer en la ausencia de Dios en una sociedad que ignoraba a Dios no me conducía a ninguna perspectiva que no fuera la asistencia a la iglesia como definición del cristianismo. No obstante, ¿creía yo de verdad que eso había sucedido efectivamente? ¿Verdaderamente creía yo que Dios había caminado por la tierra en forma humana, había muerto en la cruz y había resucitado al tercer día? Así es, pero me parecía que eso había pasado hacía tanto tiempo, era intangible y, personalmente, no era práctico para mí. Si la Biblia tenía razón, entonces, la ausencia de cambios en esta primera fase tenía sentido, ya que aún no me había arrepentido y seguía visualizando a Jesús como una doctrina intelectual. Creía en mi mente, pero, personalmente, no me comprometía en mi corazón con Dios para que me perdonase y me salvase.

Sin embargo, aquella noche en mi oficina, hice todo lo que dice la Biblia que se requiere para ser salvo. Me trasladé de la fase intelectual a una rendición sincera y personal para con Dios. Creí que Jesús era Dios y que fue resucitado al tercer día. Me vi a mí mismo como pecador, clamé a Jesús y desee en lo más hondo un cambio. Estaba inmensamente afligido por mis comportamientos pasados. Temía a Dios y clamé a él en completa rendición. Ahora, yo estaba descubriendo que la definición de Dios respecto a la creencia es más que simplemente creer en su existencia, es también tener una confianza completa y absoluta en él, dejando todo en sus manos, y poniendo su fe en acción. Es como mirar a una silla y saber que es una silla en contraste con sentarse realmente en esa silla confiando en que le sostendrá a uno.

Lo más curioso es que yo no decía ni hacía nada a propósito. Yo no estuve diciendo intencionadamente ciertas palabras o recitando un pasaje religioso aquella noche. Simplemente me salió del corazón. Me había propuesto demostrar que el Cristianismo consistía en un puñado de religiosos hipócritas y no en una realidad. Cuando clamé a Dios, no esperaba nada. No tenía ni idea de que Dios me había escuchado personalmente. Si yo había recibido la cura, entonces, ni siquiera lo sabía.

También se me ocurrió que podía sencillamente haberme detenido en la etapa en donde yo creía en Jesús y en la doctrina cristiana básica de manera intelectual. Eso había sido aproximadamente una semana antes de que yo, en realidad, clamase personalmente a Jesús pidiendo el perdón y un cambio. Podía haber seguido adelante con un Cristianismo intelectual, sobre todo porque no tenía ni idea de que existiera algo más adicional.

Esto es como tener el medicamento en la mano, pero no tomarlo nunca. Puedo sujetar un antibiótico en la mano e intelectualmente creer que puede sanarme, pero, en verdad, debo tomarlo para que funcione. Me preguntaba si habría mucha gente ahí fuera en la tierra del Cristianismo de este estilo—personas que creían en el medicamento, pero que, personalmente, nunca lo introducían en sus cuerpos para recibir la cura.

Era innegable que yo había recibido a Jesús, la cura para el pecado, según lo que la Biblia enseñaba. Yo cumplía con todos los requisitos.

LA REACCIÓN A LA CURA

Para mí, estos eran conceptos radicales en los que reflexionar. Esto era algo que nunca había esperado y que ni siquiera había pensado en que fuese posible. A medida que leía y estudiaba, algo dentro de mí daba testimonio a mi corazón y mente de que estas cosas eran verdad. Me sentí dramáticamente diferente en todo sentido. Todos mis signos y síntomas coincidían con los de la salvación por Jesucristo. Entonces, de repente, caí en la cuenta. El velo fue removido y finalmente lo comprendí. "¡Oh, santo cielo! He sido, verdaderamente, salvado. ¡El Espíritu Santo de Dios me ha sido dado!," grité en voz alta.

La noche en que clamé a Dios, él me oyó, me salvó y me llenó con Espíritu Santo. "¡De eso es de lo que La Mujer De La Biblia había estado hablando!" exclamé. Ella había dicho: "Oro para que el Espíritu Santo se le revele a usted." Eso explicaba el modo en que yo sentía amor por aquellos que no me agradaban y cómo la fuente del altruismo impregnaba mis pensamientos y motivos. Sentía al Espíritu Santo morando dentro de mí. ¡Esto era alucinante!

En ese preciso momento, llegué a estar plenamente consciente de la realidad de la presencia de Dios dentro de mí y a mi alrededor. Me di cuenta de que Dios no sólo oía lo que yo decía, sino que ahora estaba, en realidad, morando dentro de mí. Le dije a él: "Padre. ¿Estás realmente ahí?" Él no dijo nada en respuesta, pero yo sabía que él me estaba diciendo: "Sí. Estoy aquí y siempre he estado contigo." Sentí que había despertado de un sueño que había durado treinta y seis años. Estaba tan emocionado que, literalmente, no sabía qué hacer.

¡Esto es increíble! Esta es una prueba personal de que ¡el Cristianismo es una realidad, no una religión! pensé. *Mi fe está basada en una nueva existencia y no tan sólo en la aceptación intelectual de una doctrina.* Esto era impactante y totalmente inesperado para mí en la era

actual de la razón dominada por la tolerancia, el agnosticismo y el naturalismo. ¡Pasé del Dios incognoscible a Dios dentro de mí!

Las Implicancias de La Cura eran una serie de olas gigantescas que me continuaban golpeando. Mi vida entera, el proceso mental y los conceptos de la realidad estaban cambiando más rápidamente de lo que yo podía entender. Yo seguía diciendo: "¡Vaya! No esperaba que Jesús fuese *así* de real ni que estuviera presente. Nadie me había dicho que su Espíritu es puesto dentro de ti en el momento de la salvación." Todo cuanto hacía en la vida y todo cuanto alguna vez me habían enseñado siempre, estaba muy lejos de esta verdad. Yo, literalmente, no me lo podía creer, pero este tan sólo era el principio. Muchas más olas gigantes se dirigían adonde yo estaba.

Capítulo Quince

El Diagnóstico Final

EL DIAGNOSTICO FINAL

El diagnóstico final fue la salvación de la enfermedad del pecado por medio de Jesucristo. Yo había expuesto los signos y síntomas del pecado desde que nací, y nunca ni siquiera había sospechado que eran un signo de separación de Dios. En mi intento de demostrar que el cristianismo no es más que una institución religiosa de la hipocresía, terminé convirtiéndome en un creyente yo mismo. Una aceptación intelectual del cristianismo con planes de asistencia a la iglesia semanalmente fue cambiada por siempre cuando yo clamé a Dios una noche en mi habitación. Lo que pensé que era una crisis emocional resultado de demasiada lectura religiosa era en realidad una transacción de importancia eterna. Había sido salvado aquella noche y ni siquiera sabía de qué salvación se trataba o que era una realidad intensa. El Sagrado Espíritu de Dios se unió a mi Espíritu, me reconectó a Dios y me dio una nueva naturaleza. Me fui a dormir absolutamente inconsciente de todo eso.

Al despertar me encontré radicalmente cambiado en toda forma sin ninguna explicación lógica. Creí que estaba diagnosticando un estado de enfermedad cuando en realidad los síntomas que estaba teniendo eran de la cura y no de la enfermedad. ¡He tenido que invertir y crear una comedia espiritual de comedias! En realidad, había tenido la enfermedad del pecado toda mi vida y no me había dado cuenta de ella. Me curé y no sabía eso tampoco. ¡Había estado tratando de diagnosticar qué cosa estaba mal en mi cuando en realidad estaba diagnosticando la cura! Debido a que los cambios en mi comportamiento fueron tan drásticos, lo único en lo que podía pensar era que había algo malo en mí. En cambio, descubrí que por primera vez en mi vida había estado bien con Dios.

Durante la noche, Dios pasó de distante, incognoscible, o no-existente a ser mi Salvador, el que vive dentro de mí y alrededor mío. Fui salvado de la enfermedad del pecado por Jesucristo y ahora estaba experimentando el inicio de la vida eterna o la reconexión con Dios. Mi corazón me decía que era verdad y que mis síntomas no podían ser explicados por ninguna cosa conocida por el hombre. Ellos combinaban

El Diagnóstico: Dios

perfectamente la enfermedad del pecado, y mis cambios se alineaban exactamente con la salvación bíblica de la cura de Jesucristo. Yo era un milagro andante en una cultura que decía que estos no existían. Yo era una prueba viviente de que Jesús es Dios y la respuesta al cielo y a la vida eterna. Yo tenía El Diagnóstico: Dios.

Estaba extremadamente emocionado. No podía esperar para decirles a mis amigos y compartir las buenas nuevas de Dios con ellos. Difícilmente pude dormir esa noche. Estaba seguro de que ellos estarían encantados. ¡Vaya, si estaba en shock!

Capítulo Dieciséis

La Confesión de La Cura

"¿Greg? Estamos en casa. ¿En dónde estás?" dijo mi esposa.

Miré mi reloj y eran pasadas las seis. Había perdido completamente la noción del tiempo y no me había percatado que ya habían pasado más de cinco horas. Yo había estado completamente absorto por varios días tratando de encontrar un diagnóstico. Había estado estudiando día y noche en cada momento libre. "Estoy arriba en la oficina. Ahora bajo." ¿Qué le diría? ¿Cómo podría explicar todo? Me preguntaba. ¿Me creería?

"¿Qué hiciste en todo el día? Ella preguntó.

"Te lo diré más tarde esta noche. Es una larga historia."

"Cuéntamelo ahora. No seas raro. Has estado leyendo a solas por días."

"Necesitamos estar en paz y tranquilidad. Después de que los niños se vayan a dormir."

"Está bien," ella aceptó.

El resto de la noche estuve pensativo y preocupado. Yo sabía que ella había estado asistiendo a estudiar la Biblia, pero yo no sabía dónde estaba. No estaba seguro de si ella había sido salvada o si entendía la realidad del cristianismo, ya que no habíamos hablado de ello. No dejaba de pensar en qué decir. Mi ritmo cardíaco se aceleraba según se acercaba el momento. Finalmente, los niños se fueron a la cama y llegó el momento. A esa hora mi corazón latía con fuerza.

Entré en el dormitorio. Ruth estaba sentada en la cama leyendo. Me metí en la cama y me senté contra la cabecera usando un par de almohadas para apoyar la espalda. "Ruth, ¿te acuerdas del libro que me compraste que empecé a leer? ¿Ese sobre la Biblia?," Le dije, vacilante. "Sí. ¿Por qué?" dijo mientras dejaba de lado lo que estaba leyendo y me prestaba su total atención.

"Bueno, lo terminé. De hecho, he leído todo el Nuevo Testamento, y lo he estudiado en detalle. Sé que te mencioné esto anteriormente, pero nunca te dije lo que realmente estaba haciendo.

"Continúa," dijo ella deseosa.

El Diagnóstico: Dios

"Bueno, decidí que yo podía creer en Jesús. Me di cuenta de que yo podía ir a la iglesia y hacer todo eso que los cristianos hacen.

"Eso es genial. Me di cuenta que habías estado actuando un poco diferente. ¿Quieres seguir yendo a la iglesia a la que nos llevó David?"

"Seguro, pero espera. Hay más. Hace como dos semanas me quedé despierto hasta tarde en mi oficina. Me di por culpable de los problemas en mi vida y personalidad. Rompí a llorar y con todas mis fuerzas le pedí a Dios su perdón y cambio. Ella estaba mirándome fijamente. "Ruth, Dios me hizo algo. El realmente cambió la naturaleza de mi existencia. Yo me desperté siendo una persona diferente. He pasado cada momento desde ese día tratando de descifrar lo que me pasó. Ahora lo sé. Fui salvado. El espíritu santo me había sido entregado. Dios ahora habita en mí, por increíble que sea, y me está cambiando. Todo es diferente."

Ella no dijo nada por un momento. Estaba estudiando mi cara para ver si yo estaba hablando en serio. "Guau. ¡Eso es impresionante! Yo también me he convertido en una creyente, pero no he experimentado lo que estás hablando."

"Tienes que creerme. No estoy loco ni soy un tipo raro religioso ahora," interrumpí.

"Lo hago. Lo hago," dijo, pero yo sentía un rasgo de duda en su expresión.

"Lamento la forma en que te he tratado," Lloré tanto que mis ojos se llenaron de agua. "Estaba equivocado. Por favor, perdóname. Lo siento mucho. Voy a compensarte por todo. No voy a volver a mi antiguo yo ," lloré.

Ella me abrazó y me dijo: "Te perdono. Está bien".

"¡No! No está bien. Yo era un desgraciado, arrogante, orgulloso, egocéntrico, imbécil egoísta contigo, los niños, y mucha gente que conozco, "tartamudeé, luchando contra los sollozos en medio de mis palabras. "Todo esto es tan loco. ¿Cómo puede Dios estar tan cerca de nosotros y real, y sin embargo, nadie está hablando de él?! ¡Hay algo realmente mal, Ruth! Algo está drásticamente mal. No creo que mucha gente se da cuenta de lo que es el cristianismo verdadero. No tenía idea, incluso después de estudiarlo que Dios habita en una persona que es salvada. No puedo comprender la magnitud de lo que esto significa para mi concepto de la realidad.

¿Te das cuenta de que he vivido mi vida entera espiritualmente muerto, separado de Dios? Nunca le dirigí ni una sola palabra, y aun así él estaba allí alrededor mío. El escuchó lo que yo dije esa noche. ¡*Él me escuchó!* ¿Cómo puede Dios oírme de entre los billones de personas en la tierra? Piénsalo, Ruth. ¡Tómate tu tiempo! No sabemos nada sobre nuestra existencia. Este cuento de nuestra vida que hemos vivido ha sido un espejismo y una fachada ocultando la verdad. Casi todo lo que me ha sido enseñado acerca de la verdad de nuestra existencia y propósito en la vida ha sido una mentira. Creo que nuestra cultura entera está construida en base a un Gran Engaño.

"No esperaba esto. Esto lo cambia todo. No se trata de ir a la iglesia o ser amable. No se trata de mi carrera o logros personales. No sé qué pensar. Yo creía que era cierto, pero yo nunca imaginé que Dios fuera *tan* real y activo hoy. Esto significa que realmente lo hizo. Jesús estuvo aquí realmente y fue a la cruz. ¿Cómo pueden haber tantas religiones, cuando esto es cierto? ¡Mi concepto de la realidad se está derrumbando!"

"Greg, cálmate. Te estás alterando mucho," dijo Ruth.

"No voy a calmarme. ¿Calmarme? ¿Entiendes lo que te estoy diciendo? ¿Te das cuenta de lo que esto significa?" exclamé, todavía secándome las lágrimas de mis ojos.

"Creo que sí. Yo también soy nueva en esto. Yo crecí en la iglesia, pero todo era sobre la iglesia."

"Necesito pensar mucho, Ruth. Las implicaciones son profundas y sorprendentes. Voy a volver a la oficina para pensar. Estoy abrumado."

"Está bien. Hablaremos mañana. Te amo."

"Yo también te amo. ¡No le digas a nadie sobre esta conversación! Ni una palabra aun. Tengo muchas ganas de decirle a la gente lo que me ha pasado, pero quiero reunir un poco más de información primero."

"Está bien."

Capítulo Diecisiete

Las Implicaciones de La Cura

Me sentí aliviado mientras me sentaba en la oficina de la casa. Ruth y yo teníamos mucho más de que hablar, pero estaba contento de que ella no pensara que yo estaba loco. Me repantigué en la silla y puse mis pies sobre el escritorio. Me calmé y comencé a pensar en las implicaciones. Me quería limitar a simples hechos y empezar desde allí.

Dios parecía un lugar obvio para comenzar, ya que todo se trataba de él. Empecé a escribir una lista en un bloc de notas.

DIOS

Jesucristo es Dios, Jesús está vivo. Él me escuchó.

Me detuve allí y reflexioné sobre las implicaciones de esto. ¿Cómo es posible que Dios me escuchara si hay más de seis billones de personas en la tierra? ¿Cómo supo que yo era sincero cuando lo llamé esa noche? ¿Cómo pudo saber las intenciones de mi corazón detrás de esas palabras?

Entonces escribí:

Dios es omnisciente (todo lo sabe) *y omnipresente* (está en todas partes en todo momento).

A primera vista esto parecía obvio, ya que él era Dios, pero mientras más sabía de esto más profundo se volvía. ¿Qué dice esto sobre mi concepto de la realidad? llegué a una conclusión:

No sé nada acerca de la realidad de mi existencia cuando Dios me escucha y conoce mi corazón.

Estaba impresionado.

CIELO

El cielo es real. Voy a ir allá.

Escribí esto con una gran sonrisa. El pensamiento sobre la muerte siempre me preocupaba, especialmente cuando abrazaba a mis hijos y los miraba dormir. Me había preguntado como mi intenso amor por ellos podría solo haber tenido significado y origen producto de la materia evolucionada.

Si ellos murieran trágicamente entonces el objeto de mi amor dejaría de existir y se convertiría en químicos en descomposición sin ningún significado. ¿Cómo un niño que habita en el corazón y el alma sólo representa materia evolucionada?

¡Como resultado de ello, siempre le tuve miedo a la muerte, pero ya no! La certeza de la vida eterna en presencia de Dios viviendo en mí eliminó muchas preocupaciones y miedos. Yo estaba muy emocionado de que mi familia y yo éramos algo más que una sopa orgánica dirigiéndonos a una gran papelera de reciclaje. Ahora entendía porque la muerte se sentía tan mal. La muerte no es el final sino el principio. La muerte pasó de ser un reciclado de materia frío y sin sentido a entrar a la eternidad con Dios. ¡Nunca soñé con un cambio tan radical de realidad y de paradigma! Una ola de alegría se precipitó sobre mí. Me sentí libre. Tenía esperanza real, una certeza de que vendrían cosas buenas.

INFIERNO

El infierno es real. Yo había estado yendo allá.

Mi mano estaba temblando un poco mientras escribía esto. Si yo estaba ahora salvado, entonces no estuve salvado en el pasado. Recuerdo que Jesús habló más sobre el infierno que del cielo. Un torrente de horror y escalofríos recorrió mi espina dorsal. Me di cuenta por primera vez que había estado camino al infierno toda mi vida. Todos mis logros, mis buenos momentos, y mi éxito en el mundo no habría significado nada. Esto me asustó, pero sabía que era verdad. Dios vino a la tierra para salvarnos de nuestros pecados, los cuales nos separaban de Dios por siempre sin Jesús. La proximidad y la realidad del infierno me acechaban. Me eché a llorar y le agradecí a Jesús que me haya salvado. Estaba abrumado de gratitud. Me sequé las lágrimas con mi camiseta y seguí escribiendo.

MILAGROS

Yo soy un milagro viviente.

Me habían reconectado a nivel celular. Yo era un verdadero milagro de Dios el día de hoy. Era una prueba andante y viviente de que Jesucristo es Dios y está vivo. Él estaba justo allí en la habitación cuando yo oré esa noche. Inmediatamente creí en todos los milagros de la Biblia. Si Dios puede reconectar a un ser humano y conocer mi corazón, entonces él puede hacer cualquier cosa que quiera, como caminar sobre el agua, partir el Mar Rojo o curar a los ciegos. Si Jesús resucitó y yo cuento con que me resucitará, entonces ¿Por qué iba yo a dudar de cualquier milagro en la Biblia en absoluto?

LA BIBLIA
La Biblia es la palabra de Dios.

Si Dios puede oír lo que digo y conoce mi corazón, entonces él está al tanto e involucrado en los más mínimos detalles. Puesto que la Biblia es la revelación de Dios y de su designio de salvación, entonces tiene que ser exactamente como él quiere. Un Dios de intrincados detalles, sin duda, preservaría las Escrituras. Yo ya había descubierto que los errores de copia, los cambios intencionales, las supresiones y adiciones durante siglos no cambiaron la doctrina o el mensaje principal de la Biblia. La preservación y la exactitud de las Escrituras eran extraordinarias. Dios sabía de antemano que a través de los siglos, los manuscritos originales sufrirían cambios superficiales, sin embargo, en su voluntad y soberanía divina mantuvo a través de instrumentos humanos el mensaje central y las ideas específicas que quería preservar y que quería que nosotros conozcamos. Las Escrituras aún contienen la clave a la vida eterna.

Usando una analogía basada en mi conocimiento adquirido en la escuela de medicina, consideré el hecho de que nuestros cuerpos y personalidades están hechos de ADN, que es una copia en carbón para la vida basada en un código de cinco letras. Las letras de ADN forman un código que contiene información e instrucciones para la vida. Yo sabía por mis estudios en la escuela de Biología que mi ADN acumula pequeños errores con el paso del tiempo, pero la mayoría de ellos no son significativos. Sigo vivo. La información que codifica en forma única mi cuerpo sigue funcionando y se ha conservado. Los pequeños "errores/cambios" acumulados no niegan que existo, de la misma forma que los errores de la Biblia podrían hacer que no sea la Palabra de Dios. Si Dios puede conocer mi corazón, entonces él puede crear un libro de tapa blanda que es su Palabra. Si él cambió la naturaleza de mi existencia, ¿por qué yo cuestionaría su habilidad para hacer y preservar un libro?

El Diagnóstico: Dios

EL GRAN ENGAÑO
Mi vida fue una mentira.

Una lágrima rodó por mi mejilla mientras me sentaba y miraba lo que había escrito. Empecé a darme cuenta de que todos mis grandes conceptos de realidad y de propósito habían estado errados. El paradigma de la vida que el mundo me enseñó y presenció ante mí en cada faceta de la vida fue un engaño y una mentira. Me sentí como si hubiera despertado de un sueño que había durado treinta y seis años. Uno por uno escribí los contrastes entre las antiguas y nuevas realidades.

Sin Dios	*Dios dentro de mí*
No hay esperanza	Vida eterna
Dios no está involucrado	Dios me escucha y conoce mi corazón
Evolucionado de una "sopa cósmica"	Creado por Dios
La vida en la tierra es normal	La vida en la tierra ha caído a causa del pecado
Soy inherentemente bueno	Soy inherentemente pecador
Llegué a la cima del éxito	Me dirigía al infierno
Tenía todo en la vida	No tenía nada sin Jesús
Todo se trataba sobre mí y mi voluntad	Todo es acerca de Dios y su voluntad
Soy una buena persona, saludable, viva y próspera	Soy un pecador, muerto espiritualmente
Irresponsable	Responsable
Autosuficiente, con autoestima y confianza en mí mismo	Necesito a Dios
Sé todo	No sé nada

Las lágrimas corrían por mi cara. ¿Cómo pude haber estado tan engañado? Mi vida entera era una mentira. El mundo me dijo que luchara por alcanzar El Sueño Americano y yo había llegado a la cima del éxito, pero El Sueño Americano se había convertido en una pesadilla. Debía dejar de escribir y pensar en esto por un momento.

MI FAMILIA Y AMIGOS
¡Mis hijos, padres, y amigos no estaban salvados!

El pánico y la consternación se agolpaban en mi cuerpo como un rayo. La realidad de Dios, el cielo y el infierno me sacaron de la silla. Me puse de pie en pánico. "¡Oh, no, ellos no tienen el Espíritu Santo. Ellos siguen viviendo en el sueño. No tienen ni idea!," grité en voz alta. De repente sentí la urgencia de decirle a ellos y a todos los que conocía.

Puse la hoja de papel sobre la mesa y corrí hacia la habitación para hablar con Ruth acerca de los niños, pero estaba durmiendo. Estaba abrumado por la realidad del cristianismo. No era una *religión* que había decidido aceptar y seguir, sino la realidad de mi existencia. Yo no podía entender por qué yo no había oído hablar de ello durante la mayor parte de mi vida. ¿De algún modo me lo perdí?, me pregunté. Tal vez había estado desconectado. No lo creía, pero quería averiguarlo antes de empezar a contarle a la gente lo que me había sucedido.

Decidí esperar una semana y examinar minuciosamente todo lo que me rodeaba en Cary, Carolina del Norte. Puse la cabeza sobre mi almohada y diseñé un plan para buscar en todas partes evidencia de Jesús. Escucharía las conversaciones de personas, conduciría en auto por la ciudad, vería las noticias, buscaría en las tiendas, y vería lo que la gente estaba haciendo. Iba a buscar evidencia en la vida cotidiana de que Jesucristo estaba vivo, y que tenía un efecto personal, e impactante en la sociedad. Si la gente era salva y tienen a Dios viviendo dentro de ellos, entonces deberían estar hablando de eso. Esto debería ser lo más importante en la vida. Ciertamente me gustaría encontrar gente discutiendo esto, ¿no? ¿Había algún otro lugar aparte de las iglesias el domingo proclamando la verdad? ¿Había evidencia de La Cura?

Capítulo Dieciocho

La Evidencia de La Cura

Era la temporada de Navidad. Por primera vez en mi vida me di cuenta de que la palabra "Cristo" (Christ en inglés) estaba contenida en la palabra Navidad (Christmas en inglés). Jesucristo se había perdido incluso en el nombre de la fiesta que celebra su nacimiento. Ahora que sabía lo que era la Navidad realmente, me di cuenta de que era la ocasión perfecta para buscar evidencia de la realidad del cristianismo. Dado que la Navidad celebra el nacimiento de Jesús, seguramente sería el momento más probable para encontrar gente hablando de él y cómo el Espíritu Santo vive dentro de ellos, ¿no? Una realidad tan alucinante acerca de Dios no podría pasar desapercibido, especialmente en Navidad. Yo esperaba encontrar evidencia de Jesús en todas partes. Vivo en el denominado *"Cinturón de la Biblia,"* zona donde habita mayormente población cristiana, pensé. *¿Qué mejor situación podría pedir para llevar a cabo mi investigación?*

Decidí fingir que no sabía nada. Quería ver si el mundo que me rodeaba me llevaría a la verdad, sobre todo en época de Navidad, si la estaba buscando específicamente en la vida cotidiana. ¿Concluiría en que Jesús es el Salvador del mundo mediante la observación del entorno durante la temporada de Navidad?

DECORACIONES DE NAVIDAD Y LUCES

Esperé hasta que estuviera oscuro y decidí ir dar un paseo en el auto. Agarré mis llaves del repostero de la cocina. "Querido, ¿A dónde vas?," preguntó Ruth.

"Voy a dar un corto paseo. Volveré pronto." Me metí a mi auto y me dirigí hacia el vecindario. ¡Estaba helando! Podía ver cada aliento mientras temblaba y respiraba entrecortadamente en el coche. Todos ya habían puesto sus luces y decoraciones. El momento era perfecto.

Manejé hasta la calle principal del vecindario. Estaba muy iluminado por las luces. Árboles azules, rojos, y verdes tintileaban. Renos blancos pastaban en los jardines. Santa, el hombre de nieve, y Rodolfo el reno estaban sonriendo y saludando, pero Jesús, o algo que lo representara no se encontraba en ninguna parte. Seguí conduciendo y barrí todo el vecindario pero no vi ni siquiera una escena de pesebre. Probé en el vecindario de la calle siguiente pero encontré lo mismo. Seguí manejando y manejando. Mi corazón comenzó a estrujarse. Una lágrima rodaba por mis mejillas mientras recordaba mis propias experiencias navideñas.

Me enseñaron desde niño a tener fe en un feliz hombre imaginario, pero no a creer en un Dios vivo que me creó y que estaba alrededor mío. Me enviaban cartas desde el polo norte pero nunca le oré al señor, quien era él que realmente oía mis palabras y conocía mi corazón. Confiaba en que Santa Claus me daría lo que deseara, pero nunca le pedí a mi padre celestial quien estaba a solo un respiro de distancia. Me aplastó saber que él estaba allí todo el tiempo, mientras que yo no tenía ni idea. Para mí, la Navidad siempre se había tratado de los regalos, la comida, las fiestas, las luces, la familia, y las canciones, pero no acerca de la realidad de Jesús.

Seguí conduciendo, pero no pude encontrar una cruz iluminada, el nombre de Jesús en las luces, o una escena del pesebre en ningún lugar. "Un observador externo no tendría idea de que esta fiesta se supone que es acerca de Jesús," me dije en voz alta a mí mismo.

LA TIENDA POR DEPARTAMENTOS LOCAL

Lleno de frustración me detuve en nuestra tienda por departamentos local, que tiene de todo. ¡Era una casa de locos! Me acerqué a la puerta principal y me encontré con un Santa recolectando dinero. En el interior la gente estaba empujándose, amontonándose, peleándose y enfrentándose. Caras largas, ceños fruncidos, y ánimos impacientes abundaban por doquier. Me abrí paso a través del caos hacia la sección de Navidad. Me encontré rodeado de ángeles, copos de nieve, guirnaldas, luces, soldados de juguete, y papel de regalo. Busqué en las decoraciones del árbol, las luces y los habituales objetos para decorar los patios y no encontré casi nada bíblico excepto por los ángeles. No pude encontrar una Biblia, una escena de un pesebre, o algo con el nombre de Jesús en la tienda. No había nada acerca de la salvación o el Espíritu Santo tampoco. Era como si las personas fueran ajenas a la realidad de Dios. ¿De qué sirve la Navidad si no tengo a Cristo? En cierto modo me sentía vindicado, porque nunca había oído hablar de Jesús o de la necesidad de la salvación en época de Navidad desde hace más de treinta años. La Navidad siempre fue un momento de alegría, de regalos, la familia y los amigos. Ahora todos esos recuerdos felices están plagados de toda una vida de engaño. Caminé con dificultad a través de la tienda, frunciendo el ceño ante los extravagantes escaparates sin sentido, y me estremecí con las falsas esperanzas.

RESTAURANTES

Al día siguiente vigilé algunos restaurantes en el almuerzo y en la cena. La fiebre de la Navidad tenía a gente agolpada en las puertas esperando un sitio para sentarse. Escuché conversaciones disimuladamente, pero Jesús no estaba en sus mentes. Presté atención a las mesas que eran atendidas pero no vi ni una oración. Algunos lugares tenían árboles de Navidad y luces pero nada acerca de Dios. Hice lo mismo el domingo, pensando que Jesús iba estar fresco en las mentes de las personas. Nada era diferente.

Todos iban a sus negocios como si nuestra existencia en este mundo fuera normal. Empecé a preguntarme si alguien sabía, la verdad. Me di cuenta al mirar a todos que esta había sido la forma en que había vivido toda mi vida. Yo había estado desorientado y ensimismado hasta el punto de la ceguera. Dios había estado alrededor mío y podía escuchar mis palabras y conocer mi corazón, pero nunca le murmuré siquiera una palabra. Veía a mi antiguo yo en todos a mí alrededor, y esto me asustaba hasta los huesos.

Me di por vencido, subí a mi carro y me dirigí a casa. "Señor, si me puedes oír y a los demás también, entonces ¿Por qué la gente no te está hablando? ¿Por qué la gente ni siquiera está hablando *acerca* de ti? Si la gente necesita ser salvada, entonces ¿Por qué están actuando como si la vida en la tierra fuese perfectamente normal?, me pregunté.

Todavía no había empezado a hablar con Jesús a un nivel personal. Retóricamente le hacía estas preguntas para recordarme a mí mismo que él estaba allí, porque todo lo que yo estaba observando estaba tratando de convencerme de que él no estaba allí.

LA OFICINA

A la mañana siguiente en la oficina, estuve complacido de ver a la Mujer de la Biblia leyendo su Biblia cuando llegué. Ella aún no sabía que yo había sido salvado. Me aproximé a ella mientras leía. "Tammy, ¿Por qué nadie está hablando con Dios, ni siquiera en Navidad?" pregunté.

"¿Qué quieres decir?," respondió ella, mirándome sobresaltada y sorprendida ante mi pregunta.

"Bueno, digamos que la Biblia es verdad y que la gente necesita ser salvada. Si la salvación es un evento real en la vida de una persona cuando Dios vive dentro de esa persona, ¿No valdría la pena hablar de eso entonces? ¿No sería esa la verdad más increíble de todos los tiempos?," me detuve, observando su rostro para ver si me estaba entendiendo, y continué, "He estado observando a la gente y buscando evidencia de esa realidad, pero no la puedo encontrar en ningún lugar. ¿Por qué? ¿Cómo puedo creer que es verdad si nadie está hablando de ello?

Ella hizo una pausa y puso una mirada muy profunda en su rostro. "Mucha gente no sabe la verdad y no la quiere saber, aunque vayan a la iglesia. La gente quiere la idea de Dios y Jesús pero no la realidad y la responsabilidad de él" dijo ella.

"Pero si es de verdad realmente entonces todas serán buenas nuevas. El Cielo, la vida eterna, la salvación, Dios dentro de ti, la esperanza, la paz, y el significado. No hay nada malo en ello. No lo entiendo." Respondí exasperado.

Justo entonces, las enfermeras interrumpieron nuestra conversación con la programación de la mañana. El resto de la semana observé y escuché a mis pacientes. No había Biblias, no habían oraciones antes de las cirugías, y no se hablaba de Jesús. Nadie parecía emocionado de que Dios esté allí o preocupado de que las personas necesitaban ser salvadas si no se enteraban de que él era real.

Estaba viendo todo desde una perspectiva completamente nueva. Me seguía recordando que Dios escucha a todas y cada una de las personas de una manera incomprensible. Estaba sorprendido por el silencio de nuestra cultura. El silencio me hizo comenzar a cuestionar mi propia salvación. *¿Soy yo el loco?*, me pregunté. *He sido salvado. Dios ahora vive dentro de mí. He sido cambiado y avivado espiritualmente. ¡Dios me escucha y conoce mi corazón!*, me tranquilicé a mí mismo.

TELEVISIÓN

En este punto ya casi no quería ir más lejos, pero me sentía obligado a seguir adelante. Encendí la televisión y exploré algunos de los shows que estaban centrados en familias. No había señales de Dios o Jesús a excepción de malas palabras. Nadie rezaba, mencionaba a Dios, o lo incluía en sus vidas diarias. Era evidente que Dios era considerado como irrelevante en la vida familiar cotidiana. Recordé el pasado y me di cuenta que muchos shows de familia, los cuales había visto por años, transmitían silenciosamente el mismo mensaje dejando a Dios afuera. Ahora que Jesús vivía dentro de mí, el silencio no era más neutralidad. Me di cuenta que este silencio también era negación.

Estaba enfrentando una nueva realidad que me sacudió hasta la medula de mi existencia. El contraste y el gran abismo entre el mundo a mi alrededor que no reconocía a Jesús y la verdad de que estuviera tan cerca, vivo dentro de mí, oyéndome, y conociendo mi corazón era devastador. Empecé a sentir que estaba viviendo en un mundo "bizarro." La alegría de mi propia salvación estaba siendo succionada por la nueva habilidad de ver el Gran Engaño a mí alrededor.

Tenía que hablar con alguien, pero no quería que sea alguien que no entendería. Sentí que ellos pensarían que estoy loco y me reportarían a la junta médica. Tenía que admitir, estos pensamientos y perspectivas podrían parecer una ilusión esquizofrénica para la mayoría de personas.

"¡Ya lo tengo!" dije eufórico. "Se lo diré a Tammy. Puedo confiar en ella. Siempre habla sobre Jesús y lee la Biblia." De cualquier forma ya le había preguntado brevemente sobre la falta de Jesús en la vida y en las conversaciones de las personas. No podía esperar a llegar al trabajo el día siguiente. Planeaba decirle a Tammy que ya había sido salvado y preguntarle más acerca de la falta de Evidencia para la Cura.

La Mujer de la Biblia

Capítulo Diecinueve

La Mujer de la Biblia

La programación de la mañana para los pacientes terminó temprano. Fue mucho antes de la hora de almuerzo. Sabía que era momento de hablar con Tammy, La Mujer de la Biblia. Me di cuenta que no le podía decir simplemente que había sido salvado. Tenía que tragarme mi orgullo y confesarle que había estado equivocado. ¿Se regodearía? De alguna manera no creía que lo haría, pero ¿Qué haría?

Había ensayado algunas veces lo que le diría. Admitir que estaba equivocado no era algo a lo que estaba acostumbrado. Tuve un sentimiento extraño de que me volvería bueno haciéndolo. Mis palmas estaban sudorosas, y una sensación de presión se extendía en mi pecho mientras caminaba hacia su escritorio. *Puedes hacerlo*, me dije.

Entré al laboratorio sin ser percibido. Ella estaba sentada en su escritorio leyendo la Biblia, para variar. Me acerqué por detrás de ella y dudé. Parte de mi quería salir corriendo mientras que otra parte quería hablar con ella acerca de Dios y por qué no podía encontrar ninguna Evidencia para La Cura.

"¿Tammy?" Ella se volteó en su silla y me miró de forma curiosa por encima del marco de sus gafas de lectura estilo gato de los años sesenta, como si pudiera sentir el cambio en mí.

"Oiga, Dr. Viehman. ¿Qué tal?"

"Uh, ¿podemos hablar a solas en mi oficina?" le dije, sonando tan nervioso como me sentía.

"Seguro. Vamos." Fuimos y nos sentamos en dos sillas, uno frente al otro. Mi oficina estaba en el extremo del edificio. Dos de las paredes estaban hechas completamente de vidrio. Estaba ubicada justo al lado del estacionamiento, cualquiera que pasara caminando podía ver el interior. Me levanté antes de empezar a conversar y cerré las persianas.

"¿Está todo bien?" preguntó.

"Sí. No te preocupes. Solo que no quiero que nos vean hablando. Es privado."

"¿De qué se trata? preguntó. Ella podía darse cuenta por mi voz de que estaba nervioso.

El Diagnóstico: Dios

"Tammy, necesito decirte lo que me ha pasado. Como ya sabes, empecé a leer la biblia para probar que los cristianos eran hipócritas. No sabía nada sobre Dios y no quería hacerlo tampoco. Crecí en una cultura que hacía de Dios algo para nada importante e incognoscible en cada faceta de la vida. Durante el mes pasado he estudiado todo lo que pude encontrar sobre Jesús, su afirmación de ser Dios, y la resurrección. Le he dado a la Investigación todo el esfuerzo que he podido. Para mi sorpresa, mientras más indagaba más creíble se volvía la historia. Lo que empezó como un cuento de hadas religioso rápidamente se volvió una búsqueda de verdad absoluta, en un mundo que dice que la verdad es relativa o imposible de conocer. Estaba sorprendido de que la Biblia parecía explicar el origen y causa de muchos problemas en mi vida.

"Después de mucha consternación e investigación cuidadosa, finalmente llegué al punto donde decidí que podía creer intelectualmente en el cristianismo e ir a la iglesia. Eso fue un gran paso para mí, ya que no era el tipo de persona que va a la iglesia, le gusta vestirse bien los Domingos y actuar en forma agradable y moral. ¿Pero que podía perder? Estaba listo para intentar ser una mejor persona, aprender de los sermones, y reconocer a Dios en los días festivos y comidas. Pensé que eso era todo.

"Sin embargo, algunas noches después, me sentí culpable de mi pecado y todos los aspectos miserables de mi vida y personalidad. Clamé a Jesús y le rogué por cambio y perdón. Fui a dormir pensando que me había vuelto cursi y religioso. A la mañana siguiente, Tammy, me desperté como una persona distinta en todos los sentidos. Ni siquiera puedo describirlo en palabras. Mis pensamientos, motivos, prioridades, ira, frustración, y muchas otras cosas se habían ido o cambiado. No sabía lo que me había pasado y traté de diagnosticarme, pensando que tenía una enfermedad o desequilibrio hormonal, pero nada tenía sentido. Recurrí a la Biblia, y me di cuenta que todo podía ser explicado por la salvación de Jesús. Había sido salvado y ni siquiera lo supe por una semana. ¡No tenía idea de que cuando eres salvado Dios vive dentro de ti! Estaba asombrado."

"¡Guau, Dr. Viehman! Eso es impresionante. Estoy tan feliz por usted. Mi grupo de estudio bíblico ha estado rezando por usted. ¡Dios es tan bueno!"

"¿Ustedes han estado rezando por mí? ¿Ni siquiera conocía a estas personas y aun así les importé lo suficiente como para rezar por mí? Eso es increíble. Tammy, estaba equivocado. Estaba equivocado sobre Dios, la Biblia, y casi todo en la vida. Siento haberme burlado de ti y haber hecho bromas en el laboratorio. Estoy empezando de nuevo en todos los aspectos de mi vida. Por favor perdóname."

"Lo perdono. No puedo decirle cuan feliz estoy de que el Señor lo haya salvado. Cuando uno ha sido perdonado es mucho más fácil perdonar a otros."

"Gracias, Tammy."

"¿Qué dijo Ruth? ¿Ya le ha contado a alguien más?"

"Ruth lo sabe. Ella fue salvada seis meses antes que yo, después que se uniera a un estudio Bíblico. Ella está feliz, pero un poco escéptica de que los cambios en mí vayan a durar."

"Claro que durarán, Dr. Viehman. Ahora tiene el poder de Dios viviendo dentro de usted. Sin embargo, no será perfecto. Aun cometerá muchos errores y pecará, pero nunca será el mismo. Se le ve mucho más calmado y relajado."

"Siento como si me hubieran drogado, pero de una buena forma. Estaba tan nervioso e irritable todo el tiempo que la paz que siento ahora es increíble. Es como si Dios hubiera reventado el globo y dejado salir todo el aire malo y la tensión que estaban acumulados dentro."

"¿Ha estado yendo a la iglesia?" preguntó.

"Sí. Me siento cómodo yendo a una iglesia cerca a nuestra casa. Sin embargo, me incomodo un poco durante la parte musical."

"¿Por qué?"

"Varias personas levantan sus manos y cierran sus ojos. ¿No es un poco exagerado?"

"¿Usted mira deportes, Dr. Viehman?"

"Si, ¿pero qué tiene que ver?" respondí inquisitivamente.

"Si su equipo marca una anotación, ¿usted salta y mueve sus manos hacia arriba y abajo en el aire?"

"Si," dije con timidez. Ahora ya sabía a donde se dirigía con esto.

"¿Entonces por qué es extraño adorar al Dios que lo creó y salvó levantando sus manos hacia el?"

"Buen punto. Supongo que no sé por qué me molesta." Ella sintió que estaba incómodo y cambió el tema.

"¿Alguien más sabe que ha sido salvado? ¿Le contó a alguien más?"

"No. Aún no. Esperé una semana para ver si me había perdido de alguna manera a Jesús en la vida cotidiana. Di una vuelta y busqué en Cary signos de Jesús en las vidas de las personas. Fui a restaurantes, alamedas, centro comerciales, y por toda la ciudad."

"¿Qué encontró?"

El Diagnóstico: Dios

"Nada. Silencio. Tammy, si Dios está tan cerca que puede escuchar lo que digo y conocer mi corazón, ¿entonces por qué nadie lo proclama? Ve afuera y obsérvalo por ti misma. Ve si puedes encontrar signos de Dios en las vidas de las personas. Esto no es algo que debe mantenerse en secreto o ser personal, ya que es la esencia de nuestra existencia. No es religión. Es realidad."

"Dios ha sido excluido de nuestra cultura, Dr. Viehman. Hay mucha religión ahí afuera pero poca relación. La gente quiere la idea de Dios pero no la realidad y responsabilidad de él. La gente dice 'Yo creo en Dios,' pero eso no significa que están salvados o que tengan una relación con Dios. Tiene razón. Deberíamos hablar sobre él todo el tiempo. ¿Cómo puede la gente creer que Jesús es real si no lo ven en nuestras vidas?

"Tammy, tu eres una de las pocas personas que conozco que vive al descubierto. Te estaba observando para ver si Dios era real, pero nunca te lo hubiera dicho. Creo que muy dentro de mí quería que Dios fuera conocible, pero tenía miedo de lo que la verdad significaría para mi vida. Unas cuantas personas quisieron hablarme de Jesús en el pasado, pero no escuché. Si lo que me decían era verdad, entonces todo mi paradigma de vida estaba equivocado. Habría hecho que yo, mi niñez, mi familia, y mi estilo de vida fuese un engaño y una mentira. ¿Cuántas personas pueden aceptar eso, Tammy?

"Miro hacia atrás en mi vida y el silencio me atormenta. He vivido separado de Dios desde que nací. Años de relaciones, escuela, y experiencias, todas vividas sin una declaración de Dios. Es extraño y triste darse cuenta que él estuvo ahí todo el tiempo. El silencio es aterrador. La realidad del infierno y la necesidad de salvación son reales. Siento como si hubiera despertado de un sueño. Cuando 'soñaba' todo parecía normal, pero ahora que estoy 'despierto' es una pesadilla. Me siento como Keanu Reeves en la película *The Matrix*. ¿La has visto?"

"No."

Es una película de ciencia ficción, pero es muy similar a lo que he experimentado. En la película un hombre llamado Neo se despierta de una realidad falsa. Descubre que su vida entera ha sido un engaño y una mentira. Me siento de la misma forma. El aspecto de salvación, vida eterna, y cielo del cristianismo es emocionante, pero Las Implicaciones a mi pasado son devastadoras."

"Necesita empezar a decírselo a las personas, Dr. Viehman."

"Ok. ¿Podrías llamar a Dacia por mí?"

"Seguro." Ella me abrazó y salió de la oficina. Dacia era la enferma en jefe y una buena amiga. No tenía idea de lo que ella creía, pero quería que ella fuese la siguiente en decírselo. Mientras Dacia escuchaba, se encendió en ella una sonrisa gigante. Cuando terminé, ella me abrazó y me dijo que era cristiana.

"Eso es increíble, Dr. Viehman. ¡Estoy tan emocionada por usted!"

Estaba tan aliviado. ¡Ella no pensó que estaba loco! Ella sabía todo sobre la salvación y el Espíritu Santo. ¡Uf!

Empecé a disfrutar el dar mi testimonio, ya que era tan asombroso e increíble. Era revitalizante y estimulante decirles a las personas como fui salvado. Tenía una fuerte intuición de que esto era algo que debía hacer. También tenía una sensación de que había más sobre la vida cristiana que solo hablarles a las personas sobre Jesús y esperar canjear un boleto al cielo, pero no sabía que era. *¿Hay más?*, me pregunté. No tenía idea de que Dios estaba a punto de responder mi pregunta y revelarme una verdad alucinante. Él estaba a punto de presentarme La Relación.

La Relación

Capítulo Veinte

La Relación

El día siguiente después del trabajo, cuando estaba terminando las cosas en la oficina, Dacia, la enfermera en jefe, entró cargando un regalo.

"Dr. Viehman, tengo algo para usted." Me dio un regalo con una envoltura de navidad del tamaño de un libro pequeño. Rasgué la envoltura y encontré una libreta cubierta de gamuza llena de hojas en blanco.

"¿Qué es esto, Dacia?"

"Es un diario de oración. Anote sus oraciones y las fechas en las que las realiza. Luego regrese y revíselas cuando Dios responda. Esto también ayuda a tener una lista de donde orar."

"¿A qué te refieres, Dios responde las oraciones? ¿Cómo hace eso?" pregunté.

Ella cerró la puerta y se sentó. "Dr. Viehman, Dios es su Padre. Él lo ama, ahora vive dentro de usted, y quiere tener una relación con usted. Él está interesado en los detalles más pequeños de su vida."

"¿Cómo puede ser eso posible? Siempre he vivido sin él. He tenido millones de pequeños detalles en los que nunca lo incluí. ¿Cómo puede trabajar en mi vida? Pensé que una vez que eres salvado estás por tu cuenta hasta que mueras. Tal vez si una crisis grande se presenta entonces Dios intervendrá, pero no en los detalles cotidianos. Si Dios es personal, entonces la gente debería estar hablando sobre esto. En todos los años que he vivido no escuché ni una vez al respecto, ni siquiera cuando algunas personas quisieron hablarme de Dios. ¡Lo que dices suena a una locura!"

"Es increíble, estoy de acuerdo, pero es cierto. Él quiere ser el Señor de su vida y guiarle en todo."

"Guau. A decir verdad eso es bastante asombroso, ¡poder tener ese tipo de interacción personal con Jesús! Sé que él me escucha, ya que sin duda lo hizo la noche en que fui salvado. Asumí que las líneas de comunicación estaban principalmente abiertas para cosas como tragedias y ser salvado."

"No. Él quiere estar involucrado en todos los aspectos de su vida. Él lo estará, si usted lo deja," dijo.

El Diagnóstico: Dios

Desconcertado, pregunté, "¿Cómo? ¿Qué hago?"

"Solo empiece a hablarle. Cuéntele acerca de todo. Pregúntele que hacer. Pero lo más importante, ore porque guie su vida y sus decisiones. Empiece a hacer eso y verá lo que sucede. Lea su Biblia todo el tiempo. La Biblia es la Palabra de Dios. Es Dios hablándole. Sus oraciones son la forma de hablarle. Justo como ambos hablamos ahora mismo. La relación es un intercambio de palabras."

"¿Cómo puede Dios hablarme a través de la Biblia?" pregunté.

"Dios se ha revelado al hombre por medio de su Palabra, la Biblia. Los versículos le hablarán a su corazón. Se dirigirán a los problemas en su vida. Las historias de vida de las personas se refieren directamente a nosotros. Sus errores y victorias son para instruirnos. Al leer la Biblia, el Espíritu Santo dentro de usted le mostrará las cosas y cómo se aplican en su vida. No se olvide cuando esté leyendo que el Espíritu Santo vive dentro de usted."

"Esto suena muy bueno para ser verdad. Es emocionante y bizarro al mismo tiempo. Siento como si estuviera en una película de ciencia ficción. Una vida entera me ha mostrado que Dios es incognoscible o inexistente en cada faceta de la vida, ¡¿y ahora me dices que él me guiará en cada detalle de mi vida personal?! Si esto es cierto, entonces el hecho es que la gente lo está ignorando en proporciones increíbles. ¿Te das cuentas de las implicaciones de lo que me dices? Creo en ti, pero tienes que entender mi posición."

"Toma tiempo, Dr. Viehman. Sé que es mucho para digerir. Simplemente ore, entregue su vida, lea la Biblia, y preste atención. Dios es sobrenaturalmente natural."

"¿Qué significa eso, Dacia?"

"Las personas que conozca, las circunstancias en las que se encuentre, y los pensamientos y sentimientos en su corazón—usted verá que él está en medio de todo ello, si presta atención y sigue su ejemplo."

"OK. Estoy tan agradecido de que me haya salvado que haré lo que él diga. Quiero conocerlo por lo que él ha hecho por mí. Ni siquiera estaba buscando a Dios en mi vida."

"¿Se da cuenta, Dr. Viehman, que todas las circunstancias que lo llevaron a la salvación se trataba de Dios buscándolo a usted? El cristianismo es Dios persiguiendo al hombre. Dios es el iniciador en La Relación. Es increíble el esfuerzo que hace para salvar a alguien."

Yo estaba atónito y en silencio. Rápidamente pensé en los eventos que llevaron a mi salvación: El Viaje de Esquí, Marco Island, La Mujer

La Relación

de la Biblia, El Paciente, el libro de Josh McDowell que Ruth había puesto en la mesita de noche, y El Vecino de al Lado que me invitó a la iglesia. Me quedé estupefacto.

"¡Hala! En realidad no encontré a Dios a través de mi estudio intelectual. ¡Él vino y me rescató! Él puso todas las piezas juntas y trajo a las personas indicadas a mi vida en el momento preciso. Esto es realmente un concepto asombroso e increíble para mi reflexión. Necesito pensar sobre esto. Gracias por el diario. Debo ir a casa. Es tarde."

"Buenas noches, Dr. Viehman."

Entré al auto y empecé el viaje a casa. Seguía pensando en lo que ella me dijo. Parecía extraño simplemente comenzar una conversación con Dios, a pesar que estaba seguro de que él me oía. Mi corazón, sin embargo, se sentía obligado y atraído hacia él.

ORACION

"Jesús, sé que me escuchas. Aun no entiendo todo, pero gracias por salvarme. Quiero conocerte y dejar que seas mi guía en la vida. Hazme la persona que quieres que sea. Haré lo que digas con mi mejor esfuerzo. No puedo creer que estuviste ahí desde el principio y nunca te hablé. El mundo me dijo que no podía conocerte y actuaba como si no existieras. ¿Por qué nadie hablaba de ti cuando yo crecía? ¿Por qué fuiste excluido de las escuelas? Dado que tú eres el Dios verdadero, ¿entonces por qué hay tantas religiones? Tengo tantas preguntas. ¿Cómo te escucho? ¿Cómo sé lo que quieres que haga? No sé dónde empezar."

Conduje el resto del camino en silencio. En mi mente una sola cosa no dejaba de darme vueltas. *Mis hijos, padres, y amigos no han sido* salvados. *Ellos aún viven desorientados como yo lo hice toda mi vida. Debo llegar a ellos. Tengo que decirles a todos que sé lo que me ha sucedido,* pensé.

De repente entendí porque los chiflados en El Viaje de Esquí se me acercaron ese año. Debo admitir, que tenían razón. Mi corazón estaba inmensamente agobiado y asustado por las personas que no conocían a Jesús. Aun podía sentir el infierno—el infierno al que pude haber ido. Sacudía mi alma y me obligaba a decirles a otros que no habían sido salvados. No estaba seguro, pero sentía que Dios quería que lo haga. Dacia me había dicho que prestara atención a mi corazón y a mis pensamientos. ¿La Relación ya estaba empezando?

Esa noche después que todos se fueran a dormir, entré en la oficina. Esta se había convertido en mi lugar para orar, leer la Biblia, y buscar la voluntad de Dios. Empecé a hablar con Dios sobre todo y de cualquier cosa. Se sentía raro al principio, como si me hablara a mí mismo, pero esa sensación incomoda rápidamente desapareció. Necesitaba recuperar el tiempo perdido, ya que estaba atrasado por muchos años en La Relación y me sentía ansioso por empezar. *¡Qué asombrosa oportunidad que Dios quiera interactuar conmigo!*

"Señor, Dacia me dijo que tú querías trabajar en mi vida. Estoy aquí. Quiero empezar. ¿Qué necesito hacer?" Mientras decía esta oración sentí un fuerte impulso por coger la Biblia. Pensé que tal vez estaba imaginándolo así que lo ignoré. Trataba de orar pero no me podía concentrar. La única cosa en mi corazón y en mi mente era la Biblia. *Hmm. Dacia dijo que Dios me hablaría a través de la Biblia, ya que es su Palabra. Tal vez necesito empezar a leer,* pensé. No estaba seguro de dónde empezar. Decidí abrirla desde la parte de atrás, donde sabía que estaba el Nuevo Testamento.

LA PALABRA DE DIOS

"Maestro, ¿cuál es el gran mandamiento en la ley? Jesús le dijo: Amarás al Señor tu Dios con todo tu corazón, y con toda tu alma, y con toda tu mente. Este es el primero y grande mandamiento." (Mateo 22:36-38 NIV)

Huh. Eso es gracioso. ¿Cuáles son las probabilidades de recurrir a este versículo?, me pregunté. *¿Sin embargo, qué quiere decir Jesús? ¿Cómo se ve un Dios amoroso en la práctica?* En los márgenes de la Biblia había referencias a otros versículos bíblicos relacionados a este, y los revisé. El primero respondió mi pregunta y captó mi atención.

"El que tiene mis mandamientos y los guarda, ése es el que me ama; y el que me ama será amado por mi padre; y yo lo amaré y me manifestaré a él." Judas (no el Iscariote) le dijo: "Señor, ¿y qué ha pasado que te vas a manifestar a nosotros y no al mundo?" Jesús le respondió: "Si alguien me ama, guardará mi palabra; y mi Padre lo amará, y vendremos a él, y haremos con él morada." (Juan 14:21-23 NKJV)

¡Guau! ¿Qué significa que Jesús se manifestará a mí, y hará su morada conmigo? Que promesa tan intrigante de Dios. Tenía que saber lo que esto significaba.

"OK, amar a Dios significa obedecer su Palabra," murmuré para mí mismo. *Si amar a Dios es el gran mandamiento, entonces debo saber qué cosa es su Palabra, es decir conocer la Biblia, para poder obedecerla y amar a Dios. ¿Cómo puedo amarlo si no sé lo que dice su Palabra?* razoné. En ese momento fije el objetivo en mi corazón de leer y estudiar la Biblia en todo momento. Además de orar, esto parecía ser esencial para amar a Dios en una relación.

Empecé a leer la Biblia en todo momento libre que tenía. No parecía cansarme. Aprendía a un ritmo exponencial. Cada vez que la cogía, aprendía algo nuevo. Era extraño, porque podía sentir al Espíritu Santo revelándome cosas. Cuando leí, las palabras le hablaban a mi corazón. Ellas guiaban mi vida, señalaban áreas en las que necesitaba cambiar, y empezaban a revertir muchas mentiras que había aprendido. Antes de ser salvado las palabras no tenían tal impacto. En realidad lo ansiaba como alimento.

Esa misma semana conocí a un hombre en la iglesia apodado Bill el Bíblico. Él se ofreció a guiarme a través de la Biblia en un año. Empezamos con el Viejo Testamento. Podía enviarle un correo electrónico o llamarlo si tenía preguntas, y nos encontrábamos una o dos veces al mes para almorzar y discutir lo que habíamos leído. Recordé que Dacia dijo y me di cuenta que el Señor había puesto a Bill en mi vida para ayudarme a aprender la Biblia. Se sentía genial que Dios hiciera eso por mí.

En una de nuestras primeras reuniones Bill el Bíblico me preguntó, "¿Por qué comes todos los días?"

"Porque tengo hambre," respondí.

"¿Qué sucede si no comes?" continuó.

"Pasaría hambre."

"¿Qué sucede cuando pasas hambre? Piensa, Greg, eres un doctor."

"Te vuelves débil, letárgico, enfermo, deficiente en vitaminas, y desapareces."

"¡Exacto! La biblia es tu comida espiritual. Si no comes entonces no crecerás. Recuerda, Jesús dijo que cuando eres salvado vuelves a nacer. ¿Puede un bebé caminar, hablar, alimentarse, o defenderse a sí mismo? ¿Sabe un bebé siquiera que es un bebé? ¿Puede un bebé interactuar con su padre como un adulto?"

"No, por supuesto que no." Le dije.

"Entonces asegúrate de comer una dieta balanceada de la Palabra de Dios." El me mostró un verso de la Biblia.

Deseen como niños recién nacidos, la leche pura de la palabra, para que por ella crezcan para salvación, si es que han probado la bondad del Señor (1 Pedro 2:2-3 Nueva Biblia Americana Estándar)

El continuó. "Cada libro de la Biblia tiene ciertos nutrientes, vitaminas, y minerales. El libro entero es una dieta balanceada. Dejar de

El Diagnóstico: Dios

lado porciones de la Biblia en su lectura anual deja de lado también nutrición. Muchos cristianos están malnutridos, y consecuentemente muchas iglesias también ya que no enseñan metódicamente ni leen a través de la Palabra de Dios completamente.

Recuerda, el pecado es como una enfermedad. Nos daña. ¿Cuál es el otro efecto de la nutrición con respecto a la enfermedad? Nos ayuda a sanar, repara nuestro espíritu dañado, y supera el efecto debilitante del pecado."

ADORACION

"Bill, me gusta ir a la iglesia, pero prefiero la enseñanza en lugar de la parte musical del servicio. ¿Por qué gastan treinta minutos cantando antes de que el pastor enseñe?"

"La adoración prepara tu corazón para escuchar la Palabra de Dios. En la adoración le das valor a Dios y obtienes valor de Dios porque él te ama. El hombre fue creado para adorar a Dios. Si no lo adoras a él entonces adoraras a algo más, incluso si no te das cuenta."

"¿Cómo qué?" pregunté.

"¿Qué tal a ti mismo?"

"Ouch, Bill, eso duele. Sin embargo, tienes razón. Definitivamente me he adorado a mí mismo. Me di valor y lo recibí de mí mismo en casi todo: logros, carrera, aspecto, etc."

"Adora a Dios, Greg. Fuiste creado para hacerlo. Te parece extraño e incómodo porque creciste adorándote a ti mismo y las cosas a tu alrededor. Idolatría es cuando adoras algo distinto a Dios, algo que puedes ver."

"¿Cómo adoro a Dios? ¿Qué hago?"

"Recuerda lo que dije. Primero, dale valor. Alábalo por salvarte. Dale las gracias por morir por ti. Reconócelo como tu Padre, Dios, y Creador. Cuando adoras al Señor estás entregándole, tu corazón y vida en fe, confianza, y agradecimiento. Es tiempo de que te entregues a Dios y reconozcas que lo necesitas en tu vida.

"Segundo, recibe tu valor de Dios. Alábalo por amarte. Ya has sido testigo de cuantas cosas realizó solo para salvarte. Respóndele con gratitud y disfruta del hecho que eres un hijo del Dios eterno. La música puede ayudarte a enfocarte en él, y las buenas canciones de adoración tienen letras que despiertan los principios que te acabo de enseñar."

"Eso me suena tan incómodo."

"Solo empieza por escuchar canciones de alabanza y adoración en la mañana si puedes. Piensa en quién es y lo que ha hecho por ti. Escucha las palabras. Deja que Dios te dé primero y te llene, luego dale a él de lo que te dio. Piensa en cómo te hace sentir cuando tu hijo te da un regalo proveniente de la propina que le diste.

"OK. Lo intentaré."

PADRE E HIJO

"¿Bill? Una cosa más, ahora que lo mencionas. Dacia, la enfermera en jefe de la oficina, me dijo que Dios es mi padre y quiere una relación. ¿Cómo puedo tener una relación con alguien que no puedo ver? Entiendo que la oración soy yo hablándole a Dios y la Biblia es la Palabra de Dios hablándome, ¿pero qué quiere él en realidad?"

"Eres padre de dos hijos, ¿verdad?"

"Si," respondí.

"¿Qué es lo que más quieres de ellos? ¿Qué disfrutas?"

"Quiero pasar tiempo con ellos y disfrutar la compañía mutua. Quiero que me escuchen y me amen como yo a ellos. Me gusta salir juntos y jugar con ellos. Realmente disfruto cuando me abrazan y se suben en mi regazo. Él solo me quedó mirando y levantó sus cejas. Justo cuando me di cuenta que él estaba esperando que una luz se encendiera, sucedió. De repente me di cuenta de que Dios quiere las mismas cosas de mí que yo quiero de mis hijos.

"Guau. Eso es muy profundo, Bill. Parece tan obvio ahora que lo pienso de esa manera."

"No puedes entender a Dios dejando a un lado las relaciones. Recuerda, él no quiere gente o ceremonias religiosas piadosas, sino relaciones. No se trata de rituales, recitar ciertas palabras, usar ciertas vestimentas, o ir a un edificio una vez a la semana. Imagínate si toda la semana tus hijos te ignoraran y no te hablaran, a pesar de que estés ahí. Entonces, de repente el domingo se visten, desfilan por la casa, y hablan *sobre* ti pero no *a* ti. ¿Qué pensarías?"

"Eso es una locura."

"Dios no es diferente. Los principios de relación son los mismos. Sé tú mismo. Sé honesto. Sé real. Empieza tu día con él. Ese es el patrón que Jesús nos dio."

"OK."

DEVOCIONES MATUTINAS

Cada mañana antes del trabajo, empecé a rezar, escuchar música de adoración, y leer la Biblia. Bill el Bíblico y Dacia habían dicho que estos eran los tres pilares de una relación con Dios. Seguía recordando algo que Bill me dijo. Se me había quedado. "La palabra te hace crecer, la adoración te llena, y la oración te alinea con la voluntad de Dios. Necesitas crecimiento, plenitud, y orientación."

Lo hacía a diario y rápidamente empecé a sentir y darme cuenta que algo sucedía. Me sentía renovado, potenciado, satisfecho y en paz incluso aún más que cuando fui salvado. Justo cuando pensaba que no podía ponerse mejor, lo hizo. La música empezó a atraparme, la oración empezó a moverme, y leer las palabras de Jesús empezó a iluminarme y cambiarme. Era una persona nueva y vigorizada después de las reuniones matutinas con él. Sentía como si fuera a una estación de recarga. Se sentía bien. Siempre me iba satisfecho de una manera inexplicable.

Podía sentir que mi conocimiento y conciencia de su presencia crecía lentamente, y extasiaba mi corazón. Conforme empecé a aprender quien era Dios, cuanto me amaba, y cuanto había hecho por mí, quería pasar tiempo con él y servirlo. No estaba obligado sino dedicado. Literalmente no podía esperar a levantarme y pasar tiempo con Jesús. *¡No puedo creer que pueda pasar tiempo con Dios y que él me escuche! ¡Esto es realmente asombroso!* Pensé. Me entregaba cada día a Jesús y juré hacer lo que sea que él quisiera. Estaba muy agradecido por ya no sentirme triste y vacío.

Un día me quede dormido y tuve que irme sin las devociones matutinas. La diferencia fue notoria de inmediato. Estaba irritable, más impulsivo, y menos pacifico. Me asustaba, ya que se sentía como el viejo yo. Rápidamente aprendí que muchos aspectos de mi viejo ser aún estaban ahí, pero de alguna manera el pasar tiempo con Jesús en la oración, adoración, y leyendo la Biblia mantenían al viejo a raya. No entendía cómo funcionaba esto, pero sabía que era lo suficientemente cierto como para nunca perderme las devociones otra vez. Lo hice parte de cada día de mi vida como manejar el auto. La clave era levantarse a diario y dejar que Jesús tome el timón.

UN CORAZÓN CAMBIANTE

Cada día trataba de vivir La Relación prestando mucha atención a mi corazón, a mi consciencia, y a las circunstancias. Vivía día a día buscando la labor de Dios en mi vida y esperando que lo haga. Una de las primeras cosas que noté fue un cambio de mentalidad hacia las cosas que Dios quería que eliminara de mi vida. Por ejemplo, tenía una suscripción a una revista para hombres, llena de imágenes de chicas y artículos sobre sexo, deportes, y la vida en la vía rápida. Cancelé la suscripción. Ya no tenía deseo de ver esas cosas. No tuve que *renunciar* a ello, sino que extrañamente, *quería hacerlo.*

Me preocupaba al principio que el ser cristiano me haría un tonto aburrido al que "no se le permitiría" hacer nada divertido. Me sorprendí al descubrir que este no era así. Las cosas que debían dejarse ya habían perdido su atractivo. En muchos casos, como con la revista, no podía esperar a deshacerme de ellas. Dios también me revelo como yo había estado tratando de llenar mi corazón vacío con *cosas* en lugar de llenarlo con él. Ahora que tenía lo que mi corazón realmente deseaba y para lo que estaba diseñado, La Relación con Dios, ya no necesitaba ninguna de esas otras cosas.

Lo opuesto era cierto para cosas que Dios quería introducir en mi vida. Las cosas que él quería que hiciera, las cuales nunca hubiera hecho en el pasado, se volvieron atractivas e interesantes. Los Viernes por la noche empecé a asistir a un grupo de estudio en casa con otros cristianos. Nos reuníamos, hablábamos, comíamos postre, y estudiábamos la Biblia. Apenas unos meses antes no me hubieran atrapado ni muerto en una reunión como esa. Ahora me encantaba y la esperaba con ansias.

ENCUENTROS DIVINOS

El diario de oración de Dacia rápidamente vio las acciones producto de todas las oraciones que realizaba. Oré por encontrar amigos cristianos con los que pudiera identificarme y casi inmediatamente conocí a un radiólogo en la iglesia. Ruth ya conocía a su esposa en el gimnasio. Nos hicimos grandes amigos y me ayudó tremendamente.

Oré por una oportunidad para contarle a alguien sobre Jesús, y ese día una mujer entró en mi oficina. Ella era un manojo de nervios y había venido con su madre. Le conté sobre Jesús y como ser salvada. Ella regresó a casa y fue salvada esa noche. Estaba emocionado cuando me lo dijo la semana siguiente. Al analizar las cosas retrospectivamente, conocer a Bill el Bíblico tampoco fue una casualidad. Era como si Dios estuviera trayendo gente hacia mí— ¡y lo hacía! Solo tenía que contarles la historia cuando aparecían, o averiguar porque llegaban a mi vida.

Sabía que estas no eran coincidencias. Había muchas respuestas directas e inequívocas. Estaba sorprendido de como Dios me ponía donde quería en los momentos adecuados. Dacia tenía razón. Empecé a ver como las oraciones eran respondidas y como mis pensamientos y circunstancias eran moldeadas por Jesús. Inherentemente sabía que incluso mi conversación con Dacia era una lección de Dios sobre La Relación. Aprendí que otra forma en la que Dios se comunica es a través de otros creyentes.

SIGUIENDO PUERTAS Y LA VOZ DE DIOS

Sin embargo, por momentos, sentía que no estaba "escuchando" nada. Le pregunte a Bill el Bíblico sobre esto.

"Bill, siento que a veces no escucho a Dios. ¿Cómo sé que decisiones tomar? ¿Cómo sé qué es lo que él desea que haga?"

"Primero, mira si lo que estás a punto de hacer se alinea con la Biblia. Si sientes que deberías hacer algo pero está claramente indicado en la Biblia que está mal, entonces no lo hagas. Dios ya ha respondido muchas preguntas en su Palabra. Por eso necesitamos saber lo que dice. Algunas veces quiere que 'repases' la Biblia para encontrar la respuesta cuando sientas que él no responde. Él en realidad te está diciendo 'Greg, ya te lo he dicho, ve y encuéntrala.' Si no puedes encontrarla, pregúntame a mí o a un pastor y te indicaremos lo que dice la Biblia."

"OK, ¿pero qué hay de las decisiones cotidianas en la vida? Tomar un nuevo trabajo o una decisión importante, por ejemplo."

"Empieza por analizar lo que vas a hacer. Primero, asegúrate que no sea un pecado o que se dirija hacia él. ¿Se alinea con la Biblia? ¿Es algo egoísta o para otras personas? ¿Qué te dice tu corazón? Luego busca 'puertas abiertas y cerradas' Imagínate que pruebas muchas perillas para ver si alguna de ellas abre la puerta. Si oras, entregado a la voluntad de Dios para tu vida, y honestamente intentas hacer lo que él te dice, entonces él abrirá puertas y cerrará otras para guiarte."

"¿A qué te refieres?" pregunté, sin entender aún.

"Da pasos de fe en la dirección a la que te sientas guiado y ve lo que sucede. Digamos que estás buscando entrevistas para un nuevo trabajo. No obtendrás entrevistas para trabajos que no se supone que tengas. Dentro de ti podrás sentir que algo está mal o que no es correcto. Sin embargo, cuando el trabajo adecuado llegue, esa será la voluntad de Dios para tu vida y las cosas seguirán su camino. Él lo confirmará con paz y serenidad en tu espíritu."

Mediante experiencia práctica de ensayos y errores aprendí a seguir "puertas abiertas y cerradas." Si empezaba a dirigirme en la dirección equivocada entonces las puertas se empezaban a cerrar. Sin embargo, cuando estaba en el camino correcto, todas las puertas empezaban a abrirse. Por ejemplo, había dos amigos a los que quería darles mi testimonio. Pero, cada vez que lo intentaba, algo se interponía en el camino y evitaba nuestro encuentro. Tenía una sensación interior de que el Espíritu Santo decía "no," pero no sabía porque. Rápidamente aprendí que no siempre obtendré una razón. En otros casos, una oportunidad para compartir lo que me pasó se presentaba como caída del cielo.

Un día sentí que Dios me dijo que fuera a Israel. Estaba leyendo una revista que presentaba un viaje de la iglesia a la Tierra Santa y me sorprendió una suave, y calmada voz en mi mente que decía, "Greg, ve a Israel." La ignoré una vez, pero luego la escuché otra vez. "Greg, ve a Israel. ¡Ve!" Eso es todo lo que escuché, pero algo en mi espíritu me decía que era el Señor. Llamé a Bill el Bíblico y le conté lo que había sucedido. Le pregunté si Dios nos habla directamente de esa manera. El señaló muchos ejemplos del Viejo Testamento donde personas habían escuchado a Dios hablarles directamente, pero escuchar una voz no es la forma más común en la que se comunica con nosotros. Fue un sentimiento asombroso darme cuenta que había escuchado su voz. La Relación se volvió mucho más personal desde ese momento en adelante. *¡Él dijo mi nombre!* Seguía pensando. Esto realmente encendía mi fuego interior.

Bill me dijo que empezara a tomar pasos de fe para ir al viaje de Israel y vea si las puertas se abrían. Lo hice y descubrí que todas se abrían de una forma asombrosa. Tenía las vacaciones suficientes. No había conflictos con mi programación. Mi esposa Ruth dijo que estaba bien. Tenía el dinero para ir. Aún había lugar en el viaje. Mis compañeros de trabajo lo aprobaban. Pero más que nada, yo quería ir. Mi corazón quería ver Israel, y tenía una paz muy profunda sobre la decisión de ir. Fui al viaje y me cambió la vida.

SIGUIENDO LA PAZ

Aprendí que no tenía que hacer nada a excepción de seguir las pistas. Prestaba atención y dejaba que mi corazón me guie. Aprendí que si ignoraba algo que Jesús quería que hiciera, entonces empezaba a sentir una molestia en mi corazón y en mi mente. Me recordaba a cuando un amigo te urge que hagas algo. "¡Vamos, hazlo! No tengas miedo." Sentía algo dentro que me obligaba a actuar. Era el Espíritu Santo. Cuando finalmente lograba lo que Dios quería, la paz y serenidad volvían. Mi amigo Jesús dejaba de empujarme.

En otras ocasiones recibía una advertencia o "inspección" en mi espíritu de que algo estaba mal con una situación. Esto siempre demostraba ser preciso. Era como tener una señal de advertencia diciéndome que tenga cuidado y preste atención. Aprendí a seguir la paz. Empecé a

El Diagnóstico: Dios

mirar, observar, y esperar, pero nunca sabía cuándo, cómo, o por qué. ¡La Relación era emocionante! Me levantaba cada día sin saber lo que Dios haría conmigo. El día siguiente fue uno de esos momentos.

Capítulo Veintiuno

Los Niños

Eran las cinco y media y había tenido una larga jornada de trabajo. Había sido una locura y no había tenido mucho tiempo para pensar en Jesús y en La Relación. Me metí en el carro y empecé a hablarle al Señor.

"¡Ufff! Qué día, Señor. Estuvimos atareados, ¿verdad? Nos vamos para casa."

Conversaba sobre cualquier cosa con Dios, ya que nunca había hablado con él antes. Hacer eso me hacía sentir bien y me recordaba que él, realmente, estaba allí en un mundo de silencio. Todo el día estuve pensando en quién sería la siguiente persona a quien se lo diría. Me daba cuenta de que Dios me había dado una historia asombrosa que contar.

"¿Señor Jesús? ¿Quién es el siguiente?" Inmediatamente después de decir esto, me vinieron a la mente Brendan y Cameron, nuestros dos hijos. Ellos tenían cinco y seis años, para mí eran lo bastante mayores como para empezar a explicarles de Jesús y de la salvación. Un poco de temor se apoderó de mi corazón, ya que no sabía de qué manera se lo iba a contar a ellos o qué les iba a decir. También percibía un orgullo personal de no querer admitir, ante criaturas de cinco y seis años de edad, que había estado equivocado y que necesitaba su perdón. La necesidad se hizo más apremiante a medida que me acercaba a casa. Traté de pensar en otras cosas, pero mi mente seguía regresando a los niños.

"De acuerdo, Señor. Les voy a hablar a los chicos acerca de ti." El pavor y el temor me cercaron, ya que percibía que si Jesús no me hubiera salvado, entonces, habría continuado educándolos para que ignorasen a Dios, tal como lo había hecho yo. La realidad y la necesidad de salvación se adueñaron de mi corazón. Estaba resuelto a asegurarme de que ellos no creciesen de la manera en que yo lo había hecho.

Llegué a casa, cené y le dije a Ruth que iba a hablar con los niños.

"Ruth, les voy a contar a los chicos que hemos sido salvos y que Jesús es Dios y es real. Mi corazón se siente cargado y enfermo por el hecho de haber conducido a toda nuestra familia en la dirección equivocada. ¡Ellos habrían crecido de la manera en que yo lo hice, ignorando a Dios y no siendo salvos!"

"Está bien, pero, ¿cómo se lo vas a decir?"

"No sé exactamente cómo. Voy a ser honrado y voy a hacer que sea sencillo. Los niños son más inteligentes y más observadores de lo que pensamos. Creo que lo entenderán. Siento que el Señor me está diciendo que me acerque a ellos. En esta familia, estamos yendo en una dirección completamente nueva, y los chicos necesitan saberlo. Simplemente he de confiar en que Dios bendecirá mi honradez."

Ella estuvo de acuerdo y reunió a todos en la sala de estar.

"Oigan, chicos. Papá quiere hablar con ustedes," dijo Ruth. Estaban jugando con carritos de Matchbox en los escalones que llevan al piso superior. Los carritos de miniatura iban volando a través de las barandillas y caían rodando por los escalones.

"Está bien, mamá," dijeron un poco temerosos. Esto, por lo general, indicaba que estaban en problemas y a punto de recibir un sermón de papá. Trajeron unos carritos con ellos. Yo estaba nervioso y mi corazón latía con fuerza en mi pecho. Los chicos se sentaron en el gran sofá azul de cuero, uno al lado del otro, con sus pies colgando. Ruth y yo, nos sentamos juntos en el sillón puf de estilo otomano que había directamente al frente de ellos. ¡Todos estábamos nerviosos!

"Oigan, chicos. Necesito hablar con ustedes. ¿Saben ustedes cómo nos han estado ignorando nuestros vecinos?" Los chicos seguían jugando con los carritos subiéndolos y bajándolos por sus piernas y por encima del reposabrazos del sofá.

"Bueno, me enfadé y empecé a leer la Biblia."

"¿Por qué, papá?" interrumpió Brendan.

"Porque ellos dicen que son cristianos y yo quería demostrarles que no estaban actuando del modo en que debían."

"¿Qué es un cristiano, papá?" intervino Cameron. Él prosiguió: "Oí a uno de los niños de la calle decirle a otra niña que ella no era una 'verdadera' cristiana. ¿Qué significa eso?" añadió. Podría decirse que yo empezaba a captar su interés.

"Un cristiano es alguien que cree que Jesús es Dios. Le piden que les perdone por todas las cosas malas que han hecho y, entonces, Dios lo hace." Me detuve aquí, porque sabía que, si mencionaba al Espíritu Santo, obtendría otra pregunta de "por qué," sobre lo cual aún no estaba listo para explicar.

"¿Crees en Dios?" preguntó Brendan, mientras manejaba un carrito Matchbox cruzando su barriga.

"En realidad, antes yo no creía, pero ahora sí que creo. Él es real, chicos. De eso es de lo que quiero hablarles."

Tan pronto dije esto, ambos pusieron los carritos a un lado y me prestaron toda su atención. Esto me causó sorpresa, pero proseguí. "Empecé a leer la Biblia, porque estaba furioso con nuestros vecinos, pero acabé creyendo en Jesús."

"¿Es eso lo que estabas haciendo todo el tiempo? No jugabas con nosotros como lo haces normalmente," dijo Brendan.

"Sí. Estaba leyendo y estudiando la Biblia y libros acerca de eso."

"¿Qué aprendiste?" preguntó Brendan.

"Que Dios es real. Él ya me ha cambiado. Siento no haberles enseñado sobre él, chicos, pero no sabía cómo hacer las cosas mejor. De ahora en adelante, vamos a empezar a orar, a leer la Biblia y a ir a la iglesia."

"¿Cómo sabes que él es real?" preguntó Cameron.

"Miren a su alrededor, chicos. ¿De dónde creen que vinieron todas las cosas? Ustedes, yo, mamá, el perro, los árboles y el mundo entero. Aunque no le podemos ver, podemos ver sus obras a nuestro alrededor. Es obvio que hay un Dios que lo hizo todo. También sé que él es real por la Biblia. La Biblia es un libro que contiene cientos de historias de personas que hablaron con Dios y tenían una relación con él. En la Biblia, Dios explica quién es él y cómo le podemos conocer. En realidad, él vino en persona a la tierra hace dos mil años como Jesús. Los hombres que vivieron con Jesús durante tres años registraron lo que pasó, y todo está en la Biblia. Clamé a Dios hace unas semanas. Le pedí que me perdonase por todas las cosas malas que había hecho. Él escuchó lo que dije. Así de cerca está Dios, y él es así de real. Él escuchó a su papi."

"Entonces, ¿por qué no habíamos hablado con él antes?" preguntó Brendan.

"Porque estábamos equivocados. No sabíamos cómo hacer las cosas mejor. Crecí sin hablar con él nunca y rara vez oí de alguien que lo hiciese tampoco. Mami fue a la iglesia, pero sólo se trataba de ir a la iglesia. A ella nunca le enseñaron cómo ser salva."

"¿Qué significa ser 'salvo', papá?" preguntó Cameron.

"Cuando una persona pide a Jesús que le perdone, Dios le perdona y borra todo registro de sus cosas malas. Dios vive dentro de una persona cuando ella es salva."

"¿Vive Dios dentro de ti, papá?" preguntó Brendan.

"Sí, hijo, y también dentro de mami."

"Vaya. Eso es realmente genial. ¿Cómo se siente?"

"Antes de todo esto, yo siempre me sentía solo, frustrado e infeliz por dentro. Estaba furioso y les gritaba a ustedes por cosas estúpidas. Estaba equivocado. Lo siento." Unas cuantas lágrimas brotaron de mis ojos y mi voz se quebraba. "Ahora, me siento distinto y mucho mejor. Ya no me siento solo ni nervioso. Me siento en paz."

"Nos gritabas mucho, papá," dijo Cameron.

"Lo sé. Estaba equivocado. Lo siento. ¿Me perdonan, chicos?" Asintieron con sus cabecitas.

"De ahora en adelante, vamos a empezar a aprender de Dios y a hablar con él todos los días."

"Si él es real, ¿cómo es que no he oído a nadie hablando con él?" preguntó Brendan.

"No estoy seguro de por qué la gente ya no habla con él. Papi aún está tratando de entender las cosas. Ya no le vamos a ignorar nunca más."

"Está bien, papá. ¿Podemos ir a jugar ahora?"

"Sí. Vayan." De inmediato, reanudaron los sonidos de sus carritos y de su tractor.

Ruth sólo escuchaba y asentía. Se había quedado estupefacta de oír esas palabras salir de mi boca. No dijo mucho el resto de la noche, pero podía darme cuenta de que estaba feliz.

Me sentí feliz inmediatamente después de nuestra conversación. Fue como liberar una válvula de presión al empezar a hacer cambios, admitir que estaba equivocado, disculparme y empezar a conducir a la familia en la dirección correcta.

Después de que Ruth se fue a la cama, me fui al despacho. Apagué las luces y me hinqué de rodillas. "Jesús, lo hice. Se lo conté a ellos. Por favor, ayúdame a saber qué hacer a continuación. Sé que Brendan y Cameron te necesitan. Gracias por salvarme mientras todavía son lo bastante jóvenes como para escucharme. Te estoy tan agradecido, Señor." Empezaron a brotar lágrimas de mis ojos en tanto mi corazón se desgarraba de dolor por haber sido un mal padre desde que nacieron. "Los habría conducido al infierno, Señor. ¡Los habría conducido al infierno! ¡Oh, santo cielo, los habría convertido en lo que yo era!" sollocé. "Gracias, Dios. Gracias. Por favor, sálvalos. Por favor, por favor, sálvalos. No dejes que crezcan sin ti como lo hice yo. Por favor, perdóname y ayúdame. Soy tuyo. Para lo que quieras de mí. Aquí me tienes."

Las palabras fluían a medida que un torrente de lágrimas y sollozos me desbordaban. Dentro de mi corazón, fue como la noche en que fui salvo, pero aún más intenso. Empezaba a entender probablemente uno de los errores más grandes de mi vida. Habría educado a mi familia en una falsa realidad de que todo estaba bien sin Dios en nuestras vidas. Habrían pensado que ya lo teníamos todo hecho cuando, en realidad, sin Jesús y sin su salvación, no teníamos nada en absoluto. Estaba mortificado y no podía dejar de pensar en los modos de cambiar todo en mi vida.

Entonces, mi corazón se volvió hacia el resto de las personas en El Consultorio. Era hora de decir a todos que había sido salvo. Decírselo a la gente del consultorio debería ser sencillo, ¿verdad? Eran amigos, habían visto cambios en mí y estarían felices de conocer el por qué, ¿no es así?

El Consultorio

Capítulo Veintidós

El Consultorio

A la mañana siguiente, durante el trayecto al consultorio, sentí un fuerte impulso de contarles toda la historia a las enfermeras. A mi mente, seguían llegando imágenes de cómo les contaba acerca de Jesús y de cómo había sido salvo. Yo era nuevo en lo de seguir a Dios, pero estaba seguro de que esto es lo que él quería que hiciera. Sentí un vínculo indescriptible con Dios a través del Espíritu Santo que me ayudaba a sincronizar con su voluntad. Uno de mis compañeros estaba fuera del país, y el consultorio estaba algo menos bullicioso, ya que había menos pacientes. Era el momento perfecto para tener una reunión, especialmente si terminábamos temprano con nuestros pacientes de la mañana.

Para las diez y media de la mañana, todos los pacientes habían sido atendidos y habían salido de la consulta. Sólo Tammy, *La Mujer De La Biblia*, y Dacia, la enfermera jefe, sabían lo que yo planeaba. Dacia me dio una mirada como quien dice: "Ves, Dios tiene el control, todos los pacientes se han ido." Parecía una extraña coincidencia, ya que, raras veces, terminábamos tan temprano. Intenté reflexionar en cómo podía haber hecho eso Dios. Eso significaba que él sabía de antemano que quería hacer la reunión y, de algún modo, arregló nuestra programación de pacientes. A fin de planear un horario para acabar más temprano, también tuvo que conocer el tamaño de los cánceres de los pacientes y saber cuánto tiempo nos tomaría eliminarlos y solucionarlo. Empecé a sentir mareos, al tratar de pensar en esto. Sólo tenía que darme cuenta que Dios puede hacer cualquier cosa que desee, ya que él es Dios.

LAS ENFERMERAS

Junté a las ocho enfermeras que trabajaban ese día y las llevé a una de las salas de cirugía. No tenían ni idea de por qué nos reuníamos. Entraron charlando, pero, rápidamente, el silencio llenó la sala cuando percibieron la expresión de seriedad y nerviosismo en mi rostro. Se miraban mutuamente buscando a alguien que pudiera saber qué estaba pasando. Había un peso en mi corazón y ellas podían verlo en mis ojos. Nunca antes había convocado una reunión, como esta, con las enfermeras, en la que yo era el único médico que estaba presente. En el pasado,

El Diagnóstico: Dios

las reuniones como esta incluían a los demás médicos y, normalmente, se anunciaba que alguien ya no iba a permanecer en la empresa. Sus ojos me miraban para luego, en cuanto hacíamos contacto visual, desviarse rápidamente. Inspeccioné la sala para ver quién estaba allí y quién estaba ausente. Tenía una buena relación con las enfermeras, pero lo que estaba a punto de decirles no era nada que asociaran con mi carácter.

"Ha ocurrido algo increíble en mi vida. Afectará todas las cosas. Nunca creí que existiera una verdad absoluta cognoscible sobre Dios. Crecí sin ir a la iglesia, sin oír mención alguna de Dios en el hogar, en las escuelas, en los medios de comunicación, en mis relaciones, ni en toda la cultura que me rodeaba. Ese silencio hizo que él fuese irrelevante e incognoscible—hasta hace unas semanas. Quiero decirles que él está bastante más cerca de lo que ustedes piensan."

Mientras hablaba, noté que unas cuantas enfermeras hacían gestos de desaprobación y muecas, y parecían muy incómodas. Hice una pausa y luego continué.

"Jesús se me reveló de un modo que no sabía que fuera posible. Yo no le estaba buscando y no quería tener nada que ver con la religión, pero ¡Dios vino en mi busca! Este es el suceso más importante de toda mi vida, y puede ser igual de importante para todas y cada una de ustedes. Mi entero concepto de la vida, su propósito, origen, significado y el fin definitivo, han cambiado completamente. Si desean oír lo que me pasó, entonces, voy a realizar una reunión aparte en mi despacho en unos diez minutos."

Cinco de ellas salieron corriendo hacia la puerta tan pronto terminé. Tres quisieron reunirse conmigo. Las cinco no quisieron recibir ninguna otra información. Me quedé sorprendido de que no quisieran al menos oír sobre lo que había sucedido.

Me reuní con las tres enfermeras que sí quisieron saber y les conté toda la historia, lo cual tomó cuarenta y cinco minutos. Sus ojos estaban clavados en mí todo el tiempo. Me podía dar cuenta de que estaban asombradas, confundidas e incluso algo asustadas. La realidad absoluta de Dios y la tangibilidad de él en la salvación las impactó. Les dije que yo era un milagro de Dios actual y una prueba viviente de que Jesucristo es Dios y de que él es la respuesta para la eternidad, la muerte y el pecado. Todas ellas habían presenciado La Transformación en el trabajo a lo largo de las semanas anteriores, y eso aturdía sus mentes. Me conocían tan bien como mi familia y podían ver los cambios en mí.

Al final, una de ellas dijo: "Crecí yendo a la iglesia, pero tendré que consultar con mi madre sobre el tema de 'nacer de nuevo' que usted ha mencionado. No estoy segura sobre ello."

Les había explicado que ser salvo *es* nacer de nuevo y que es otro modo de decir lo mismo; es un sinónimo de salvación. Les mostré donde Jesús mismo decía que, para ir al cielo, una persona *debe* nacer de nuevo. (Juan 3:7). Me preguntaba, *¿Habría ido a la iglesia una, o más de una de ellas, y habrían aprendido de Jesús pero no se habían comprometido nunca con él para que las perdonara y las salvara?* Estaba sorprendido y perplejo por cómo sería posible eso, pero no dije nada. Me alarmaba que cualquier persona que fuera a la iglesia no comprendiera de qué le estaba hablando. Pensaba que la experiencia de Ruth de haber crecido yendo a la iglesia, pero sin ser salva ni oír de la salvación era una anomalía, pero parecía que quizá no era así. *¿Cómo puede ser eso?,* me preguntaba.

Durante los siguientes meses, cada una de las tres enfermeras con las que me reuní fueron salvas. Sus vidas y sus familias cambiaron para siempre.

EL ASISTENTE DEL MÉDICO

Tras reunirme con las enfermeras, hablé con nuestro asistente médico, que era un hombre maravilloso, tenía unos treinta años más que yo y era un buen amigo. Nos reunimos en el despacho. Volví a hacer un repaso de la historia. Él no dijo ni una palabra, y no tenía ni idea de qué estaba pensando él, ni de cuál era su formación religiosa. Al final, dije: "Paul, sólo quiero que sepas que Jesús es real y que está vivo. Él no es un antiguo relato bíblico ni un sistema de creencias intelectual de buenas acciones. Si de manera personal acudes a él para que te salve y te perdone tus pecados, entonces, realmente te sucederá algo. El Espíritu Santo entrará en ti. ¡Existen pruebas, Paul! ¡Pruebas reales! Para ir al cielo, debe ocurrir algo radical en nuestro estado existencial. Esta no es tan sólo mi versión del cristianismo, sino la realidad de nuestra existencia. ¡Él escucha lo que decimos! Reflexiona en las repercusiones de ese único hecho."

Él estaba sentado allí, en la silla, con una mirada de incomodidad en el rostro. Finalmente, dijo: "Sabes, crecí yendo a la iglesia, actuaba de forma rutinaria. De muchacho, serví en la iglesia y escuché cientos de sermones. En todos esos años, jamás oí hablar lo que me acabas de contar. Nunca me enseñaron que necesitara ser salvo arrepintiéndome y pidiendo a Jesús que me salvara. Me sometieron a una ceremonia religiosa oficial llamada confirmación, pero me enseñaron qué debía decir y hacer. Yo lo creía, pero se trataba más de algo parecido a un rito de transición. Se esperaba que hiciéramos eso. Nos enseñaron que eso era lo que uno debía hacer para convertirse, oficialmente, en un creyente. Era como unirse a un club. Si te inscribes, aceptas los estatutos, tomas unas cuantas clases y firmas en la línea punteada, entonces, estás 'dentro'." Hizo una pausa, respiró profundamente, y luego prosiguió.

"Nunca hice lo que tú has hecho. No tuve una relación personal con Dios. Sabía de 'el Padre, el Hijo y el Espíritu Santo,' pero no tenía idea de que el Espíritu Santo viviese dentro de ti cuando eres salvo. Tampoco leíamos la Biblia, ni nos enseñaban que necesitáramos hacerlo. A lo largo de los años, asistí a clases de religión que incluían cosas de la Biblia, pero ni la leí, ni la estudié por mí mismo. Nos enseñaron que somos salvos por las cosas que hacemos, no únicamente por lo que Jesús hizo."

Ahora era yo el que estaba en silencio. Estaba sorprendido, atónito y confundido más allá de lo descriptible. Mientras él hablaba, pensaba para mis adentros, *¿Cómo puede ser eso? ¿Cómo puede no saber siquiera la doctrina básica de la salvación? ¿Por qué no le habrían enseñado la salvación bíblica? ¿Qué de bueno puede tener cualquier forma de religión cristiana si la gente no es salva?* Cuando él acabó, percibí algo que no me esperaba nunca. Me enviaba ondas de choque a través de mi alma. *¡Oh, santo cielo! La <u>religión</u> cristiana ha impedido a este hombre conocer a Dios.* El temor y la realidad del infierno, combinados con la necesidad de ser salvo, me desgarraban el corazón.

"Paul, tan sólo vete a casa y ora al Señor. Acude a él y arrepiéntete. No es demasiado tarde. Puedes iniciar una relación con Dios ahora. Ve, consigue una Biblia y empieza a leer. Todo cuanto sé procede directamente de la Biblia. Esto es real. Por favor, ora esta noche para que Jesús te salve."

Me dio las gracias, se levantó y se fue. Esa misma noche él fue salvo e inició, también, La Relación con Dios. Su vida nunca más volvió a ser la misma.

Era la hora de empezar con la programación de la tarde. Al final del día, me quedé en el despacho, reflexionando en lo que había pasado. Me recosté en la silla, con mis pies en alto, y miré todas las paredes. Estaban llenas de premios, honores, títulos y logros en la vida. De repente, me sentí mal por dentro, al percatarme de que esta era una pared personal de la fama. Bill el Bíblico tenía razón. *He estado adorándome a mí mismo y a todos mis logros.* Estaba horrorizado, pero sabía que era cierto. Durante los siguientes treinta minutos, los retiré todos y los puse en el armario.

Cuando acabé, me recosté en la silla y me quedé mirando las paredes vacías. En muchos aspectos de mi vida, estaba empezando de nuevo, y se sentía bien. Durante las siguientes semanas, llené las paredes con dibujos y trabajos manuales que los chicos habían hecho en la escuela. Me senté allí un rato y pensé en todo lo que había pasado ese día. Estaba asustado y confundido, porque no entendía cómo es que, o bien la salvación se estaba perdiendo, o no se enseñaba. Algo estaba mal. Había hablado con dos grupos de personas y había notado que había un engaño sobre la salvación, en especial entre la gente que iba a la iglesia. Parecía que las personas que nunca habían oído hablar de Jesús lo tuvieran más fácil que la gente religiosa.

Me sentí impulsado a orar: "Señor, ¿qué está pasando? ¿Por qué no sabe la gente de qué les hablo? ¿Por qué estoy asustando a las personas? ¿Por qué no están todos emocionados y llenos de alegría como Tammy y Dacia? No entiendo eso."

Sabía que algo estaba realmente mal. Esperaba que, ya que el mensaje cristiano era verdad, entonces, todos los que supuestamente "creían" en Jesús serían salvos. La vida eterna y el perdón completo de los pecados son regalos increíbles que yo asumía que todos querrían y que ya los habían obtenido. Estaba a punto de descubrir que ese no era el caso en absoluto. Esta nueva información era tan sólo la punta del iceberg. Quería hablar con alguien más sobre esto, pero no estaba seguro de a quién preguntar.

Ya lo tengo. Llamaré a El Paciente*, el que me había preguntado si había aceptado a Jesús como Salvador unos días antes de que yo lo hiciera. Podría agradecerle por sus comentarios, informarle que había sido salvo y hacerle más preguntas sobre la salvación.* Inmediatamente me sentí mejor. ¡Tenía un nuevo plan de acción!

El Paciente

Capítulo Veintitrés

El Paciente

LA PROGRAMACIÓN IMPRESA

"Dacia, necesito que saque del archivo algunas programaciones anteriores impresas," le dije a la enfermera jefe. Le di las fechas de la semana exacta que necesitaba. Nuestro consultorio guardaba archivadas todas las programaciones anteriores impresas que usábamos en la clínica a diario. En estas, se anotaba a mano información importante, como en qué sala estuvo el paciente y quién fue la enfermera. El Paciente que yo estaba buscando había sido un paciente "adicional." No podía recordar su nombre, pero sabía que había sido un jueves por la mañana hacía tres semanas y que se le había tratado en la sala cuatro. Recordaba, en especial, que habían escrito su nombre en tinta azul en la programación, un procedimiento estándar, ya que fue añadido en el último momento.

"No hay problema, Dr. Viehman. Las llevaré a su escritorio." Me trajo un folder con las programaciones de esa semana. Busqué, emocionado, entre estas, y encontré la programación del día que estaba buscando. Mis ojos trataron de encontrar inmediatamente el nombre escrito en tinta azul, pero no estaba allí. Revisé el resto de los pacientes y encontré uno para cada sala menos para la sala cuatro. En otras palabras, para cada número de sala figuraba escrito el nombre de un paciente, excepto para la número cuatro. Era obvio que faltaba su nombre. *¡Su nombre debía estar ahí! Esto es raro. Debo estar teniendo un mal día*, pensé. Rápidamente, verifiqué el resto de la semana, pero su nombre seguía sin estar allí. Tampoco faltaba ninguna de las programaciones. Estaba perplejo. *Sé que fue en esa semana*, pensé.

"Dacia. Por favor, tráigame las programaciones de la semana anterior y posterior."

"Está bien. ¿Qué se trae usted entre manos?"

"Estoy buscando a un paciente en particular. Su nombre estaba escrito en la programación y él fue tratado en la sala cuatro. Estoy seguro de que estuvo allí en esa semana, pero quizá me he equivocado. Permítame verificar las otras semanas. Debe de estar por ahí."

"Aquí lo tiene. Que se divierta," dijo ella.

Primero, busqué en ambos jueves, pero no pude encontrarlo. No había, por ningún lado, ningún nombre añadido en la programación como un adicional para cirugía para la sala cuatro. ¡Su nombre había desaparecido!

"Dacia, mire esto," dije señalando la programación del día que yo sabía que estuvo en la consulta. "Tengo pacientes para el resto de las salas, pero ninguno para la sala cuatro. Esa es la sala en la que él estuvo. Su nombre estaba escrito en la programación, ya que fue añadido a último momento. Vi su nombre escrito, ese día, en tinta azul. Puedo visualizarlo en mi mente. Mirando los nombres del resto de los pacientes de ese día, sé que se trata del día correcto. ¡Recuerdo con exactitud, al resto de los pacientes que traté la misma mañana que vi a ese hombre! Revisé incluso las semanas anteriores y posteriores. No está allí. Cada dos días figura un paciente en la sala cuatro en la parte regular impresa de la programación. Este es el único día que no podemos ver quién estuvo en la sala cuatro. ¡¿Cómo puede desaparecer su nombre?!"

"Eso es extraño, Dr. Viehman. ¿Por qué está tan ansioso por encontrar a ese hombre? ¿Está usted seguro de eso?"

"Estoy seguro, estoy seguro." Dije con exasperación enfatizando las palabras.

"Bien, vamos a comprobarlo con la base de datos. También registramos a todos y cada uno de los pacientes en la programación de la base de datos. Usted debería de saberlo. Usted lo diseñó. La foto personal de él estará en sus notas e informes operatorios. Quizá olvidamos escribir su nombre en la programación y usted, simplemente, piensa que lo vio ahí. Verifíquelo. Él debe de estar en la base de datos. Luego, puede confirmar que se trata de la persona correcta a través de su foto."

"¡De acuerdo! ¿Por qué no habría pensado en eso?," me di la vuelta en la silla y prendí mi computadora.

BASE DE DATOS DE LAS HISTORIAS CLÍNICAS

Abrí la base de datos e hice clic en la lista de pacientes de ese jueves. Sin embargo, la lista de la base de datos no suministraba información sobre qué médico vio al paciente o en qué sala estuvieron. Imprimí la lista de pacientes pertinente y verifiqué todos los pacientes masculinos. Tan sólo era una lista de unos veinte nombres. Abrí cada expediente y pude ver la foto y saber qué médico los trató, pero no le encontré a él. Llegué hasta el último nombre y sentí malestar en el estómago. Hice doble clic en la pestaña de las fotos y contuve la respiración, observando atentamente mientras iba apareciendo la foto. "¡No es él! ¡Él no está!," grité en voz alta en el laboratorio. "¡Esto es absurdo!"

Me percaté que también había otra función de búsqueda de la base de datos que podría utilizar basándome en la información médica. Conocía el tipo de tumor, la fecha del procedimiento y la ubicación del cáncer. Él tenía carcinoma de células basales en su sien izquierda. Ingresé en la función de búsqueda para ese jueves en particular, pero nada coincidía. A continuación, busqué por "frente izquierda y cuero cabelludo" en caso de que yo hubiera ingresado la ubicación de forma errónea, pero seguían sin haber resultados. Luego, apliqué las mismas búsquedas para un plazo de dos semanas antes y después de la fecha en que fue tratado. Unos cuantos casos coincidían con estos resultados, pero ninguno de ellos era El Paciente. Su expediente había desaparecido de la base de datos en múltiples niveles. "¡No puedo creerlo!," grité de frustración.

LOS REGISTROS DEL SISTEMA DE PROGRAMACIÓN

Corrí al mostrador de recepción. "Por favor, saque las tarjetas de todos los pacientes que fueron visitados esa semana en particular. Quiero que use los registros del sistema de programación para hacerlo," le dije a uno de nuestros asistentes. "Por favor, imprímame también una lista de pacientes del jueves de esa semana. Se agregó un hombre a mi programación y necesito encontrarlo."

"No hay problema, Dr. Viehman. Cuando agregamos pacientes, hemos de ingresarlos en el sistema de programación. Su nombre podría haberse escrito a mano en la programación en papel, ya que, normalmente, lo imprimimos el día antes, pero, de igual modo, habría quedado registrado. Aquí está la lista ahora. Se la imprimiré y le conseguiré las tarjetas para el final del día."

Nuestro consultorio tenía dos sistemas separados e independientes, uno para la programación y el otro para las historias clínicas (la base de datos). Cada paciente era ingresado en ambos sistemas. Cuando El Paciente hizo su registro de ingreso se debió añadir a los registros de los sistemas de programación. Su nombre fue escrito a mano ese día, ya que fue añadido después de haberse impreso la programación del día. No obstante, su nombre debía seguir figurando en la lista del sistema de programación por computadora.

Agarré la programación y volví corriendo al laboratorio. Comparé la lista de nombres que me dio ella del sistema de programación con la programación original impresa en papel y con la programación de la base de datos. Si, de algún modo, había sido borrado de la programación impresa y de la base de datos de las historias clínicas, entonces, la programación que me dio ella del sistema de programación debería contener un nombre adicional. Todas coincidían con exactitud. ¡Debía haber habido un nombre adicional en la lista que ella me imprimió, pero no lo había! Una oleada de ira y frustración me embargó. La tensión y la presión se acumulaban dentro de mí como en mi antiguo yo—antes de ser salvo. Estaba indignado por lo absurdo de esto.

"Dr. Viehman, ¿qué ocurre?" me preguntó una enfermera. "No se le ve bien. Su primer paciente está listo."

"¡No pasa nada malo! Se lo explicaré más tarde. Vamos."

"Ah, está bien, Dr. Viehman, si usted lo dice," dijo ella tartamudeando. Me miró como si supiera que algo andaba mal, pero no podía imaginar de qué se trataba.

El resto de la mañana, seguí comprobando y volviendo a comprobar las programaciones, pensando que debía haberme saltado su nombre, pero sabía que no había sido así. No estaba en la base de datos, ni en la programación impresa original, ni siquiera en el sistema de programación. ¿Cómo pudo haber sido eliminado de los tres lugares su nombre?

Por fin, llegó la hora del almuerzo. Llamé al programador que me hizo el software. Existía un área más en la que yo quería buscar, pero, para hacerlo, era preciso una revisión. Yo quería revisar todas las fotos de identificación personal de los pacientes para buscar al hombre desaparecido.

"Barry, necesito un favor. Te pagaré por ello. Necesito que me crees un motor de búsqueda que busque todas las fotos personales por cualquier criterio que desee: sexo, fecha de visita, tipo de tumor, médico, etc. Necesito poder examinar las fotos para buscar a alguien que vino a la consulta."

"Claro, no hay problema. Dame un par de días," respondió.

"Gracias, Barry."

LOS EXPEDIENTES MÉDICOS

Al final del día, los expedientes estaban apilados junto al microscopio, donde me sentaba y tenía mi computadora. Varias enfermeras vinieron al laboratorio y una me preguntó: "¿Qué hace con eso?"

"¿Recuerda el hombre de la sala número cuatro? ¿El que me preguntó si había aceptado a Jesús como mi Salvador, y luego salí de prisa de la sala? Era un poquito extraño y miraba fijamente al techo todo el tiempo que estuvo recostado en la silla. Creo que usted lo tenía a él, Cindy." Las otras enfermeras miraron como si no tuvieran idea de lo que hablaba.

"Oh, sí. Él era un 'adicional' en la programación. Les conté a un par de personas como él le asustó a usted. Pensé que él era realmente extraño. Apenas decía nada y, luego, de repente, le acorraló a usted sobre Jesús de buenas a primeras. ¿Cómo podría haberlo olvidado?"

"¡Estoy tan contento de que le recuerde! Empezaba a pensar que él no existió. Es una larga historia, pero ese paciente me preguntó si yo había aceptado a Jesús, y, desde entonces, eso es, exactamente, lo que he hecho. He llegado a ser cristiano. Fui salvo hace varias semanas, y, ahora, quiero encontrar a ese hombre. Quiero darle las gracias, decirle que soy salvo y hacerle unas cuantas preguntas."

"¿Salvo de qué, Dr. Viehman?" preguntó otra enfermera. Ella formaba parte del grupo que había decidido no escuchar mi testimonio. Me di cuenta de que tenía de la oportunidad perfecta para contárselo.

"Del infierno y de la separación de Dios es de lo que fui salvo. Nunca pensé que yo lo creería, pero Jesús es real y está vivo. Clamé a él y él me salvó. Ni siquiera lo supe hasta una semana después. Es una larga historia y la compartiré con usted cuando guste." Acorté mi respuesta, porque, por la expresión de sus caras podía decirse que estaban perdiendo la compostura y no querían que yo continuase. No se esperaban la respuesta que les di. Sus rostros estaban contorsionados, las cejas fruncidas, el contacto visual había cesado y hacían movimientos para irse.

Hice una regresión a los incidentes del Viaje de Esquí y de Marco Island. Recordé cómo me sentí yo cuando la gente me habló de Jesús. Deduje que, ahora, las enfermeras estaban experimentando el mismo tipo de tensión, presión, temor y vibras incómodas que yo había sentido en aquel entonces. Hablar de Jesús y de la salvación genera esta reacción, pero no sabía cómo ni por qué. *Debe existir algo que causa esa reacción en el subconsciente.* Era extraño estar del otro lado esta vez. Sentí la necesidad de aliviar la tensión.

"Entiendo que eso suene absurdo. Antes, yo también me asustaba cuando la gente me hablaba de Jesús. He estado en esa situación y lo comprendo. Sólo les puedo decir que es verdad."

"Sí. De acuerdo, bien..." Buscando las palabras, una enfermera preguntó: "¿Por qué, simplemente, no coge la programación original impresa de ese día? ¿Por qué los expedientes?"

El Diagnóstico: Dios

Mi frustración por no encontrar al paciente hizo erupción. "¡Porque su nombre ya no aparece en la programación! Ha desaparecido de la base de datos e inclusive del sistema de programación. No hay registro de que ese hombre haya estado aquí alguna vez. No estoy loco; otras enfermeras también recuerdan haberle visto. Estoy cogiendo los expedientes físicos de ese día y verificándolos, aunque no hay un nombre adicional en la lista del horario de programación, tan sólo para estar seguro.

"Miren. Aquí está la programación impresa real del día en que él estuvo aquí. ¿Ven? No hay ningún paciente asignado a la sala cuatro. ¡Él estaba en la sala cuatro! Los números figuran escritos al lado de todos los nombres de los pacientes, pero no para la sala cuatro. He comprobado cada día de aquella semana e incluso de la semana anterior y posterior. ¡Su nombre no aparece por ningún lugar! Sé que ese es el día correcto. Su nombre estaba escrito justo aquí en tinta azul. Recuerdo haberlo visto. Los demás también lo recuerdan."

Una mirada de terror embargó sus rostros. Una de ellas empezó a ponerse pálida mientras me miraba fijamente a mí y luego al papel. "¡Oh, Dios mío! ¡Oh, Dios mío!" gritó y se fue corriendo y se metió en la sala de enfermeras.

"Ahh, ahh, infórmenos de lo que encuentre," dijo otra. Ella no podía mirarme. Buscaba a tientas entre los documentos que tenía en la mano mientras trataba de escapar de las repercusiones. Luego, todas arrancaron a correr como si hubiera una bomba a punto de hacer explosión.

Desde aquel momento en adelante, las cosas cambiaron. Varias enfermeras se sentían incómodas cuando estaban a mi alrededor y evitaban hacer contacto visual. Todo el mundo se enteró de lo que había pasado, pero algunos no querían saberlo. No querían hablar de ello ni oírme decir ninguna cosa. En lo profundo de mi corazón, sabía el motivo y sentía empatía por ellos. El Paciente y mi Transformación, evidentemente, estaban resquebrajando su concepto de la realidad y eso les asustaba, y con razón. Después de todo, un hombre que había visitado nuestro consultorio y que había pasado por una cirugía, que había sido visto y tocado por varias personas, había desaparecido de todos nuestros registros en múltiples ubicaciones.

Aquella noche, me quedé levantado hasta tarde y repasé el montón de expedientes. Aparté los expedientes de los pacientes femeninos y comprobé todos y cada una de los expedientes de hombres. Sabía que El Paciente trabajaba para una iglesia. En mi mente, aún podía visuali-

El Paciente

zar lo escrito en la programación. Verifiqué todos los expedientes, pero no había ningún paciente que trabajara para una iglesia. ¡Tuve que concluir que también había desaparecido su expediente! Después de eso, me fui a casa, pero no se lo conté a Ruth. Quería esperar a ver los resultados de la búsqueda en la base de datos.

MOTOR DE BÚSQUEDA DE BASE DE DATOS DE LAS HISTORIAS CLÍNICAS

Al día siguiente, el programador llamó y dijo que el motor de búsqueda especial estaba listo y que el sistema había sido actualizado. Antes de empezar, revisé rápidamente qué tipos de registros pudieron haberse creado en el registro electrónico de El Paciente el día en que estuvo aquí para la cirugía. Para cada nuevo paciente quirúrgico, se crean dos notas electrónicas por separado en el sistema, una para la evaluación y otra para el informe operatorio de la cirugía. Me daba cuenta de que si, siquiera uno de las dos fuese borrado accidentalmente, entonces la foto personal del paciente seguiría apareciendo en la base de datos. Las notas de los pacientes casi nunca habían sido borradas de manera accidental. La posibilidad de que dos registros paralelos para el mismo paciente fuesen borrados, era altamente improbable y no había sucedido nunca antes. La computadora generó la fecha de visita automáticamente, de modo que no podía tratarse de que una enfermera hubiera ingresado una fecha equivocada.

Finalmente, llegó la hora del almuerzo y prendí el programa. Empecé buscando el día en que sabía que él estuvo en el consultorio. La pantalla de la computadora se llenó de fotografías que mostraban la cabeza y los hombros de cada paciente visitado aquel día. Si una fotografía, de algún modo, no había sido tomada aquel día, entonces, la pantalla mostraba una zona oscura por encima del nombre del paciente. Verifiqué cada foto y él no estaba allí. Examiné cada expediente físico para cada paciente que no tenía fotografía, pero tampoco estaba en ninguna de ellas. A continuación, verifiqué cada día de aquella semana y de las semanas anteriores y posteriores, pero seguía sin estar allí. ¡Todos los registros de su visita habían desaparecido!

LOS REGISTROS DEL LABORATORIO

"¡No puedo creer que no esté ahí!" dije en voz alta en el laboratorio. Tammy estaba trabajando en su escritorio y se acercó.

"¿De qué está hablando?" preguntó.

"Ese hombre que me preguntó si yo era salvo. No puedo encontrar ningún registro de él como paciente de aquí. Incluso su nombre ha desaparecido de la programación. Era un adicional escrito a mano el día de la cirugía. Ha desaparecido de la programación original, de la base de datos y de la programación de horarios, Tammy. Son dos sistemas independientes. ¡Esto es de locos!"

"¿Revisó usted los registros del laboratorio? Si tuvo una cirugía, entonces, debemos haber registrado su nombre, la ubicación del tumor y el tipo de tumor en nuestro libro de registro."

"No," dije con vacilación, ya que había olvidado hacer eso. Estaba abochornado. Mis ojos se dirigieron, entonces, al libro de registro de cirugías que estaba sobre la mesa, justo al frente de mí. Hice una línea recta hacia él y lo agarré como si se tratara de oro. Pasé las páginas en un frenesí hasta que llegué al día en que él estuvo en la consulta. Comparé esta lista con las programaciones que tenía. ¡Su nombre había desaparecido! No había ningún registro de que él hubiera pasado ese día por una cirugía. Durante toda esa semana, no había nadie a quien yo hubiera tratado por ese tipo de cáncer en esa ubicación, a quien se le hubiera extirpado la totalidad del cáncer durante su primera fase. Revisé las otras semanas, tan sólo para asegurarme, pero seguía sin poder encontrarlo.

"¡Tammy! Mire, él no está ahí. Véalo usted, se lo dije. No estoy loco, Tammy, en serio. ¡Él estaba realmente ahí! Oiga, espere un momento," dije mientras se me ocurrió algo. "Tammy, a los pacientes de cirugía se les asignan números secuenciales cuando su tejido canceroso se remite al laboratorio."

"Eso lo sé. Yo registro sus nombres, Dr. Viehman," respondió en un tono sarcástico, pero en broma.

"Si él estuvo aquí ese día, entonces, se le habría asignado un número a su nombre, ¿correcto?" continué.

"Sí, por supuesto."

"A los demás pacientes tratados aquel día les fueron asignados números anteriores y posteriores al de él. El libro de registro continuó llenándose de manera secuencial con los números apropiados en orden numérico correspondientes a los casos quirúrgicos del resto de los pacientes desde el día en que él estuvo aquí."

"Sí, continúe."

"Bien, si falta su nombre ahora, ¿por qué siguen estando todos los números en secuencia, sin espacios vacíos, ni números que falten? Es imposible eliminar su nombre de la lista y no dejar un espacio o deshacer los números de todos los demás pacientes. ¡¿Entiende lo que estoy queriendo decir?!"

"Sí. Si se le hubiera asignado el caso número 100, por ejemplo, entonces, a los siguientes pacientes se les habría dado el 101, 102, etc. Si se eliminara su nombre más tarde, entonces, habría un espacio que faltaría en el libro de registro. Si se eliminasen todos los demás nombres y se reescribiera el libro de registro, en los números de los casos se habría pasado un número o faltaría un número."

"¡Exacto! ¿Cómo puede ser eso? ¡Esto es absolutamente ridículo! Me siento como si estuviera perdiendo el juicio."

"Quizá se supone que usted no debe encontrarlo," dijo con una sonrisa burlona.

Me quedé atónito. "¿Qué significa eso? No me dé más extraños comentarios de una sola línea que me dejen pensando durante semanas, como aquél sobre el Espíritu Santo."

"Tal vez él fue un mensajero," dijo ella, sonriendo.

"¿Qué está diciendo?"

"Usted no le va a encontrar, Dr. Viehman," dijo mientras se iba.

"¿Qué quiere usted decir? ¿Qué quiere usted decir?"

Ella miró hacia atrás, sonrió a sabiendas, pero no respondió. Yo sabía lo que ella estaba infiriendo. Este "hombre" era un ángel enviado por Dios para confrontarme a mí, personalmente, con el mensaje de salvación del Evangelio. Yo había leído en el Nuevo Testamento acerca de ángeles que eran usados por Dios como mensajeros, pero, por alguna razón, no pensaba que se siguieran utilizando hoy en día, de cualquier modo, no para mí. La realidad de que, posiblemente, me había encontrado con un ángel era muy intrigante, pero quería asegurarme de haber comprobado todo a fondo.

Me pasé buscando, febrilmente, por otras tres o cuatro horas más durante varios días, buscando y volviendo a comprobar todo. No quedó nada sin comprobar. Estaba agotado y frustrado. No lo podía encontrar y me di por vencido.

"¿Puede devolver este montón de expedientes a los archivos clínicos?" Pedí a una enfermera. Ella era la que había salido corriendo del laboratorio, diciendo: "Oh, Dios mío."

"¿Dr. Viehman?" dijo ella con voz vacilante. Era consciente de que ella sabía por qué se encontraban los expedientes allí. Pude percibir que temía hacerme alguna pregunta. Había trepidación en su voz. Sus pupilas estaban bien abiertas. "¿Qué ha averiguado?" preguntó con una mirada de esperanza, como ciervo ante faros de un automóvil.

Me detuve, le miré desafiante y dije: "Él ha desaparecido. No existe." Ella palideció. Ella hizo una pausa con los expedientes que tenía en la mano y se quedó mirándome fijamente por unos segundos. Entendía las implicancias.

"¡Oh, cielos! ¡Oh, santo cielo!" dijo de nuevo mientras salía corriendo del laboratorio.

Miré más allá a Tammy, quien observaba la escena desde el otro lado de la sala. Tenía una gran sonrisa en su rostro. Mi idea de la realidad ya había sido hecha añicos cuando descubrí que Dios estaba viviendo en mí y yo no lo sabía, pero ahora, incluso los pedazos de mi nueva realidad se estaban cayendo a pedazos. ¿Cómo podía desaparecer el expediente físico de El Paciente, sus historial clínico electrónico, sus registros de laboratorio, sus fotografías y todos los registros de su visita a la consulta? ¿Cómo podía haber desaparecido su nombre, escrito en tinta azul, de la misma programación impresa que había visto aquel día? La respuesta y las implicancias eran obvias, pero no quería enfrentarlas. Dios tiene el control de cada detalle y pasan muchas más cosas que las que yo puedo ver en este mundo físico.

Pensé en todo, y estaba asombrado. ¿Tanto me amaba Dios que me envió un ángel para reforzar mi necesidad de salvación? La respuesta, debía de admitir que era *sí*.

Capítulo Veinticuatro
La Inoculación Contra La Cura

EL MEJOR AMIGO

Esa noche, cuando volví a casa del trabajo, decidí llamar a mi mejor amigo que vivía en Washington, D.C. Crecimos juntos desde la escuela primaria y habíamos seguido siendo buenos amigos. Él era judío, pero su esposa, por lo que yo había escuchado, era cristiana. Me emocionaba contarles lo que me había pasado. Supuse que esta sería la oportunidad que su esposa estaría buscando para compartir la historia de Jesús con él. Yo esperaba una respuesta positiva, ya que el cristianismo era una historia judía desde el comienzo hasta el final. Entre lo que dijera su esposa y yo, estaba seguro de que él creería que Jesús es el Salvador.

Marqué su número. Mi corazón latía con fuerza en mi pecho.

"Hola, ¿Phil?"

"Sí, Greg, ¿qué pasa?"

"Me ha pasado algo increíble. He sido salvo por Jesús. Phil, eso es tan impresionante. Dios realmente existe. Ahora mismo, uno puede saber con seguridad que uno vivirá para siempre. Aún mejor, ¡es una historia totalmente judía!"

"¡¿Qué?! ¿De qué estás hablando? ¿De dónde ha surgido eso? ¿Te has dado un golpe?"

"No. Déjame contarte toda la historia." Le conté todo. Se quedó callado y no dijo nada hasta el final.

"Greg, eso es genial. Me alegra que hayas encontrado algo que te haga feliz."

"No, no, Phil. ¿No comprendes lo que te he contado? *Tú* necesitas ser salvo. Esto no es una religión que yo haya decidido aceptar de manera intelectual, sino la realidad de nuestra existencia. El Dios que nos creó a ti y a mí es el SEÑOR Dios de Israel. Él es el mismo Dios. Vino como hombre a la tierra y murió para que nosotros pudiésemos ser salvos de nuestros pecados. Tú sabes que, tanto tú como yo, somos pecadores. Vamos, Phil, no me hagas empezar a enumerar ejemplos."

"Greg, habla con Alyssa. Ella creció yendo a la iglesia y fue a una iglesia cristiana. Cuéntaselo a ella. Yo no lo entiendo en absoluto." Pude oír cómo le entregaba el teléfono a su esposa.

"¿Greg? ¿Qué pasa?"

"Alyssa, fui salvo por Jesús. Ahora soy cristiano. Tengo el Espíritu Santo dentro de mí. Todo esto es verdad. Jesús estuvo realmente aquí y lo hizo. Él está vivo y oye todo lo que nosotros decimos. Es impresionante. Ayúdame a convencer a Phil para que sea salvo."

"¿Qué quieres decir con salvo? ¡¿El Espíritu Santo está dentro de ti?! ¿Qué significa eso? Mira, Greg, Phil cree en Dios y yo también. ¿Cuál es el problema?"

"Alyssa, una persona debe nacer de nuevo para ir al cielo. Jesús mismo dijo eso. Léelo tú misma en Juan capítulo tres. ¿No te lo enseñaron en la iglesia o en la escuela?"

"No, no lo hicieron. ¿Qué significa nacer de nuevo? ¿Por qué estás molestando a Phil con eso y haciéndole sentir como si hubiese algo en él que está mal?" Su voz cambió y dijo con incredulidad: "De entre todas las personas, ¿te has vuelto religioso tú?"

"No. No se trata, en absoluto, de religión. El cristianismo es un cambio en la naturaleza de tu existencia, no es la aceptación intelectual de una doctrina moral. Dios vive dentro de ti cuando eres salvo." Dije con apremio creciente. No comprendía por qué me discutía ella esto.

"Eso suena absurdo, Greg. Aquí vuelve Phil."

"Phil, no estoy loco. Eres mi mejor amigo. Tú me conoces. Soy la persona, con menos probabilidad de todas, que se haría cristiana. ¿Por qué te iba a telefonear a menos que esto fuera real? ¡Debes creerme!"

"Tengo que pensar en esto, Greg. Me has sorprendido. No es algo que esperase de ti."

Me sentí desanimado. "Sí, lo entiendo. Está bien. Te llamaré la semana próxima. Hasta luego."

"De acuerdo. Hablamos más tarde."

Colgué el teléfono en estado de shock y de incredulidad. Pensé que todo el mundo querría saber que Dios es real y que la vida eterna es posible. *¿Qué rayos está pasando? Ella debería saber de lo que estoy hablando. Ni siquiera sabe qué es la salvación. ¿Cómo puede ser? ¿Por qué no estaba preocupada por la necesidad de su esposo de ser salvo? Esta es la tercera persona que encuentro que no está familiarizada con el aspecto más importante del cristianismo, la salvación. Parece que ella piensa que están bien, porque creen que Dios existe. Si no lo conociese mejor, pensaría que algunas formas de religión cristiana actual parecen estar inoculando a la gente para que no reciban el verdadero remedio o cura.*

Desde ese momento en adelante, empecé a orar para que Phil y su familia fueran salvos. Mis oraciones fueron gradualmente respondidas, pero no del modo en que yo esperaba. Phil fue diagnosticado de cáncer terminal seis años más tarde. Cuando la enfermedad le miró desafiante, él, finalmente, vio que necesitaba la salvación, el perdón de los pecados y la vida eterna. Ambos, él y su esposa, fueron salvos durante su batalla contra el cáncer. Él está ahora en el cielo con el Señor. Esa oración contestada figura en mi diario. Y cuando pienso en ello, me asombro. Dios usó el cáncer para cambiar el corazón de Phil. Una cosa mala resultó en un milagro. Dios obra de maneras extrañas.

LA GENTE DE LA IGLESIA

Después de colgar el teléfono al terminar de hablar con Phil, sentí un pánico dentro de mí que me impulsaba a encontrar a alguien más que conociese la verdad. Decidí hablar con otro amigo que había crecido yendo a la iglesia. Conversamos en su despacho.

"Jim, necesito hablar contigo," le dije con urgencia.

"Está bien. Siéntate. ¿Qué tienes en mente?" Me senté en una silla de cuero negro al frente del escritorio donde se encontraba él. Yo estaba echado hacia adelante, con mis brazos apoyados en mis rodillas. Él estaba recostado en una gran silla de cuero.

"He sido salvo por Jesús. Tengo al Espíritu Santo dentro de mí. El Señor me cambió radicalmente cuando fui salvo. En una noche, él cambió mi personalidad, mis emociones y los razonamientos de mi corazón. Estoy aterrado, porque nadie parece saber de lo que estoy hablando, excepto dos compañeras mías de trabajo."

Le observé muy atentamente mientras le contaba toda la historia. Cuanto más lejos llegaba, tanto más incómodo se ponía él. Él estaba sonriendo burlonamente, inquieto, y evitaba hacer contacto visual conmigo. Lo que sea que yo le estaba diciendo, le estaba molestando inmensamente. *No puedo creer que esto esté pasando otra vez,* pensé.

"Greg, eso es toda una historia. Tú y yo creemos en las mismas cosas, sólo que de un modo distinto."

"¿Qué quieres decir con de un modo distinto?"

"Creo que Jesús murió por mis pecados. Creo en Dios. Pienso que estás usando términos distintos de los que otros utilizan."

"¿Términos distintos? Estoy usando los términos que Jesús usó. Si él es Dios y el Salvador, ¿por qué habría yo de usar términos distintos de los de él?"

El Diagnóstico: Dios

"No todo el mundo los interpreta del mismo modo. Me alegro por ti de que hayas encontrado a Dios. He oído hablar del Espíritu Santo que se menciona en la iglesia, pero no entiendo de qué estás hablando exactamente. En la iglesia nos leen líneas de la Biblia. Me bautizaron cuando era un bebé. Mi familia siempre lo ha hecho de esta manera," dijo, mientras seguía cambiando de posición en la silla.

Yo insistí. "No creo. Aquí no hay 'interpretación'. ¿Qué hay que interpretar ahí? La Biblia es clara. A menos que una persona tenga el Espíritu Santo en su interior, entonces, no es salva. Se recibe la salvación de Dios cuando uno se arrepiente de sus pecados y le clama por perdón y por un cambio. No tiene nada que ver con ir a la iglesia ni con ser bautizado."

"Mi iglesia y denominación no creen en eso."

"¿De dónde rayos sacas en lo que tú crees?"

"La iglesia nos enseña en qué creer," dijo él con un toque de incertidumbre.

"¿Lees la Biblia?" pregunté. Abrió los ojos de par en par.

"Realmente no."

"¿Por qué no?"

"¿Por qué? La Biblia fue escrita por hombres. No se puede tomar en serio todo lo que dice la Biblia. Es importante, pero no profundices demasiado en ello."

Personalmente, había abarcado las mismas cuestiones en mi investigación original y las había contestado en mi mente, más que satisfactoriamente. Sin embargo, sabía que no era este el momento para repasar todo eso. "Jim, me tengo que ir. Siento haberte molestado. Gracias por tu tiempo."

Me pareció que era mejor irse que entrar en una discusión. Sus respuestas me tomaron por sorpresa. Se veía que se sentía muy incómodo e irritado conmigo por lo que le había contado. No lo comprendía, pero deduje que le habían enseñado cosas que no eran bíblicas. En lugar de admitir que podría estar equivocado, lo cual tendría consecuencias nefastas para su salvación, se resistió de manera natural a lo que le estaba contando, aunque yo estaba usando las palabras de Jesús. *¿Por qué le habrían enseñado ese tipo de cosas? ¡Otra persona inoculada por la iglesia contra el remedio! ¿Cómo puede ser posible eso?* Me lamentaba mentalmente. Los pensamientos se agolpaban en mi mente.

Siento como si la locura estuviera tomando posesión de todo. ¡Jesús es real y está vivo! Tengo su vida eterna dentro de mí en virtud del

Espíritu Santo. Me dirijo al cielo y estoy libre del temor a la muerte y del destructivo sinsentido de la evolución. Dios es mi Padre que me creo y que me ama. Si, la verdad que he hallado, es tan increíblemente impresionante y está tan llena de esperanza en un mundo sin esperanza, ¿por qué no se les está enseñando a las personas a recibir el remedio? ¿Qué tiene de bueno visitar la consulta del doctor cada semana, alabar y hablar del remedio si este no se introduce en el cuerpo? Es parecido a decir a los pacientes: "Tomen el remedio," y que ellos nos digan: "Lo hemos tomado," mientras este permanece en sus manos sin haberlo utilizado.

"¡Esto es absurdo!" dije en voz alta en el trayecto hacia casa. Necesitaba hablar con el pastor de la iglesia a la que asistía. Llamé al despacho de la iglesia y le pregunté si se podía acercar para una reunión breve. Gentilmente, aceptó reunirse conmigo la noche siguiente en casa.

Quizá soy yo el del problema. Pensé para mis adentros. No creía que se tratase de eso, pero yo era un cristiano reciente. No le conté a Ruth ni a ninguna otra persona más acerca de lo que estaba pasando. Necesitaba recopilar más información.

Percibía lo que necesitaba hacer, así que oré. "Señor Jesús. Dios, por favor, ayúdame a entender lo qué está pasando. Por qué no me cree la gente ni comprenden de lo que les hablo. ¿Estoy equivocado yo? ¿De qué se trata esto, Señor?"

EL PASTOR EN EL DESPACHO

Al día siguiente, en el despacho, yo esperaba con ansia el final del día, cuando el Pastor Rodney estaría llegando. Irónicamente, sucedió que uno de los pacientes de cirugía de la tarde era pastor en una iglesia cercana. Estaba allí para una cirugía en la frente. Después de terminar la primera fase de la cirugía, yo disponía de un poco de tiempo libre y entablé una conversación con él.

"Pastor, fui salvo hace unas semanas. Me propuse probar que los cristianos eran unos hipócritas. Empecé a leer la Biblia para encontrar evidencia sólida de su hipocresía. Yo no sabía nada sobre la Biblia y era una persona que no tenía el más mínimo interés en Dios. Sin embargo, rápidamente llegué a interesarme en la afirmación de Jesús de que él era Dios y me embarqué en una misión para ver si era cierto. Acabé siendo salvo y, al inicio, ni siquiera percibí que hubiera sido salvo ni que existiera tal cosa como la salvación. El Señor me cambió, de forma radical, en una noche. Mi personalidad, razonamientos y modales egocéntricos fueron todos cambiados. ¡Pensé que estaba aquejado de una enfermedad! No entendía que el Espíritu Santo estaba dentro de mí." Me detuve, súbitamente, cuando vi la consternación en la cara del pastor. Había abierto los ojos, realmente, de par en par. Me miró fijamente y con sorpresa, y lo que más me asombró fue que parecía haber una ligera expresión de temor en su mirada.

Proseguí con inquietud. "Sin embargo, tengo una pregunta. Le he estado dando mi testimonio a mucha gente, pero la mayoría no comprende lo que me ha pasado, incluyendo a los que crecieron yendo a la iglesia. No entienden que Dios vive dentro de uno desde el momento en que uno es salvo. El cristianismo no consiste en asistir a la iglesia y en obedecer doctrinas morales, sino en tener una relación viva con Dios que emana de dentro de nuestra propia existencia. ¿Por qué es eso así? Está tan claro en la Biblia, al menos para mí. Pastor, si la gente que acude a la iglesia regularmente, con frecuencia no son salvos, entonces, la iglesia es inútil. El infierno es real. ¿Por qué no se toma en serio esto?"

Hubo una larga pausa. Él, simplemente, se quedó mirándome. Miró a su mujer con una expresión nerviosa, pero ella no dijo nada. Yo sabía que algo andaba realmente mal. Lo podía sentir y detectar. Un silencio gélido impregnó la sala.

"Nos enfocamos en el amor de Dios. Dios es un Dios de amor. Él nos ama." Esperé a que él dijera alguna cosa más, pero ¡no lo hizo! Me dejó solamente con eso. Fue una pérdida de palabras, porque, aunque sus afirmaciones eran ciertas, yo sabía que había algo drásticamente equivocado con lo que él me estaba tratando de decir en realidad.

"Pastor, ¿qué está usted diciendo realmente?"

"Nosotros no enseñamos acerca de la condenación ni del infierno. Un Dios de amor no enviaría a nadie al infierno. Hay cristianos fundamentalistas por ahí causando un montón de problemas y de ansiedad en el mundo. Jesús nos ama. Él no nos condena."

"Disculpe, pastor, pero la salvación y la vida eterna son los fundamentos del cristianismo. Si no me adhiero a las palabras de Jesús y a estos conceptos, que, claramente, se presentan en la Biblia, ¿qué estoy haciendo? Los fundamentos lo son todo. También veo a un Dios de amor, que bajó del cielo, se hizo hombre y fue a la cruz, en donde fue golpeado y crucificado para salvarnos. La pena por el pecado es la muerte, muerte eterna. Dios nos ama tanto que envió a su único hijo para morir en nuestro lugar. Veo el amor de Dios en la cruz, pero él vino a salvarnos de la separación eterna de él. Si no existe un infierno, ¿por qué tenía él que venir entonces? ¿De qué estamos siendo salvos?

"Sí, Dios es un Dios de amor, pero también es perfectamente justo. Él tiene que castigar el pecado. El amor de Dios quiere salvar a los pecadores, pero también exige que el pecado sea tratado. Es por eso que Jesucristo lo hizo todo en la cruz. Dios castigó el pecado y a la misma vez proveyó, mediante sí mismo, un modo de salvar a los pecadores. El amor verdadero no pasa por alto el pecado. ¿Qué padre es el que ama a sus hijos? ¿El que los disciplina, o el que les deja hacer lo que ellos quieran?"

"No todo el mundo cree lo que usted cree, Dr. Viehman. Creo que usted encontrará que la vida es bastante más sencilla si se calma y deja a cada uno decidir por sí mismo qué es la verdad."

"Pastor, siento tener que mencionar esto. Pero no puedo hacer eso. Sé lo que me ha pasado, y no es una cuestión de interpretación ni de, simplemente, elegir ver el cristianismo de un modo distinto. Mi corazón me impulsa a hablar a todo el mundo acerca de Jesús y de cómo ser salvo."

No conversamos más sobre Dios durante el resto de su estancia en el consultorio. Sentía mi corazón en mi estómago. Me sentía enfermo y deprimido. En mi pasión por ofrecer la vida eterna, en vez de eso, había ofendido, irritado e inquietado a otra persona más—¡y encima era pastor!

EL PASTOR DE LA IGLESIA

"Ruth, ya he llegado a casa del trabajo. ¿Dónde estás?"

"Estoy arriba. En seguida bajo." Bajó mientras yo desempacaba la mochila que llevo al trabajo.

"El Pastor Rodney de Calvary va a venir esta noche. Olvidé decírtelo."

"Está bien. ¿Para qué?"

"Les he estado contando a un montón de personas acerca de lo que me pasó a mí, que fui salvo y todo eso. Ruth, es una cosa de lo más extraña. Casi nadie me cree, ni entiende de lo que hablo."

"Greg, no puedes esperar que la gente, sencillamente, crea. Piensa en dónde estabas hace un año. ¿Habrías escuchado?"

"Tienes razón, estoy de acuerdo, pero la gente a la que se lo he contado, va a la iglesia. Dicen que son cristianos. Se lo cuento a gente que debería saber acerca de la salvación. Es la cuestión básica del cristianismo, por el amor de Dios. Me siento como si estuviera viviendo en

El Diagnóstico: Dios

una pesadilla. ¿Soy yo el que está loco? ¿Cómo puede la gente de la iglesia no saber acerca de ser salvos y de que el Espíritu Santo vive dentro de uno? Es algo impresionante, no es algo para negar ni de lo cual ocultarse. Ruth, por el modo en que la gente se comporta cuando me oye hablar, me doy cuenta de que están asustados, de que no saben qué les estoy describiendo y no quieren escucharlo."

"Vaya. Bueno, yo te lo puedo decir, crecí yendo a la iglesia y tampoco oí hablar de la salvación jamás. Ellos leían la Biblia y enseñaban las historias de Jesús de la escuela dominical, pero nunca fuimos conducidos a la salvación. Todo se trataba de la iglesia y de las actividades de la iglesia, pero no de Jesús. Nunca leí la Biblia ni me dijeron que necesitara hacerlo. Mi hermana Becky, ahora que miro en retrospectiva, fue salva una noche en que asistió a una agrupación juvenil diferente, durante la secundaria. Regresó y se volvió loca hablándole a la gente acerca de Jesús. Estuvo entregando volantes sobre la salvación y todo eso."

Se detuvo y luego prosiguió: "Recientemente, empecé a asistir a un estudio de la Biblia y me enteré de que, la mayoría de las mujeres allí no habían leído la Biblia por sí mismas. Hablaban mucho, pero, cuando les pregunté si la habían leído, dijeron que no. No obstante, yo decidí que iba a hacerlo."

"Esta es una de las cosas más absurdas que he descubierto. No tiene sentido. Es ridículo. ¿Cómo llegaron las cosas a este extremo? ¿Por qué?"

"No lo sé," dijo ella pensativa.

"Espero que el Pastor Rodney sí, porque estoy dispuesto a comprobarlo yo mismo dentro del manicomio. No puedo creer que, gente que ha estado yendo a la iglesia toda su vida, ni siquiera haya oído hablar acerca de cómo obtener aquello por lo que Dios entregó su vida. Yo nunca fui a la iglesia, Ruth. ¿Qué rayos están haciendo en esas iglesias si a las personas no se las lleva a un lugar de arrepentimiento y de salvación que les conduzca a una relación personal con Jesús?"

"Es triste, pero es verdad. Yo lo viví. Infórmame de lo que diga el pastor. Yo vigilaré a los niños en el piso de arriba por ti."

"De acuerdo."

Finalmente, dieron las siete en punto. Sonó el timbre de la puerta. Hice entrar al pastor y bajamos al sótano. Ya hacía una semana que me había reunido con él en la iglesia y le había dado mi testimonio.

Yo tenía dos sofás marrones de cuero, uno al frente del otro delante de la chimenea. Él se recostó en uno, agradablemente y relajado, mientras que yo me senté hacia adelante en el otro, apoyado en mis rodillas a la espera.

"Rodney, gracias por venir. Necesito hablar contigo acerca de algo que acaba de surgir."

"¿Qué ocurre? Pareces nervioso."

"Les he estado contando a la gente cómo he sido salvo. Les he contado acerca de haber nacido de nuevo con el Espíritu Santo viviendo dentro de mí. Les he explicado la increíble realidad de que Dios existe dentro de mí y alrededor de mí, pero ellos no lo asimilan. Rodney, estas personas a las que les he hablado son gente que va a la iglesia. ¡Uno de ellos era incluso pastor! Actúan de manera extraña, se incomodan y no quieren oír lo que les tengo que decir. Esperaba que se regocijaran de que yo era salvo. ¿No es esa la razón por la que vino Jesús? ¿A salvar a las personas? ¿Por qué rayos se evita el mensaje de la salvación y se malentiende? Me siento como si estuviera haciendo algo incorrecto. ¿Soy yo el problema?"

Él estalló en risas en forma histérica. "Greg, eres gracioso, hermano mío. Oh, santo cielo." Y no podía evitar seguir con la risa. "¿Por dónde empiezo contigo?" dijo entre risitas.

Yo me estaba enfadando. ¿Por qué no podía hablar en serio el pastor? "Rodney, ¿qué tiene de gracioso?"

"¡Tú! Tú eres gracioso, Greg. ¡Ni siquiera te das cuenta de lo que estás haciendo! Tu testimonio es poderoso y prueba, de manera inequívoca, que Jesús es real y está vivo. Lo que Dios hizo contigo es tan profundo que la gente se ve forzada a tratar con la realidad de Dios y del cristianismo. Debes entender que hay mucha gente por ahí jugando a ir a la iglesia los domingos.

El hombre es inherentemente religioso, Greg, porque Dios nos creó. Pero las personas no quieren admitir que han sido creadas, porque eso les hace responsables. Quieren acallar su conciencia religiosa sin tener que responder ante un Dios que vive dentro de ellos y que conoce cada pensamiento de ellos. Han surgido iglesias que dan a las personas lo que estos quieren y les dicen lo que quieren oír. Muchas iglesias se han convertido en reuniones sociales de los domingos donde la gente puede sentir su religiosidad y aliviar sus conciencias a fin de evitar rendir cuentas y cambiar sus vidas. La falsa doctrina, las tradiciones hechas por el hombre y los rituales han reemplazado en gran medida a una relación personal con Jesucristo hasta el punto de que el bello mensaje del Evangelio de salvación se ha perdido."

"Pero, Rodney, eso significa que no son salvos."

El Diagnóstico: Dios

"Sí, así es, pero son ciegos ante eso. Están cómodos donde se encuentran, porque tienen a sus líderes religiosos, que lucen vestimenta oficial, diciéndoles que ellos están bien. Cuando alguien como tú llega, rasga el velo de sus corazones y expone la farsa que están viviendo. Les obligas a enfrentarse al hecho de que Dios los creó y que está tan cerca que oye lo que dicen y conoce sus corazones. Tu testimonio prueba que existe una realidad para la salvación. Me reía, porque el Señor te está utilizando para llegar a ellos y tú ni siquiera eres consciente de eso."

Él empezó a reír de nuevo y luego afirmó con contundencia: "¡Por supuesto que los asustaste, Greg! Es peor que hablar a un no creyente, porque al menos esa persona no cree que ya tiene a Jesús, o por lo menos, no cree que el Espíritu Santo está viviendo dentro de él. Cuando le cuentas a la gente tu historia, ellos, dentro de sus corazones, saben que no tienen lo que tú tienes. No olvides que el Espíritu Santo condenará sus corazones con la verdad. Las caras raras, sonrisas burlonas y la irritación indican que están bajo condenación. Es gracioso, porque Dios te envió a ti, que nunca fuiste a la iglesia, a llegar a la gente que creció dentro de la iglesia y tú no lo sabías. No es gracioso que ellos estén perdidos. Por favor, no malentiendas mi risa. Necesitamos orar por esas personas. Tan sólo sigue orando por ellos. Tú no les puedes convencer. Tú has hecho tu tarea; deja que Dios haga la suya. Creo que es un buen momento para que oremos."

Oramos por las personas a las que yo había hablado y luego, conversamos por un rato. Él explicó cómo, incluso algunos de los seminarios que enseñan a pastores, han abandonado la salvación bíblica y la realidad de Jesús. Evidentemente, no pocos de ellos, llegan incluso a negar los milagros de Jesús y la Biblia.

"Pastor Rodney, si todo el mensaje del cristianismo gira en torno a la resurrección de Jesús, ¿cómo un seminario puede negar los milagros? La resurrección es el mayor milagro de todos. ¿Acaso negar los milagros de Jesús no niega indirectamente la resurrección?"

"Sí, lo hace, hermano mío."

"¿Por qué harían eso?"

"Esa es una buena pregunta. No te olvides, Greg, que el enemigo es real. Aquí hay mucho más envuelto que seminarios y hombres que deciden negar la salvación bíblica y los milagros de Jesús." Abrió su Biblia y me leyó un versículo.

E incluso si nuestro evangelio está velado, está velado para aquellos que están pereciendo. El dios de esta era ha cegado las mentes de los incrédulos, de modo que no puedan ver la luz del evangelio de la gloria de Cristo, quien es la imagen de Dios. (2ª Corintios 4:3-4 NIV)

"Muchas personas creen que son salvas, pero están engañadas," prosiguió él. "Jesús nos advierte acerca de eso varias veces." Él me mostró otro versículo.

"No todo el que me dice: 'Señor, Señor,' entrará en el reino de los cielos, sino sólo el que hace la voluntad de mi Padre que está en los cielos. Muchos me dirán en aquel día: 'Señor, Señor, ¿no profetizamos en tu nombre, expulsamos demonios y realizamos muchos milagros?' Entonces, yo les diré claramente: 'Nunca les conocí. ¡Apártense de mí, obradores de la maldad!'" (Mateo 7:21-23 NIV)

"¿Estás oyendo lo que Jesús está diciendo? 'Nunca les conocí' significa que no había una relación. Greg, estas personas son religiosas y creen que conocen a Jesús, pero no es así. Es uno de los versículos más temibles de la Biblia."

"Eso es aterrador, Rodney. ¡Quiero llegar a esas personas!"

Analizamos largo y tendido El Gran Engaño. También explicó que hay muchas iglesias, que enseñan la Biblia de manera excelente, cuyos miembros están obedeciendo a Dios en su relación personal a diario. Aunque existe un Gran Engaño, sigue habiendo una plétora de iglesias, misioneros y siervos alrededor del mundo que están demostrando el amor de Dios y su poder para salvar. Me animó a hablar con más gente de la iglesia. "Pregúntales cómo llegaron a Cristo. Aprenderás mucho a partir de los testimonios de las personas," dijo mientras se iba. "Te enterarás de quién es realmente salvo."

"Gracias, Rodney. Hasta el domingo."

Yo estaba en estado de shock desde unos cuantos días atrás. Siempre había percibido que había alguna cosa mal en el mundo, pero esto lo rebasaba todo. Acepté el consejo de Rodney y empecé a hablar con la gente después del servicio religioso. Muchos de ellos tenían una "historia." Hablé con tanta gente como pude hallar para descubrir qué sucedió para que ocurriese el gran engaño en muchas iglesias. Conocí a mucha gente fascinante. Sus testimonios y respuestas están en la continuación de este libro.

Ahora, al mirar mi vida en retrospectiva, me parece evidente que Dios estuvo a mi alrededor incluso en una cultura que lo había intentado excluir. No hice caso de lo que era obvio y suprimí la verdad cuando la oí, porque estaba absorto en mí mismo y no quería ser responsable. En mi dedicación a hacer las cosas a mi modo, obtuve lo que quería

El Diagnóstico: Dios

pero acabé totalmente desdichado, vacío y deprimido. Sin embargo, ahora que dejo que Jesús guíe mi vida, no he hecho más que empezar a vivir. Una relación con Jesús es el modo más maravilloso, impresionante, satisfactorio y emocionante de vivir—incluso más de lo que podría haber imaginado. Es la única razón por la que existimos y va más allá de la salvación misma. Dios es mi Padre, Señor, Creador, Pastor, Luz, Mejor Amigo, Pasión y Fortaleza Eterna.

¿Conoce usted a Jesucristo como su Salvador personal? ¿Tiene usted el valor de involucrarse en la cuestión más importante de su vida que afectará la eternidad? Su lectura de este libro podría ser una de las maneras en que Dios está tratando de llegar a usted.

Si usted se considera cristiano, ¿se ha arrepentido realmente de sus pecados y confía únicamente en Jesús para ser salvo? ¿Tiene la certeza de que el Espíritu Santo vive dentro de usted? ¿Enseña su iglesia que la Biblia entera constituye la Palabra de Dios? ¿Se centra ésta en una relación personal con Jesús? ¿Tiene usted una relación personal diaria con él? ¿Guía él los detalles de su vida? ¿Le conoce usted a él *realmente*? ¿Le conoce Él a usted realmente?

¿Qué afirma entonces? "La palabra está cerca de ti; la tienes en la boca y en el corazón." Ésta es la palabra de fe que predicamos: que si confiesas con tu boca que Jesús es el Señor, y crees en tu corazón que Dios lo levantó de entre los muertos, serás salvo. Porque con el corazón se cree para ser justificado, pero con la boca se confiesa para ser salvo
Porque «todo el que invoque el nombre del Señor será salvo».
(Romanos 10:8-10, 13 NIV)

"Le dijo Jesús: Yo soy la resurrección y la vida; el que cree en mí, aunque esté muerto, vivirá. Y todo aquel que vive y cree en mí, no morirá eternamente. ¿Crees esto?" (Juan 11:25-26 NIV)

Notas Finales

Capítulo Tres: La Investigación - Fase I
1. Norman L. Geisler, *Baker Encyclopedia of Christian Apologetics* [Enciclopedia Baker de la Apología Cristiana], (Grand Rapids, MI: Baker Books, 1999), 4-8,46-48.
2. A. N. Sherwin-White, *Roman Society and Roman Law in the New Testament* [La Sociedad Romana y La Ley de Roma en el Nuevo Testamento], (Grand Rapids, MI: Baker Book House, 1978), 166-171, 189.
3. Sir William M. Ramsay, *The Bearing of Recent Discovery on the Trustworthiness of the New Testament* [La Relevancia de los Descubrimientos Recientes de la Confiabilidad del Nuevo Testamento], (Londres: Hodder & Stoughton, 1915).
4. Sir William M. Ramsay, *St. Paul the Traveler and the Roman Citizen* [San Pablo el Viajero y el Ciudadano Romano], (Londres: Hodder & Stoughton, 1903), 383-390.
5. Merrill F. Unger, *Archaeology and the New Testament* [La Arqueología y el Nuevo Testamento], (Grand Rapids, MI: Zondervan Publishing House,1962).
6. Colin J. Hemer. *The Book of Acts in the Setting of Hellenistic History* [El Libro de Los Hechos en el Contexto de la Historia Helenística], (Wiona Lake, Ind: Eisenbrauns, 1990).
7. Ramsay, *The Bearing of Recent Discovery on the Trustworthiness of the New Testament* [La Relevancia de los Descubrimientos Recientes de la Confiabilidad del Nuevo Testamento], pág. 222.

Capítulo Cuatro: La Investigación - Fase II
8. Josh McDowell, *The New Evidence That Demands a Verdict* [Nueva Evidencia Que Demanda un Veredicto] (Nashville, TN:Thomas Nelson, 1999).
9. Frank Morison, *Who Moved the Stone?* [¿Quién Movió la Piedra?] (Grand Rapids, MI: Zondervan, 1958).
10. Geisler, *Baker Encyclopedia of Christian Apologetics* [Enciclopedia Baker de la Apología Cristiana].
11. Simon Greenleaf, *The Testimony of the Evangelists* [El Testimonio de los Evangelistas], (Grand Rapids, MI: Kregel Classics, 1995).

12. McDowell, *The New Evidence That Demands a Verdict* [Nueva Evidencia Que Demanda un Veredicto], págs. 258-63.
13. William D. Edwards, MD et al, "On the Physical Death of Jesus Christ," ["Sobre la Muerte Física de Jesucristo"] JAMA 1986; 255:1455-1463.
14. McDowell, *The New Evidence That Demands a Verdict* [Nueva Evidencia Que Demanda un Veredicto], págs. 225-31.
15. Ibid, pg. 243-48.
16. Josephus, *Antiquities of the Jews* [Antigüedades de los Judíos], IV.xiii.
17. John A.T. Robinson, *The Human Face of God* [El Rostro Humano de Dios], (Philadelphia, PA:Westminster, 1973), página 131.
18. McDowell, *The New Evidence That Demands a Verdict* [Nueva Evidencia Que Demanda un Veredicto], pág. 243.
19. Ibid, pág. 262-72.
20. Ibid, pág. 239-240, 248.
21. Ibid, pág. 250.
22. Ibid, pág. 250-1.
23. Ibid, pág. 272-279.
24. Ibid, pág. 252-253.
25. Josh McDowell, *More Than a Carpenter* [Más Que un Carpintero], (Wheaton, IL: Tyndale House, 1977), págs. 60-71.
26. Ibid.
27. Ibid.
28. Ibid.

Capítulo Cinco: La Investigación - Fase III
29. McDowell, *The New Evidence That Demands a Verdict* [Nueva Evidencia Que Demanda un Veredicto], págs. 197-201
30. Ibid, págs. 164, 193-194.
31. Ibid, págs. 193-194.
32. Ibid.
33. Peter W. Stoner and Robert C. Newman, *Science Speaks* [Habla La Ciencia] (Chicago, IL: Moody Press, 1976), págs. 106-112.

Capítulo Seis: La Investigación - Fase IV
34. McDowell, *The New Evidence That Demands a Verdict* [Nueva Evidencia Que Demanda un Veredicto], págs. 32-45.
35. Ibid, págs. 33-44.
36. Ibid, pág. 38.

37. Ibid, págs. 33-44.
38. Geisler, *Baker Encyclopedia of Christian Apologetics* [Enciclopedia Baker de la Apología Cristiana], págs. 532-533.
39. F. F. Bruce, *The New Testament Documents: Are They Reliable?* [Los Documentos Del Nuevo Testamento: ¿Son Confiables?] (Downers Grove, IL: Inter Varsity Press, 1964), págs. 16,33.
40. McDowell, *The New Evidence That Demands a Verdict* [Nueva Evidencia Que Demanda un Veredicto], págs. 45-53.
41. John W. Montgomery, "Evangelicals and Archaeology," *Christianity Today* ["Los Evangélicos y la Arqueología," *El Cristianismo Hoy*]. 16 de agosto de 1968, pág. 29.
42. Norman Geisler and Thomas Howe, *When Critics Ask: A Popular Handbook on Bible Difficulties* [Cuando la Crítica Pregunta: Un Manual Popular sobre las Dificultades de la Biblia], (Grand Rapids, MI: Baker Books, 1992).
43. Greenleaf, *The Testimony of the Evangelists* [El Testimonio de los Evangelistas], (Grand Rapids: Baker, 1984), vii.
44. McDowell, *The New Evidence That Demands a Verdict* [Nueva Evidencia Que Demanda un Veredicto], págs. 53-54.
45. Ibid, págs. 25-26.
46. William Kirk Hobart, *The Medical Language of St. Luke* [El Lenguaje Médico de San Lucas] (Dublín, Irlanda: Baker Book House, 1954)
47. Juan, capítulo 9
48. Juan 12:9-11
49. Hechos, capítulo 4
50. Walter A. Elwell, *Evangelical Dictionary of Biblical Theology* [Diccionario Evangélico de Teología Bíblica], (Grand Rapids, MI: Baker Books 1996), págs. 582-584.
51. McDowell, *The New Evidence That Demands a Verdict* [Nueva Evidencia Que Demanda un Veredicto], págs. 53-68.
52. John McRay, *Archaeology and The New Testament* [La Arqueología y El Nuevo Testamento], (Grand Rapids, MI: Baker Academic 1991).
53. Unger, *Archaeology and the New Testament* [La Arqueología y El Nuevo Testamento].
54. McDowell, *The New Evidence That Demands a Verdict* [Nueva Evidencia Que Demanda un Veredicto], pág. 61.
55. Ibid, págs. 61-66.
56. Ibid.

57. Ibid, págs. 67-68.
58. Ibid, págs. 53-54.
59. Ibid, págs. 53-54.
60. Ibid, pág. 58.
61. Ibid, pág. 55.
62. Ibid, págs. 55-56.
63. Ibid, pág. 58.
64. Ibid, págs. 58-59.
65. Ibid, págs. 36, 38.
66. Ibid, pág. 42.
67. Lee Strobel, *The Case for Christ* [El Caso de Cristo], (Grand Rapids, MI: Zondervan, 1998).
68. Ibid, pág. 14.

Capítulo Doce: La Enfermedad del Pecado
69. Billy Graham, *The Holy Spirit* [El Espíritu Santo], (Nashville, TN: W Publishing Group, 1988).

Capítulo Catorce: La Cura del Pecado
70. Ibid.
71. Ibid.

Acerca del Autor

El Dr. Viehman nació y se crio en Wilmington, Delaware. Se graduó con la distinción magna cum laude de la Universidad de Delaware. El Dr. Viehman asistió a la Facultad de medicina del Jefferson Medical College en Filadelfia, Pennsylvania, graduándose en el primer lugar de su clase. Realizó una Pasantía en Medicina Interna en el Hospital de la Universidad de Pennsylvania en Filadelfia, y un residentado en dermatología en el Centro Médico de la Universidad de Duke, donde fue jefe de residentes. El Dr. Viehman completó su beca de especialización en cirugía para cáncer de piel también en Duke. El Dr. Viehman fue cofundador de Cary Skin Center en Cary, Carolina del Norte, donde trabajó desde 1998 hasta 2008. Actualmente se desempeña en un consultorio privado individual en SeaCoast Skin Surgery en Wilmington, Carolina del Norte.

El Dr. Viehman ha dictado conferencias a nivel nacional sobre cirugía dermatológica y es autor de varios artículos científicos de investigación publicados. Tiene diversos intereses que incluyen correr, entrenamiento Cross Fit, trabajo misionero para huérfanos en Ucrania con New Life Ministries, y coleccionar Biblias raras. La familia del Dr. Viehman está compuesta por su esposa Ruth, dos hijos; Brendan y Cameron, una hija Hannah, y un border collie llamado Pepper.

Asegúrese de revisar la página web del Dr. Viehman para obtener información adicional, la guía de estudio que acompaña la obra, actualizaciones sobre su próximo libro, programación de su participación en charlas y eventos para la firma de libros, realizar pedidos de copias personalizadas firmadas por el autor e información de contacto: www.goddiagnosis.com.

Si usted piensa que este libro puede ayudar a algunas personas que conoce, por favor pedir 10 copias para distribución y considerar el uso del libro en un pequeño grupo de estudio bíblico. Información sobre la guía de estudio bíblico que acompaña la obra se puede encontrar en el sitio web del autor. Y, por supuesto, le agradecemos su opinión en Amazon.

www.ingramcontent.com/pod-product-compliance
Lightning Source LLC
Chambersburg PA
CBHW061942070426
42450CB00007BA/946